Endler
Das k.u.k. Wien

Franz Endler

Das k.u.k. Wien

Ueberreuter

ISBN 3-8000-3143-4
J 1030/1
Alle Rechte vorbehalten
Umschlag, Einband und Layout von Herbert Schiefer
© 1977 by Verlag Carl Ueberreuter, Wien - Heidelberg
Gesamtherstellung: Salzer - Ueberreuter, Wien
Printed in Austria

Inhalt

Vorwort

Der kaum mehr überschaubaren Reihe von Viennensia noch einen Band anzufügen ist wohl Vermessenheit. Denn nicht nur haben liebevolle Historiker über einzelne Bezirke oder über einzelne Volkstypen alle notwendigen Auskünfte gegeben, auch Dichter und Schriftsteller haben es getan, etwa das Dienstmädel und den Soldaten im Prater oder die Ankunft des Kaisers vor dem Stephansdom geschildert. Wer Fakten oder Dichterisches lesen will, muß nur in Antiquariaten stöbern. Es ist schon alles, alles geschrieben worden.

Trotzdem will ich nacherzählen, was schon andere gesehen und festgehalten haben: weil einerseits eine Generation herangewachsen ist, die ziemlich unliterarisch und unbelesen scheint und Schnitzler, Roth und Stefan Zweig nur noch sehr unvollständig kennt; weil zum zweiten sich die Regale in den so lange wohlassortierten Antiquariatsbuchhandlungen allmählich lichten und die Standard-Viennensia allesamt in festen Händen zu sein scheinen; und weil es durchaus zum guten Ton gehört, daß nach einiger Zeit alte Geschichten neu und noch einmal erzählt werden.

Das aufregende zwanzigste Jahrhundert hat den Historikern und den Autoren populärer Geschichtswerke das Leben schwergemacht: beide durften sie nicht die volle Wahrheit sehen oder gar in ihren Büchern festhalten; sie mußten vorsichtige Umschreibungen wählen oder sich damit abfinden, daß sie aus vielerlei Gründen an die ganze Wahrheit nicht erinnern durften. Zuletzt noch geschah es, daß eine große Zahl von Geschichtswerken über Wien geschrieben wurde, in denen ein so wesentliches Element wie das jüdische einfach nicht Berücksichtigung fand. Die Gegenwart ist allerorten von Enthüllungen und Indiskretionen so begeistert, daß man kein Risiko eingeht, wenn man die Klischees vom Wiener, der nicht untergeht, ebenso anzweifelt wie die Dulliöhstimmung, die in gewissen Zeiten einfach literarische Mode war.

Daran will ich mich halten; aber auch nicht ganz dem Trend der Gegenwart folgen, in der man es als selbstverständlich ansieht, daß man nun endlich einmal alle intimen Details aus Briefen und Dokumenten zu veröffentlichen habe. Es muß hier wie in allen anderen Bereichen der Schilderung doch wohl möglich sein, mit Andeutungen oder Hinweisen auszukommen. Die Indezenz einer außer Rand und Band geratenen Memoirenzeit will ich nicht mitmachen. Wenn heute wenig interessante Menschen sich in den Mittelpunkt zu spielen meinen, indem sie ihre intimsten Erlebnisse schamlos preisgeben, dann hat ein wirklich gewichtiges Thema – und Wien war es zu allen Zeiten – Anspruch auf würdevolle Behandlung.

Jedermann wird begreifen, daß selbst ein prachtvoll dicker Band über einen überschaubaren Zeitraum der Geschichte der Stadt Wien weder an Fakten noch an Erklärungen von Phänomenen Vollständigkeit erreichen kann. Und ebenso wird jedermann wohl anerkennen, daß die Auswahl der Themen und der Beiträge schon etwas von der Haltung des Autors dem Thema gegenüber verrät. Wer im Verzeichnis große Politiker vermißt, wem Anerkennung einer geisteswissenschaftlichen Leistung fehlt, wer seinen Liebling unter den Schauspielern zu undeutlich oder gar nicht dargestellt findet, der möge dem Autor verzeihen. Das Studium Wiens ist in einem Menschenleben keineswegs abzuschließen, und Vollständigkeit wie Vollkommenheit sind keine erstrebenswerten Ziele für einen Erzähler, der zu einem Ende kommen will.

Der konventionelle Dank an alle jene, die ein Buch mit entstehen lassen, soll diesmal nicht formuliert werden. Den Helfern im Verlag gebührte mehr als das, und die Direktoren wie vor allem die weniger prominenten Helfer in Archiven, Bibliotheken und Sammlungen wissen selbst am besten, daß sie in der Wertschätzung des Autors an oberster Stelle stehen. Wo ich vor allem hinziele mit meiner Danksagung, da stehen Bücher auf Regalen, da haben fleißige und belesene und geniale Menschen ihr Lebenswerk oder auch nur eine einzige Eingebung zu Papier gebracht und Zeugnisse von und über Wien festgehalten. Aus Zitaten, aber auch aus Angelesenem, Angeeignetem, das ich nicht ausdrücklich als fremdes Gut deklariere, habe ich so viel Wahrheit und Kluges über mein Thema verwertet, daß ich mich nur als bloßen Nacherzähler einschätze, freilich als einen, dem die Liebe zu seinem Thema nicht abhanden kommen will, der über Jahre schon von ihr zehrt und gewiß ist, sie noch viele Jahre wachzuhalten. Es gibt nichts Schöneres als die Liebe. Ohne sie hätte ich über Wien keine Zeile zu Papier gebracht.

Der Kaiser

»Franz Joseph I., von Gottes Gnaden
Kaiser von Österreich, König von Böhmen u. s. w.
und Apostolischer König von Ungarn« —
der sich selbst einmal anläßlich einer Audienz
lächelnd »den letzten Monarchen
der alten Schule« nannte . . .

Herz und Wahrzeichen Wiens ist, sagt man heute, der Stephansturm. Herz und Wahrzeichen des imperialen Wien, das der Kaiser in den Jahren seiner besten Manneskraft entstehen ließ, war gewiß die Hofburg, deren Erweiterung der Monarch zu der Stunde ablehnte, zu der er entschied, daß die Basteien fallen und der Stadtkern bis an den ihn umgebenden Ring von Dörfern hinauswachsen sollte. Und die Hofburg blieb Zentrum eines großen Reiches, als der Kaiser älter wurde und seinen Völkern nicht nur Monarch war, sondern auch letzter Zusammenhalt, ein Symbol im besten Sinn.

Es gibt Menschen, die das ausgehende neunzehnte Jahrhundert in Wien das Zeitalter des Walzerkönigs Johann Strauß nennen, und die feuilletonistische Legende berichtet, ein Beamter habe angesichts des Todes dieses Johann Strauß behauptet, nun habe das Ende bereits begonnen. Wenn es diesen musischen Beamten gegeben hat, dann mag er aus seiner Sicht nicht unrecht gehabt haben.

Mit sehr viel mehr Berechtigung aber muß man die Zeit wohl die des Kaisers nennen. »Franz Joseph I., von Gottes Gnaden Kaiser von Österreich, König von Böhmen u. s. w. und Apostolischer König von Ungarn« – der sich später selbst einmal anläßlich einer Audienz, die er Theodore Roosevelt gewährte, lächelnd »den letzten europäischen Monarchen der alten Schule« nannte – regierte seit dem 2. Dezember 1848, erlebte noch den Ausbruch des Weltkrieges und von diesem Krieg genügend, um den für ihn und sein Reich traurigen Ausgang dieses ersten Infernos des zwanzigsten Jahrhunderts ahnen zu können. Also läßt sich sehr wohl von der franzisko-josephinischen Epoche Wiens sprechen, und wenn dergleichen sehr viel seltener geschieht, man lieber von der Ära des Walzerkönigs redet, dann hat das einen einleuchtenden Grund: Johann Strauß eroberte die Welt; Franz Joseph I. verlor die Monarchie, und das so gründlich, daß heutzutage nur noch Legitimisten wissen, daß es nach dem Kaiser noch einen Kaiser Karl gegeben hat.

Franz Joseph I. residierte in der Hofburg. Er war weder musikliebend noch belesen. Nach

übereinstimmenden Zeugnissen seiner nächsten Umgebung hatte er die größten Schwierigkeiten, einen anderen als den amtlichen Ton anzuschlagen. Er war, wie man ihm kritisch nachrühmt, der erste Beamte und der erste Soldat seines Reiches. Und mitunter war es selbstverständlich, daß er sich nicht nur als Beamter und Soldat, sondern auch als Herrscher von Gottes Gnaden sah. Und für alle diese Wesensformen gibt es genügend Zeugnisse, die zumindest ebenso der Wahrheit nahekommen wie die sentimentalen Lieder, die uns daran erinnern wollen, daß er auch ein alter Herr in Schönbrunn war.

Das Volk liebte seinen Monarchen und wußte von ihm die intimsten Einzelheiten seines Lebens: den Stundenplan, den Terminkalender, die Familienschwierigkeiten. Es wußte den Speisezettel des Monarchen ebenso, wie es die Gewohnheiten seiner ihm von der Kaiserin zugeführten treuen Freundin kannte. Und nahm es gerne hin, daß zwischen dem Kaiser und allen Menschen, die nicht seinesgleichen, ihm nicht wenigstens einigermaßen ebenbürtig waren, eine Barriere bestand, die Franz Joseph selbst errichtet hatte. Auch dafür gibt es genügend Beispiele und kein einziges Gegenbeispiel. Die Barttracht, die in Wien nicht nur der Kaiser trug, sondern auch viele seiner niedersten Diener und die Lakaien und Türsteher in so manchem kleinen Stadtpalais, verband die Majestät keineswegs mit dem kleinen Mann. Und die Möglichkeit, ungefähr das gleiche Menü wie der Kaiser zu sich zu nehmen, ließ, wie es Joseph Roth so schön beschrieben hat, die treuen Statthalter Franz Josephs nie glauben, sie hätten auch nur einen Schimmer von dem Glanz zu verbreiten, der vom Erzhaus ausging.

Der Kaiser war uralt, sein Reich durchaus schon in Gefahr, als ihm sein Thronfolger ermordet wurde. Doch dessen Frau, ebenfalls Opfer des Anschlags, war kein Mitglied des Erzhauses gewesen, und also gab es beim Leichenbegängnis Etikettevorschriften und Standesunterschiede, auf deren Einhaltung man mit Wissen des Kaisers Wert legte. Es fehlte nicht viel, und das Attentat auf Erzherzog Ferdinand hätte den Weltkrieg eins nicht ausgelöst. Durch seine unerwünschte Heirat war der Thronfolger beinahe nicht mehr wichtig genug, um den Anlaß für eine Kriegserklärung abzugeben.

Franz Joseph also der erste Beamte seines Rei-

Der Kaiser an seinem Arbeitstisch – Inbegriff der Pflichterfüllung. Zeichnung von Theo Zasche.

ches – ein Mann, der nach Aussage aller Historiker immer das Detail wissen wollte, der auf Erledigung von Akten Wert legte, selbst unermüdlich Akten aufarbeitete, bei Eingaben immer neue Notizen machte und bereits so gut wie Erledigtes umstieß, wenn er eine Unkorrektheit ahnte. Ein Mann, der sich als Kaiser seines Reiches gleichsam selbst Urlaub zumaß und dabei nicht großzügig vorging. Bis ins hohe Alter, bis zu seinen allerletzten Tagen nicht vom Schreibtisch wegzubringen, wenn noch Akten zu erledigen waren, ganz ohne den typisch wienerischen Sinn für ein wenig Nachlässigkeit, korrekter immer als seine korrektesten Beamten. Und auch der fleißigste von allen fleißigen Beamten.

Er war ein Frühaufsteher. Berichte darüber geistern in vielen Abwandlungen durch alle Biographien des Kaisers, darunter auch die offenbar wahre, weil nie auch nur von einem der Getreuesten dementierte, daß der »Badewaschel«, der spätestens um vier Uhr am Morgen den Kaiser in der Gummibadewanne abzuseifen und abzuwaschen hatte, oft betrunken war, weil er, um die frühe Stunde seines Dienstantrittes nicht zu verschlafen, die Nacht mit alkoholischem Beistand durchwachte. In seinem Rausch soll er sich manchmal an den Kaiser angeklammert haben, der ihn jedoch deshalb nie entlassen hat.

Zum selben Thema gibt es auch Zeilen von einem Mitglied des Erzhauses, dem Erzherzog Leopold Ferdinand von Habsburg-Toskana, der wie sein Onkel freiwillig aus dem Familienverband austrat und sich Leopold Wölfling nannte. »Von seiner nächsten, seit Menschengedenken nicht gewechselten Umgebung abgesehen, konnte es niemand mit ihm im Frühaufstehen aufnehmen. Es gab schon Leute, die noch früher aufstanden als er, aber niemand, der so lange Zeit zu so früher Stunde aufgestanden war. Die Regelmäßigkeit der Lebensweise, wenn sie frei gewählt ist, gibt schon an sich viel Überlegenheit. So wurde über Frühaufstehen viel gesprochen am kaiserlichen Hofe. Es war eines der Themen, die Franz Joseph oft in seiner Unterhaltung be-

bild des Kaisers passendes Detail: Er erlaubte den Mitgliedern des Erzhauses, in der Öffentlichkeit auf diese Mitgliedschaft hin zu sündigen. Joseph Redlich, von dem die wahrscheinlich diskreteste Biographie des Kaisers stammt, berichtet trotz seiner Verehrung für Franz Joseph auch darüber: »So hatten sich seine beiden Neffen in ihren Provinzgarnisonen, aber auch in der Hauptstadt in jugendlichem Übermut mancherlei schlimme Streiche zuschulden kommen lassen, die ihnen von der Bevölkerung sehr

Die Lebensalter des Monarchen fanden sozusagen postwendend den Weg ins Volk. Briefmarkenentwürfe von Kolo Moser.

rührte. Von seinen Dienern forderte er Frühaufstehen; aber es war Voraussetzung, daß niemand das Frühaufstehen so meisterlich verstehen durfte wie der Kaiser.«

Zum Bild paßt – und paßt auch wieder nicht –, daß der korrekte Beamte und souveräne Monarch sich berichten ließ, wer in der Hofburg spät heimgekommen sei, daß er es den Erzherzögen eher schwermachte, sich als Menschen unter Menschen zu bewegen, und daß er nie von seinem Vorrecht abging, als Chef des Hauses zu bestimmen, wer von der weitverzweigten Familie auf Reisen zu gehen habe und wie sich auch die entferntesten Mitglieder des Erzhauses zu verheiraten hätten. Schon der Besuch eines Kaffeehauses oder die Tatsache, daß ein Erzherzog beim Spiel »erwischt« wurde, konnte Strafpredigten des Kaisers nach sich ziehen. Ungezählte Geschichten gibt es schließlich, die berichten, daß es zwischen dem Kaiser und dem Thronfolger Auseinandersetzungen gab, weil Rudolf einen leibhaftigen Chefredakteur zum Vertrauten hatte und auch sonst liberalen Ideen aufgeschlossen war.

Und ein ebenfalls nicht ganz in das Charakter-

verübelt wurden. Als der radikale Abgeordnete Engelbert Pernerstorfer, ein hochgebildeter und in jeder Hinsicht ausgezeichneter Mann, der sich in deutschnationalen, aber auch in demokratisch-sozialen Kreisen der Universität größter Freundschaft und Wertschätzung erfreute, im Abgeordnetenhaus einige von den besonders tadelnswerten Heldenstückchen der beiden jugendlichen Erzherzöge erzählte, ließen diese oder ihre Freunde den Ankläger in seiner eigenen Wohnung durch bürgerlich gekleidete Unteroffiziere ihrer Regimenter überfallen und insultieren. Ein Vorgang, der in ganz Österreich tiefste Entrüstung erregte und der das Ansehen der Dynastie im Reiche gewiß empfindlich geschwächt hat. Von seiten des Kaisers erfolgte aber keine gebührende Bestrafung. Solches schien Franz Joseph ganz unmöglich, denn er fühlte sich mit der Dynastie als ihr Oberhaupt dem Volke gegenüber solidarisch und übertrug gewissermaßen seine Unverantwortlichkeit auf das ganze Kaiserhaus.« Redlich nennt weitere ähnliche Fälle und folgert: »Aber es läßt sich nicht leugnen, als Erzieher und Lenker seines großen Hauses hat Franz Joseph nie eine

Kaiserin Elisabeth von Österreich – auch »Sissy« genannt – wäre eine repräsentative Monarchin gewesen. Doch sie ließ allzuoft den kaiserlichen Gatten allein repräsentieren. Gemälde von F. Winterhalter.

Auftakt des »Stadtumgangs«, der Fronleichnamsprozession in der Inneren Stadt, war die Ankunft des Monarchen vor der Stephanskirche. Zeichnung von Theo Zasche.

glückliche Hand gezeigt. Seinem Wesen fehlten die dafür erforderlichen Qualitäten. Er war zu verschlossen und zu sehr in sich und seine Herrscheraufgabe versenkt und vor allem auch zu arm an Fühlen und innerlicher Wärme den Menschen gegenüber, auch denen, die er als Mitglieder der Dynastie auf der Höhe seiner eigenen Herrscherstellung festzuhalten wünschte.«

Bei Zeugnissen aus der nächsten Umgebung des Kaisers ist allerdings nicht immer zu erkennen, bis zu welchem Grad sie Selbsterlebtes oder aber Nacherzähltes wiedergeben: Joseph Redlich zum Beispiel verläßt sich auf Mitteilungen des Flügeladjutanten des Kaisers, Ludwig Ritter von Höhnel, und übernimmt diese in seine Standardbiographie Franz Josephs mit einer Selbstverständlichkeit, die sogar auf Anführungszeichen verzichten zu können glaubt. Man hat dem Adjutanten des Kaisers und

dem Historiker einfach zu glauben. Aber alle von Redlich angeführten Zeugen berichten übereinstimmend, wie der ganze Tag des Kaisers von frühester Morgenstunde bis zum Abend in immerfort pünktlicher, wie eine Kette sich fortspinnender Aktenarbeit ablief. Wobei der Kaiser schließlich den Fehler machte, den sich nur seine Beamten hätten leisten dürfen: Er ging in Akteneinzelheiten auf und fand nicht mehr die Sicherheit, sich mit Grundsätzlichem zu befassen – jene Tätigkeit auszuüben also, die er seinen Beamten nicht zumuten mußte, die sie jedoch ihm, dem obersten Beamten, auferlegten, weil er ja der Kaiser war.

Das alles sind Schilderungen aus den letzten Jahren des Monarchen, und wir haben noch nicht einen Satz an das lange Menschenleben verschwendet, das der Kaiser bis dahin in Pflichtbewußtsein und zumeist recht glücklos verbracht hatte. Um nur einmal zu rekapitulieren: Es war ihm ein Bruder in Mexiko erschossen worden; es ging ihm die Kaiserin immer mehr aus dem Weg; er erlebte an seinem Sohn und Erben kaum besondere Freuden und schließlich das gräßlichste Unglück, das einen Vater treffen kann; und es starb ihm schließlich seine Frau als Opfer eines Attentäters.

Über so viel Schicksal allein im familiären Bereich kann einer schon zu einem trockenen, korrekten, von Regeln beherrschten Menschen werden, er müßte deshalb längst noch nicht Kaiser sein. Der Kaiser, dessen Tagesablauf die ganze Monarchie kannte, saß freilich nicht nur hinter dem Schreibtisch oder erteilte Audienzen; er repräsentierte auch, und er war zu besonderen Gelegenheiten durchaus willens, den Prunk und Glanz sichtbar werden zu lassen, der um die Dynastie zu schweben hatte. Es gab Festtage im Kalender, an denen dies ganz einfach notwendig war, und diese hielt der Kaiser ebenso korrekt wie seine Dienststunden.

Von der Fronleichnamsprozession – die man in Wien auch den Stadtumgang nannte, weil zu Fronleichnam eben nicht nur die Innere Stadt ihre Prozession hatte, sondern auch die einstigen Dörfer und späteren Bezirke außerhalb des heutigen Rings – gibt es die wunderbarsten Beschreibungen, von denen die mir liebste allerdings erst gedichtet wurde, als es keinen Stadtumgang mit dem Kaiser hinter dem Himmel mehr gab. Joseph Roth aus Galizien, der der Dichter der Monarchie wurde, erzählt im »Radetzkymarsch« von dieser Prozession, und allein seine Schilderung der Vorfahrt des Kaisers vor dem Stephansdom läßt sich nicht anders als mit farbtrunkener Freude lesen.

»Zwischen den langsamen Klängen der Hymne flogen die Hochrufe auf, wie weiße Fähnchen zwischen großen wappenbemalten Bannern. Der Lipizzanerschimmel kam tänzelnd einher, mit der majestätischen Koketterie der berühmten Lipizzanerpferde, die im Kaiserlich-Königlichen Gestüt ihre Ausbildung genossen. Ihm folgte das Hufgetrappel der Halbschwadron Dragoner, ein zierlicher Paradedonner. Die schwarz-goldenen Helme blitzten in der Sonne. Die Rufe der hellen Fanfaren ertönten, Stimmen fröhlicher Mahner: Habt acht, habt acht, der alte Kaiser naht!

Und der Kaiser kam: acht blütenweiße Schimmel zogen seinen Wagen. Und auf den Schimmeln, in goldbestickten schwarzen Röcken und mit weißen Perücken, ritten die Lakaien. Sie sahen aus wie Götter, und sie waren nur Diener von Halbgöttern. Zu beiden Seiten des Wagens standen je zwei berittene Arcierenleibgarden mit silbernen Helmen und je zwei ungarische Leibgarden mit gelb-schwarzen Pantherfellen über der Schulter. Sie erinnerten an die Wächter der Mauern von Jerusalem, der Heiligen Stadt, deren König der Kaiser Franz Joseph war. Der Kaiser trug den schneeweißen Rock, den man von allen Bildern der Monarchie kannte, und einen mächtigen grünen Papageienfederstrauß über dem Hut. Sachte im Wind wehten die Federn. Der Kaiser lächelte nach allen Seiten. Auf seinem alten Angesicht lag das Lächeln, wie eine kleine Sonne, die er selbst geschaffen hatte.«

Der Stadtumgang war eine der Gelegenheiten, bei denen der Kaiser sich mit dem Glanz des Reiches umgab. Der Ball bei Hof und der Hofball waren andere. Zum Ball bei Hof war nur der Hochadel geladen. Zum Hofball aber durfte nicht nur der hoffähige Adel, sondern auch jeder Ritter eines österreichischen Ordens.

Der Hofball wurde in den Redoutensälen abgehalten und galt nicht unbedingt als ein Tanzvergnügen, hatte jedoch nebst den großen Momenten, in denen der Kaiser durch den Saal ging, sich Herren vorstellen ließ, oder in denen eine Dame der Ehre teilhaftig wurde, von der Kaiserin auf die Estrade befohlen zu werden, wo die Monarchin hofhielt, auch die Attraktion eines überdimensionalen Büfetts zu bieten, bei dem eine Spezialität nicht fehlen durfte: nämlich die zu Pyramiden aufgehäuften sogenannten Hofzuckerln, die selbstverständlich von Demel waren.

Diese Zuckerln waren jedes für sich kunstvoll eingepackt – einmal waren sie zum Beispiel Nachbildungen von Kopfbedeckungen der k. u. k. Armee – und dazu bestimmt, von den Besuchern des Hofballs mitgenommen und als Andenken an den Ball daheim verteilt zu werden. Für jeden Be-

Folgende Doppelseite: Der »Ball bei Hof« im Zeremoniensaal der Hofburg, dem Hochadel und den hohen Militärs vorbehalten, war eine der seltenen Gelegenheiten, bei denen der allem Prunk abholde Kaiser den Glanz des Hauses Habsburg entfalten ließ. Gouache von Wilhelm Gause.

15

sucher rechnete man ein halbes Kilogramm dieser Wunderwerke, und in Wien gibt es bis heute Familien, die in Vitrinen solche Zuckerln aufbewahren als Zeugnisse dafür, daß ein Vorfahre einmal den Hofball besuchte.

Ebensowenig wie der Hofball ein Fest des Tanzes war die Hoftafel ein kulinarisches Fest, sondern eine zumeist hastig eingenommene Mahlzeit in Anwesenheit des Monarchen. Und kein Inhaber des Hotels Sacher hat heute etwas dagegen, wenn man die Legende nährt, die Erzherzöge seien nach der Hoftafel oft hungrig noch ins Sacher gekommen, um dort, unweit der Hofburg, dann auch ihren Appetit zu seinem Recht kommen zu lassen: bei Sacher, wo es durchaus leger, aber eben hochadelig zuging und wo nach den übereinstimmenden Berichten der schreibfreudigen Nachfahren des Wiener Bürgertums selbst die reichsten Bürger nicht speisten, weil sich dies eben für sie nicht gehörte.

Daß der Kaiser selbst allerdings nie bei Sacher war, ist auch verbürgt; das legendäre Sticktuch der Frau Sacher, auf dem sie die gern gewährten Unterschriften aller Erzherzöge nachstickte, wäre ohne die Initialen des Kaisers geblieben, hätte nicht Katharina Schratt eines Tages Franz Joseph die Unterschrift auf ein Taschentuch abgerungen, das dann als krönendes Mittelstück in das Tuch der Frau Sacher eingefügt wurde.

Der pflichteifrige Monarch, der im Jahr der Weltausstellung Besucher aus aller Welt empfing und, als sich der Geschäftsgang des Spektakels im Prater schleppend anließ, diesen anzukurbeln versuchte, indem er immer wieder offizielle Visiten ansetzte, hatte ein besonderes, ein monarchisches Gefühl für seine Untertanen. Er hielt auf Distanz, er sorgte sich um Einhaltung der Grenzen, er liebte es aber auch, wenn seine Völker ihm huldigten. Auf Reisen durch die Monarchie war er durchaus bereit, die umfangreichsten Programme zu absolvieren, und als man ihm zur Feier der

Die Mahlzeiten des Kaisers waren sprichwörtlich karg. Zum Galadiner aber hatten die Lakaien den Gästen des Monarchen sehr wohl Opulentes anzubieten. Zeichnung von Theo Zasche.

silbernen Hochzeit einen Festzug bereitete, wie ihn Wien seit den Tagen der großen Roßballette nicht mehr erlebt hatte, war er glücklich. Er verfaßte ein Handschreiben an den Ministerpräsidenten:

»Während meiner mehr als dreißigjährigen Regierung habe ich nebst manchen trüben Stunden auch viel Freuden mit meinen Völkern geteilt. Aber eine reinere, innigere Freude konnte mir wohl kaum geschaffen werden als in den letzten verflossenen Tagen. Sie ward mir durch die Liebe meiner Völker bereitet. Tief bewegt fühlen wir uns, ich und die Kaiserin, von diesen spontanen Kundgebungen aufrichtiger Liebe und treuer Anhänglichkeit.«

Hans Makarts Festzug in seinem Überschwang an Einfällen, Farbe und Materialaufgebot hatte den Kaiser zu diesem Handschreiben veranlaßt, in dem er ein einziges Mal seinen Völkern gegenüber so schrieb, wie er sonst nur seiner Kaiserin – und Katharina Schratt – schreiben konnte.

Der Name Schratt bedarf in Wien immer noch keiner besonderen Erläuterung. Heute noch geschieht es, daß vom Staat Millionenbeträge ausgegeben werden, um auftauchende Teile der Korrespondenz des Kaisers mit seiner getreuen Freundin aufzukaufen, und immer noch ist niemand aufgetreten, der es in unserer jeder Blasphemie so aufgeschlossenen Zeit gewagt hätte, in dem Verhältnis des Kaisers zur Hofschauspielerin Katharina Schratt etwas anderes als eine Seelenfreundschaft zu sehen.

Die Schratt war eine geborene Badnerin und von der Kaiserin selbst dazu auserwählt worden, dem Kaiser Gesellschaft zu leisten. In der zweiten großen Periode ihrer unstillbaren Fernsucht und Unruhe begriff Elisabeth, daß ihr Mann in seiner totalen Abgeschiedenheit von der lebendigen Welt und in seinem streng vorgezeichneten Tagesablauf die Begegnung mit einer »anmutigen Frau« haben müßte.

Fred Hennings, Burgschauspieler und zuerst als Topograph Wiens, dann als Historiker bekannt geworden, erzählt, daß die Kaiserin bei Heinrich von Angeli ein Bild der Schratt in Auftrag gab, um es Franz Joseph zu schenken. Am 20. Mai

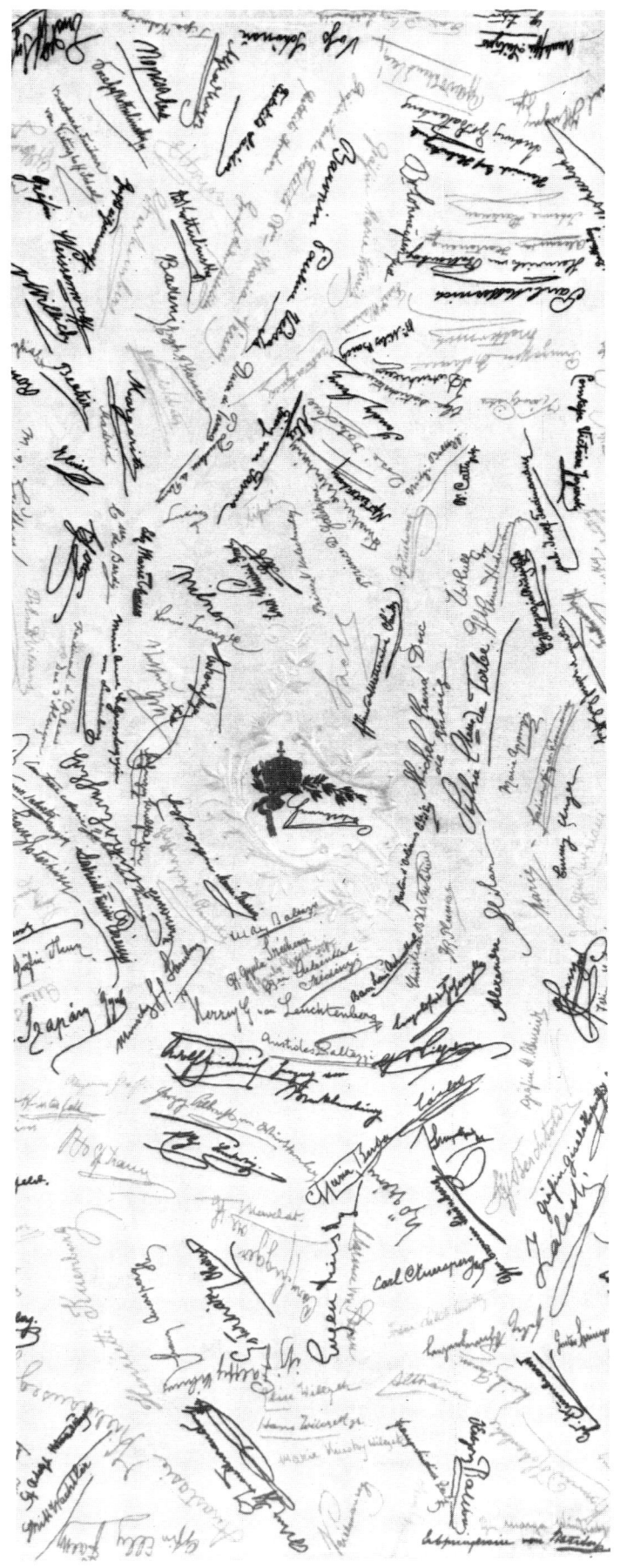

Ein Ausschnitt aus dem berühmten gestickten Gästetischtuch der Frau Sacher. Im Mittelpunkt das von Katharina Schratt besorgte »Kaisertüchlein«.

An der berühmten Sirk-Ecke am Ring – so benannt nach einem fashionablen Schneider, der dort sein Atelier hatte – traf sich das elegante Wien täglich zum »Korso«. Man sah – und wurde gesehen. Gemälde von M. Lenz.

1886 kam der Kaiser ins Atelier, um den Fortgang der Arbeit zu begutachten – und das Modell für wenige Minuten zu sehen. Zwei Jahre später schrieb er an Katharina Schratt schon Briefe wie den folgenden – Briefe, aus denen der Fortschritt der Seelenfreundschaft unschwer abzulesen ist: »Daß ich Sie anbete, wissen Sie gewiß oder fühlen es wenigstens, und dieses Gefühl ist auch bei mir in steter Zunahme, seit ich so glücklich bin, Sie zu kennen. Dabei muß es aber bleiben, und unser Verhältnis muß auch künftig das gleiche sein wie bisher, wenn es dauern soll, und das soll es, denn es macht mich ja glücklich. Sie sagen, daß Sie sich beherrschen werden, auch ich werde es tun, wenn es mir auch nicht leicht wird, denn ich will nichts Unrechtes tun, ich liebe meine Frau, und ich will ihr Vertrauen und ihre Freundschaft für Sie nicht mißbrauchen. Da ich für einen brüderlichen Freund zu alt bin, so erlauben Sie, daß ich Ihr väterlicher Freund bleibe, und behandeln Sie mich mit derselben Güte und Unbefangenheit wie bisher.«
Tatsächlich erhielt Katharina Schratt eine offizielle Stellung bei Hof, wurde Vorleserin Ihrer Majestät der Kaiserin, wurde der Hoftafel zugezogen und hatte nach einer Art stillschweigender Übereinkunft für den Kaiser dazusein, wenn er zu sehr früher Morgenstunde zu einer Plauderei beim Frühstück aufgelegt war.

Trotzdem kommen immer wieder Korrespondenzen an Katharina Schratt an die Öffentlichkeit, deren Inhalt das Bild von der einfachen Frau, die dem Kaiser Ruhe und ein wenig Tratsch aus ihren Kreisen bot, verändern. Erst in jüngster Vergangenheit hat die Nationalbibliothek ein Konvolut erworben, das nicht nur Briefe des Kaisers an die Schratt und Antworten von ihr enthält, sondern auch Depeschen und Briefe anderer Persönlichkeiten an die Vertraute des Kaisers. Deren Inhalt ist im Detail noch nicht bekannt, doch haben selbst Historiker verlauten lassen, nun ändere sich die Situation: Die Villa der »gnädigen Frau« war offenbar auch die Anlaufadresse für Botschaften politischen Inhalts, die Franz Joseph nicht über offizielle Kanäle erreichen sollten. Die Adressatin sei zwar weiterhin nicht zu einer politischen Persönlichkeit zu stempeln, doch immerhin zu einer Freundin des Kaisers, die ihm daneben gute Dienste leistete.
Es erscheint plausibel. Denn ins Bild Franz Josephs paßt es nicht, daß er irgendwann und irgendwo ausschließlich ein Privatmensch gewesen sein sollte.
Hennings interpretiert sehr fein, daß der Kaiser

Rechts: die legendäre Anna Sacher mit einem ihrer Hunde. Eine kolorierte Photographie »mit gemaltem Hintergrund« im Geschmack der Zeit.

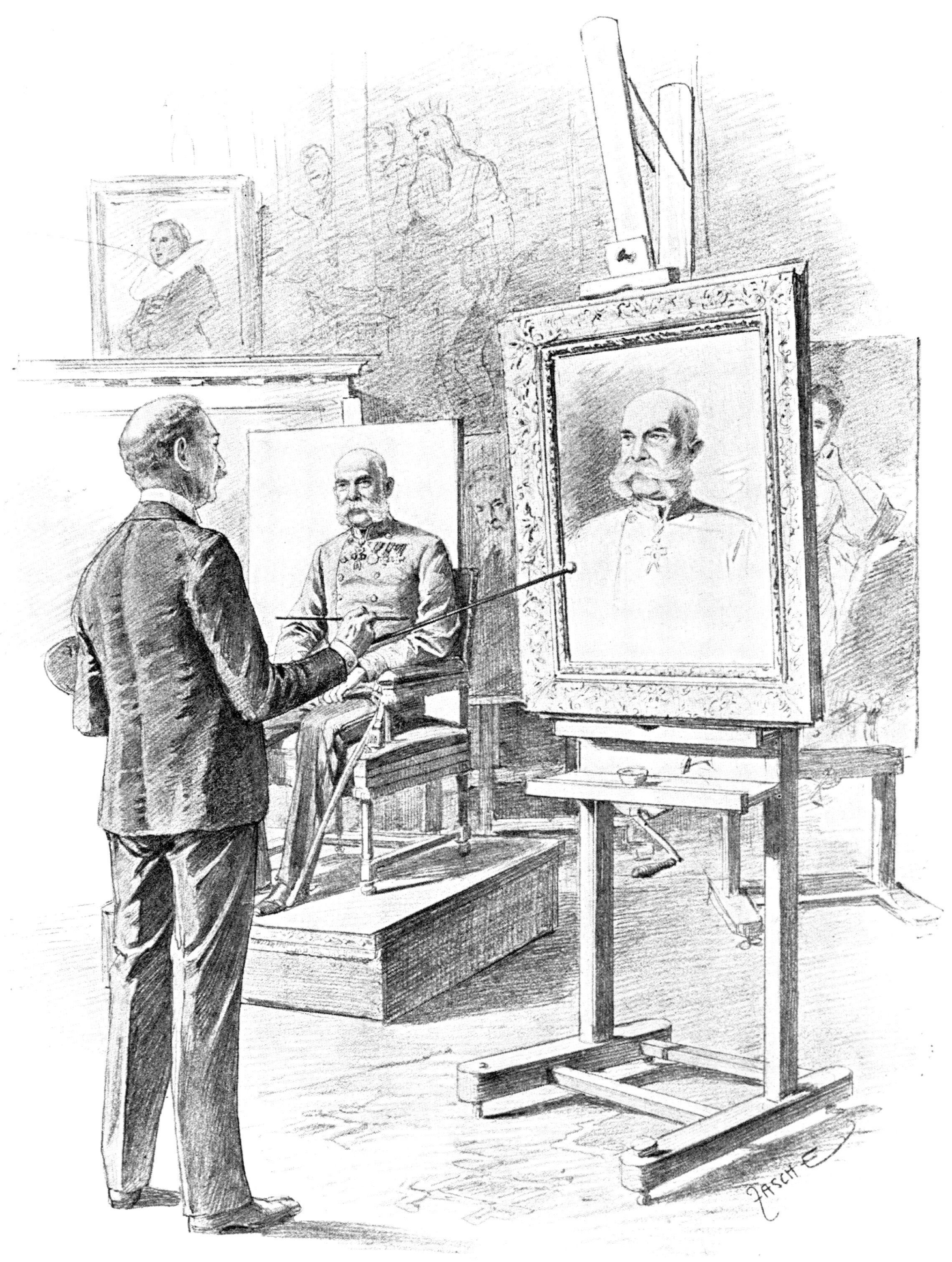

mit seiner Bindung an Katharina Schratt den ihm gerade noch möglichen Tribut an den allseits spürbar werdenden Drang nach Befreiung vom Zwang der Etikette zollte – dem die männlichen Mitglieder des Hauses Habsburg sehr häufig nachgaben. Erzherzöge traten aus dem Erzhaus aus und heirateten bürgerlich, etwa der legendäre Johann Orth, der Milly Stubel heiratete, das Kapitänspatent erwarb, um das Kap Hoorn segelte und dort mit Frau, Mann und Maus ertrank.

Es mag tatsächlich so gewesen sein, daß auch der ausschließlich in hoffähigen Kreisen verkehrende Kaiser es genoß, einmal am Tag mit einer schönen Frau beisammen zu sein, die nach seinen Maßstäben das unverfälschte Leben darstellte. Ob er tatsächlich durch sie all den Tratsch erfuhr, den man ihm sonst nie zugetragen hätte, dürfte sich schwerlich belegen oder bestreiten lassen. Daß er auch ihr gegenüber von seinen Prinzipien der Ordnung nicht abging und Interventionen der Schratt einfach nicht zur Kenntnis nahm, ist dokumentarisch festgehalten. Ein Satz von Fred Hennings, der ernsthaft und ohne Nebensinn verstanden sein will, scheint mir kostbar. »Es war ein durchaus pragmatisiertes Verhältnis«, schreibt er und umreißt damit die Konstellation, die wohl in keiner anderen Stadt der Welt und wahrscheinlich nur zur Zeit Franz Josephs denkbar war. Eine »gnädige Frau«, von deren Existenz jedermann wußte, die von jedermann respektiert wurde, über die sorglos Heurigenlieder gedichtet wurden und die nur eine wirkliche Schwierigkeit hatte: Dienstpersonal zu finden, das imstande war, den Frühstückstisch mitsamt der gnädigen Frau schon zu der frühen Stunde parat zu haben, die der Kaiser für seine Besuche bevorzugte.

Allerdings gibt es auch die wunderbaren Briefe des Kaisers an Elisabeth, aus denen man die Sehnsucht des Monarchen nach seiner reisenden Frau lesen kann. In einem dieser Briefe aus der ersten Reiseperiode Elisabeths:

»Mein lieber Engel, jetzt bin ich wieder mit meinem vielen Kummer allein und sehne mich nach Dir. Komme bald wieder, mich zu besuchen, das heißt, wenn es Deine Kräfte und Deine Gesundheit erlauben, denn wenn Du auch recht böse und sekkant warst, so habe ich Dich doch so unendlich lieb, daß ich ohne Dich nicht sein kann.« Oder in einem anderen Brief: »Jetzt hätte ich halt eine schöne Bitt'. Wenn Du mich besuchen könntest! Das würde mich unendlich glücklich machen.« Und dergleichen Sätze findet man in der Korrespondenz des Kaisers immer wieder, die nicht einem Briefsteller der Zeit entnommen sind, sondern so aufrichtig und unbeholfen klingen, wie nur ein sehr selten natürlich artikulierender Mensch schreiben kann.

Franz Joseph *lebt* nicht nur in der Hofburg und in Schönbrunn, er *wirkt* auch in der Stadt, die sich auf sein Machtwort hin vergrößert und verändert, und er nimmt Anteil an dem Geschehen in ihr. Wenn ein noch junger Chirurg wie Billroth nach Wien berufen wird, so ist es ganz zuletzt der Wille des Kaisers gewesen, daß er komme. Und Billroth notiert dies erstaunt und beglückt. Wenn Anton Bruckner sich anläßlich einer Audienz untertänigst über den strengen Kritiker Hanslick beschwert, so ist wiederum der Kaiser die angerufene Instanz, die in diesem Fall allerdings für Bruckners Nöte wenig Verständnis zeigt. Und wenn der junge Hofoperndirektor Gustav Mahler Schwierigkeiten hat, weil bei ihm von hohen Persönlichkeiten zugunsten irgendwelcher Künstler interveniert wird, so kann er ganz zuletzt auf den Gerechtigkeitssinn des Kaisers vertrauen und sein Institut nach seinen Ideen leiten.

Man darf angesichts der nahezu vollständigen Informationen über das Erzhaus, seine Lebensgewohnheiten, seine inneren Zwistigkeiten und auch seine vielen Fehler, die bis ins kleinste Wiener Vorstadtbeisel dringen, nie vergessen, daß umgekehrt nur wenig Neuigkeiten vom Wiener Alltag den Weg zum Chef des Hauses fanden:

»Zu diesem Kreise gehörten aber auch noch die vermögenslosen Abkömmlinge der Seitenzweige dieser regierenden Häuser. Aus diesen jüngeren Söhnen und Töchtern rekrutierte sich fast ausschließlich der sogenannte Hofdienst, der das Herrscherpaar und die ganze Habsburgerfamilie umgab, die Oberhofmeister und Kämmerer der Erzherzöge und Erzherzoginnen, auch die Erzieher ihrer Kinder, die Offiziere der kaiserlichen Leibgarde, die Würdenträger der großen Hofämter und die Mehrheit der Adjutanten des Kaisers und der Erzherzöge. Diese ganze, auch an Zahl sehr bedeutende Adelskette, deren Häupter

Links: Dem Hofmaler Heinrich von Angeli saß der Kaiser Modell – aber auch Katharina Schratt: für ein Bild, das die Kaiserin bei Angeli bestellt hatte. Zeichnung von Theo Zasche.

bei allen politischen und zeremoniell wichtigen Anlässen und Festen den Glanz des Hofes und den innersten, die Kaiserfamilie umgebenden Ring darstellten, schloß den Herrscher und seine Familie vollständig von allen anderen Gesellschaftskreisen und Gruppen Wiens und des Reiches ab. Diese ganze große Hofgesellschaft beruhte auf dem streng formulierten Begriff der engeren Hoffähigkeit, die diesen Männern und Frauen zu eigen war. Dies war das vom Obersthofmeisteramt sorgfältig überwachte besondere Merkmal, wodurch sich diese Gesellschaft von der übrigen Menschheit schied.«

Und an deren Auserwähltheit hielt Franz Joseph auch in den letzten Jahrzehnten seiner Regierung, die doch schon alle den Keim der Umwälzungen des zwanzigsten Jahrhunderts in sich trugen, durchaus fest. Gegenüber der heranrückenden Neuzeit war er ein konsequent inkonsequenter Herrscher, der erstaunliche Situationen heraufbeschwor. Etwa wenn er um seine Person das Telephon nicht duldete, jedoch zur Kenntnis nahm, daß man das Telephon zu Verständigungszwecken in die Hofburg leitete. Oder wenn er zwar das allgemeine Wahlrecht zur Kenntnis nahm, jedoch nichts lieber hörte als die Ratschläge Badenis, der dem mit christlich-sozialer Mehrheit im Gemeinderat gewählten Bürgermeister Lueger die kaiserliche Bestätigung versagen wollte. 1897 ging Wien deshalb auf die Straße und erreichte schließlich, daß der Kaiser angesichts der Demonstration auf der Ringstraße das Demissionsgesuch Badenis, das nach den geltenden Regeln jeder Minister seinem Herrscher schon bei seinem Amtsantritt zu übergeben hatte, mit seiner Unterschrift und mit »zur Kenntnis genommen« dem Minister überreichen ließ.

Auch hier kann man allerdings die vielen verschiedenen Versionen anführen, die das Verhältnis des Kaisers etwa zu Lueger, einem Volkshelden par excellence, charakterisieren. Eine Festschrift zum 60. Geburtstag von Karl Lueger nennt diejenigen, die die Wahl des Gemeinderats nicht zur Kenntnis nehmen wollten, nur noch »mißgünstige Widersacher« und läßt keineswegs erkennen, daß auch der Kaiser selbst zu diesen

Der »schöne Karl«, wie Wiens Bürgermeister Dr. Karl Lueger im Volksmund hieß. Der Kaiser teilte nicht ganz die Begeisterung der Wiener für ihr Stadtoberhaupt.

gehörte. Man muß schon ein Kenner der Szene sein, um die zwei folgenden Sätze richtig zu verstehen: »Nunmehr wurde Dr. Lueger am 8. April 1897 zum Bürgermeister der Stadt Wien gewählt und von Seiner Majestät dem Kaiser am 16. April bestätigt. Groß und allgemein war die Freude der Bevölkerung, das Ziel ihres Ringens endlich erreicht zu haben.« Andererseits findet sich bei Joseph Roth aber ein Passus, der nachdrücklich wiedergibt, was dieser Schriftsteller aus der nächsten Umgebung des Kaiserhauses erfahren haben will: daß nämlich Franz Joseph den vulgären Antisemitismus Luegers dermaßen unanständig fand, daß er die Bestätigung allein deshalb schon nicht geben wollte. Die Historiker haben sich darauf geeinigt, die Bestellung Kasimir Graf Badenis zum Ministerpräsidenten sei ein Zeichen dafür gewesen, daß Franz Joseph die Stärke

Oben: ungewöhnlicher Blick auf Wien – von der Rotunde, dem Wahrzeichen der Weltausstellung 1873. Ein Bild von besonderem historischem Wert, denn die Rotunde gibt es nicht mehr, sie wurde 1937 durch einen Brand völlig zerstört. Zeichnung von Franz Kollarz.

Rechts: der Kaiser bei einem Spaziergang mit der »gnädigen Frau«, der für ihn von der Kaiserin ausgewählten Seelenfreundin Katharina Schratt. »Es war ein pragmatisiertes Verhältnis.«

in der Politik der vom Offizier geforderten Rücksichtslosigkeit gleichzusetzen liebte. Mit dieser Fehleinschätzung beschwor er die argen parlamentarischen Auseinandersetzungen herauf, die den Untergang der Monarchie vorbereiteten. In den Jahren danach wurde kraft der kaiserlichen »Notverordnung mit provisorischer Gesetzeskraft« regiert, was man in den Schilderungen des imperialen, des glanzvollen, des walzerseligen Wien vor der Jahrhundertwende zumeist nicht nachlesen kann, was man aber nicht vergessen sollte, wenn man sich ein Bild »vom Kaiser« machen will.

Es scheint beinahe, als hätte er die grauenhaften Mißgeschicke, die sein Haus und seine Familie trafen, auch deshalb als der »letzte Monarch alter Schule« getragen, weil die Mitglieder des Erzhauses rings um ihn sich sehr viel weniger als

er um ihre Verpflichtungen der Dynastie gegenüber sorgten. Zahllos sind die Geschichten von Erzherzögen, die sich zwar zu den befohlenen Anlässen in der Hofburg einfanden und dem Kaiser die Staffage bildeten, sonst aber ziemlich gern ihr Leben außerhalb der Hofgesellschaft lebten und sich keineswegs an die Regeln hielten, die Franz Joseph für sie immerhin gelten ließ. Konnte man es den als »fesch« oder »flott« populär gewordenen Erzherzögen verübeln, wenn sie sich mit Eduard Sacher im Teich unterhalb des Restaurants am Konstantinhügel von einem Polizisten beim nächtlichen Bad ertappen ließen – wenn der Thronfolger selbst im offenen Gegensatz zu seinem Vater stand, man ihm als verheiratetem Mann mehr als bloß Amouren nachsagte und er auf für das Kaiserhaus peinliche Weise sein Ende in Mayerling gefunden hatte? Wer wollte die

jeglicher notwendigen Repräsentationspflicht abholde Kaiserin tadeln, wenn der Kaiser selbst ihr nur schwache Vorhaltungen machte, jedoch seine Autorität nie in Anspruch nahm, um ihre verhängnisvolle Reisemanie einzudämmen. Und hätte man in einer von der Sozialdemokratie noch keineswegs dominierten, jedoch schon durchsetzten Zeit gewagt, offene Kritik an einem Herrscher zu üben, wenn sogar die Führer der Sozialdemokratie ihre Hochachtung vor dem alten Mann in Schönbrunn offen zur Schau trugen?

Zu all den Legenden und Anekdoten, die schon oft und in vielen Varianten erzählt worden sind, kann ich auch eine anfügen. Der sozialistische Bundeskanzler Bruno Kreisky, dem unter anderem nachgesagt werden kann, daß er für Lebensart einiges übrig hat, erzählt in kleinerer Gesellschaft mitunter auch, wie aufregend es für die Spitzen der Sozialdemokratie war, als der »schöne Seitz« zur Audienz beim Kaiser befohlen war. Es gab lange Debatten, weil bei der Audienz selbstverständlich Frack oder Uniform vorgeschrieben waren und Seitz keine Uniform hatte und keinen Frack anziehen wollte. Tatsächlich soll der nachmalige Wiener Bürgermeister mit besonderem Stolz dem Kaiser ohne Frack entgegengetreten sein und dafür einen Tadel erhalten haben, der ganz nebenbei und etwas ironisch ausfiel.

Die Zeugnisse allerdings, die von jeder nur denkbaren Seite dem Kaiser für seine Fähigkeit ausgestellt werden, im rechten Moment ein treffendes Wort zu finden, sind allemal in so eingefahrenen Geleisen erzählt, daß man die Vermutung wagen darf, es handle sich zumeist um gut erfundene Geschichten, die ebenso liebevoll gehegt werden wie die Hofballzuckerln von Demel – und keineswegs nur in sehr bürgerlichen Vitrinen. Eine Äußerung aber dürfte unwidersprochen bleiben, denn sie wird in den einschlägigen Werken als eine Bemerkung der Kaiserin selbst wiedergegeben: »Der Kaiser ist sehr zartbesaitet. Er ist gewohnt, daß man ihm ehrerbietig und sanft entgegenkommt, das verlangt er als Kaiser, und in diesem Sinne ist er auch von seiner Mutter, der Erzherzogin Sophie, erzogen worden. Wenn ihn also jemand in den besten Formen um etwas bittet, von dessen Unerfüllbarkeit er überzeugt ist, so kann er in liebenswürdiger Weise und mit Angabe von Gründen das Ersuchen ablehnen; so schwer es ihm auch fällt, nein zu sagen. Tritt jedoch jemand schroff und selbst verletzend an ihn heran, so kann er so überrascht sein, daß er gewissermaßen in sich zusammensinkt und die gestellte Forderung erfüllt!«

Hans Flesch-Brunningen, der unter dem einprägsamen Titel »Die letzten Habsburger« Dokumente zusammengestellt hat, die sich wie ein Roman lesen und doch ernst zu nehmende Zeugnisse sind, stellt diese Bemerkung ganz richtig in unmittelbare Nähe zu den Entscheidungen, die der Kaiser immerhin auch als oberster Kriegsherr zu fällen hatte. Franz Joseph war durchdrungen von der Überzeugung, daß Disziplin und totale Beherzigung des Armeeschematismus erforderlich seien und daß das treue Heer eine der wesentlichen Stützen der Dynastie sein müsse. Er sorgte sich um die Einhaltung auch der einfachsten Uniformvorschriften, setzte aber andererseits den äußersten Akt der Illoyalität, der ihm als Soldat vorzuwerfen ist, als er den glücklosen Feldherrn von Königgrätz ins Exil nach Graz schickte und damit der Armee zu verstehen gab, daß sie ihn seiner Ansicht nach im wesentlichsten Kampf seines Lebens im Stich gelassen hatte. Das Verfahren gegen Ludwig von Benedek, der gegen seinen Willen zu einer Schlacht antreten mußte, die nur zu verlieren war, wird als »kleinliche und tückische Gehässigkeit« beschrieben und bleibt ein Flecken auf der Uniform des obersten Kriegsherrn.

Diese Uniform trug er bis zu seinem Tod in der Öffentlichkeit nahezu ausschließlich, abgesehen von der Jagdkleidung, die er in Ischl nicht minder konsequent trug und die auch als Uniform gelten darf. Ansonsten ist, was Kleidung betrifft, Franz Joseph keineswegs elegant oder interessant, sondern im Gegenteil eher ein besonders altmodischer Mann gewesen. An Katharina Schratt schrieb er, als sein Kammerdiener starb: »Mich hat wieder ein harter Schlag durch den schnellen Tod meines Kammerdieners Pachmayer getroffen, des einzigen, den ich wirklich in jeder Beziehung brauchen konnte. Er war für mich, was Ihnen Netti ist, nur ohne ihre Fehler und Launen, ein Gentleman durch und durch, dabei findig, willig, unverdrossen, geschickt. Ich weiß noch gar nicht, was ich jetzt anfangen soll, besonders auf Reisen und gar wenn ich Zivilkleider nehmen muß, die so schwer anzuziehen und passend zusammenzustellen sind.«

Das liest sich, als hätte es für den Kaiser von Österreich tatsächlich Dienstbotenprobleme, Personalsorgen gegeben. Doch es ist nur so zu lesen, wie es gemeint war – Franz Joseph war von seiner Aufgabe, Monarch zu sein, so erfüllt, daß er für alle anderen, die ein Mensch nebstbei zu bewältigen hat, keine Energie mehr aufbrachte und Freunde oder Diener brauchte, die sie für ihn erledigten.

Geschichten vom Kaiser, von seiner zunehmenden Vereinsamung? Sie sind überall nachzulesen, man begegnet ihnen in Gemälden, Photographien, Wiener Liedern. Sie alle haben schließlich ein Bild des Kaisers entstehen lassen, das ihn einerseits als ewigen Greis und andererseits als eine Art unsterbliche Persönlichkeit erscheinen läßt.

Bis heute gibt es im Grunde nur zwei Kaiserporträts, die jedermann sofort erkennt. Das eine zeigt Franz Joseph als ganz jungen Monarchen, und es dürfte bei seinen Untertanen seine Gültigkeit so lange behalten haben, bis das andere, das ihn bereits als alten Herrn zeigt, an die Wände aller Gerichte und aller kaisertreuen Haushalte kam. Einzig auf einem Tarockspiel, das man unter der einfachen Bezeichnung Jagdtarock kennt, wurde Franz Joseph immer von neuem abgebildet, und es lassen sich daher die einzelnen Kartenspielauflagen zeitlich richtig reihen, indem man die Karten mit dem Kaiser nach Alter ordnet. Ob aus diesem eher skurrilen Kartenspiel Herzmanowsky-Orlandos Tarockanien entstand? Verbürgt sind jedenfalls die Verbindungen des Erzhauses zu den Erzeugern der Spielkarten. Man weiß, daß ein Jubiläumsspiel, das anläßlich des 50jährigen Regierungsjubiläums Franz Josephs erschien, vom Oberstkämmerer als »huldvollst angenommen« bestätigt wurde, jedoch so gut wie nicht in Umlauf kam. Seitens des Kaiserhauses muß man damals insgeheim zu erkennen gegeben haben, daß man es nicht für richtig befand, daß

Der oberste Kriegsherr Kaiser Franz Joseph bei der Abnahme der alljährlich stattfindenden Parade auf der Schmelz.
Zeichnung von F. Myrbach.

Kronprinz Rudolf im Jahr der Weltausstellung. Der junge Mann wurde als geistig rege, aufgeschlossen und tolerant beschrieben. Die Monarchie nannte er eine »mächtige Ruine . . . die aber zuletzt doch fallen wird«. Stich von Weger.

Kaiser Franz Joseph als Herz-König auf Wirtshaustische geknallt wurde.

Das Kapitel Mayerling, das in jedem Buch über diese Zeit gesucht wird, könnte hier ohneweiters wegbleiben, weil zu diesem Thema längst sowohl die absurdesten wie auch die wahrscheinlichsten Deutungen existieren. Die Zwietracht des Kaisers und seines Sohnes, die in dem das gesamte Reich in Verwirrung und Bestürzung erstarren lassenden Selbstmord Kronprinz Rudolfs endete, ist oft und oft geschildert worden, aber selbst für diejenigen, die alle nur möglichen Rekonstruktionen der Tragödie von Mayerling kennen, liegt die Faszination vor allem darin, daß in einem Reich, in dem die Essengewohnheiten der Majestäten und die Kosenamen der entferntesten Mitglieder des Erzhauses selbstverständlich jedem bekannt waren, niemand je erfahren hat, wie Kronprinz Rudolf und Mary Vetsera starben. Resignierend klingt,

was als erhärtete historische Tatsache zum Fall Mayerling zu schreiben war: »Aber alle diese um des unglücklichen Kronprinzen Haupt sich schlingenden Legenden, Sagen und Gerüchte sind wohl nichts anderes gewesen als phantastische Übertreibungen von allerdings unleugbaren Tatsachen.«

An jenem 30. Jänner 1889 geschah etwas, wovon wir bis heute nur ungenügend Kenntnis haben. Die Kaiserin allein war imstande, es Franz Joseph mitzuteilen. Dieser dankte es ihr mit einer Adresse, die er an eine Deputation des Reichsrates richtete: »Ich finde keine Worte, um die Dankbarkeit zum Ausdruck zu bringen, die ich der Kaiserin schulde, die sich als eine so starke Stütze in diesen Tagen mir erwiesen hat, und demütig danke ich Gott, daß er mir eine solche Hilfe gegeben hat. Je weiter Sie diese Worte verbreiten, desto mehr bin ich Ihnen dafür verpflichtet.« Hierauf aber verpflichtete er seinerseits alle Augenzeugen oder deren engste Angehörige zu ewigem Stillschweigen, ertrug die Auseinandersetzungen mit dem Klerus, der sich in vielen Teilen der Monarchie weigern wollte, für den Selbstmörder Requien zu lesen, ebenso wie die unerhörte, nie vorher dagewesene Welle von Mitleid, die über ihn hereinbrach – und war der alte Kaiser, der er bis an sein Lebensende bleiben sollte. Der alte Kaiser, der inmitten einer Familie lebte, die sich in unzählbaren Mitgliedern des Kaiserhauses darstellte, von denen stets einige ausbrachen oder sich seine Ungnade zuzogen und von ihm verbannt werden mußten.

Und der Kaiser wurde älter, ließ sich mehr und mehr von seiner Umgebung tyrannisieren, während das Jahrhundert zu Ende ging, seine Altersgenossen, seine treuen Diener dahinstarben. Daneben aber lebten – immer noch unter seiner Regentschaft und geprägt von ihr – diejenigen, denen das Wien der Gegenwart seinen noch vorhandenen Ruhm verdankt. Wieviel der Kaiser von dieser neuen, ihm ganz und gar unverständlichen Generation wußte, ist kaum zu sagen. Wie sollte ein Monarch, dem jedermann ungestraft nachsagen durfte, er habe sein Leben lang kein anderes Buch als den Armeeschematismus in der Hand gehabt, von den Schriftstellern des jungen Wien gewußt haben? Wie hätte er, der nur aus Repräsentationsgründen in der Hofoper erschien und das Protektorat über jede musikalische Gesellschaft willig anderen Mitgliedern seines Hauses überließ, die musikalischen Ideen seines Hofoperndirektors Mahler begreifen sollen oder gar davon erfahren haben, daß in seiner Stadt ein Revolutionär mit Namen Arnold Schönberg bereits an der Bombe der Zwölftonmusik bastelte? Die Secession allerdings konnte ihm nicht entgehen. Auf dem Michaelerplatz wurde ihm vor die Fenster der Hofburg das nach dessen Architekten benannte Loos-Haus gebaut, und er mußte es zur Kenntnis nehmen. Die Pläne Otto Wagners nahm er nicht nur zur Kenntnis, sondern unterstützte sie sogar mitunter. Und ihm huldigende Jubiläumsbücher ebenso wie die Briefmarken wurden von Meistern der »Wiener Werkstätten« entworfen, die Hofmann oder Moser hießen, und auch dies konnte dem Kaiser nicht verborgen bleiben. Ob er jedoch noch wahrgenommen hat, daß auch ein Oskar Kokoschka für einen Festzug Skizzen entwarf, ist zumindest zweifelhaft. Der Name Kokoschka kann für den alten Kaiser kein Name von Bedeutung mehr gewesen sein.

Es darf aber angenommen werden, daß der von sentimentaler Zuneigung umgebene und zugleich den Spendern dieser Zuneigung entrückte »alte Herr von Schönbrunn« wußte, daß man vom Ende Österreichs ganz offen zu sprechen begann und selbst den Bemühungen des Thronfolgers, der nun Franz Ferdinand hieß, im Belvedere residierte und zu Franz Joseph naturgemäß in ständigem Gegensatz stand, keine reellen Chancen mehr gab.

Wie hätte es auch anders sein sollen, wenn der Thronfolger, der zwar Ideen und Absichten hatte, sich weiterhin den starren Ansichten Franz Josephs und des Kreises um den Monarchen beugen mußte. Am 1. Juli 1900, in unserem Jahrhundert also schon, wurde seine Ehe mit Gräfin Sophie Chotek geschlossen, und zwar nach einer feierlichen Versammlung in der Hofburg am 28. Juni, bei der der Thronfolger vor dem Hof und den Geheimen Räten dem Kaiser einen Eid zu schwören hatte, daß er bei voller Wahrung seiner persönlichen Rechte und Ansprüche anerkenne, daß die aus seiner Ehe hervorgehenden Kinder aller Prärogative der Ebenbürtigkeit, vor allem der Thronfolge, entbehren würden. Franz Joseph war auch noch zu diesem Zeitpunkt nicht bereit, das deutsche Privatfürstenrecht zu verletzen oder verletzen zu lassen. Dieses erklärte, den Grafen Chotek sei »das Connubium mit den regierenden

Kronprinz Rudolf kurz vor seinem die Monarchie erschütternden Freitod. Von den Regierungsgeschäften so gut wie ausgeschlossen, war der »begabte, idealistische Thronerbe« in den letzten Jahren seines Lebens ein zutiefst unglücklicher Mensch.

Häusern nicht zuerkannt«, weil sie nicht zu den Familien gehörten, die auf Grund der deutschen Bundesakte von 1814 mit Rücksicht auf ihre ehemalige deutsche Reichsstandschaft oder als mediatisierte Fürsten dieses Recht hätten. Damit nicht genug, mußte die ungarische Regierung ein eigenes Gesetz erlassen, um diesen Eid des Thronfolgers auch für Ungarn rechtsgültig werden zu lassen, da die vom Kaiser immerhin zur Fürstin von Hohenberg erhobene Gräfin Chotek ungarische Königin geworden wäre, hätte Erzherzog Franz Ferdinand den Thron bestiegen.

Und während derlei ein halbes Jahrhundert später gedanklich nicht mehr nachvollziehbare Eide geschworen wurden, die Welt im Begriff war, sich völlig zu wandeln, regierte der alte Kaiser ein Weltreich von einer Stadt aus, die seine Schöpfung war. Deren unwidersprochene Beschreibung, Jahrzehnte später gedichtet, sei hier wiedergegeben:

»Über die breite Ringstraße zogen die Bewohner dieser Stadt, fröhliche Untertanen der Apostolischen Majestät, alles Leute aus seinem Hofgesinde. Die ganze Stadt war nur ein riesengroßer Burghof. Mächtig in den Torbögen der uralten Paläste standen die livrierten Türhüter mit ihren Stäben, die Götter unter den Lakaien. Schwarze Kutschen auf gummibereiften hohen und edlen Rädern mit zarten Speichen hielten vor den Toren. Die Rösser streichelten mit fürsorglichen Hufen das Pflaster. Staatsbeamte mit schwarzen Krappenhüten, goldenen Kragen und schmalen Degen kamen würdig und verschwitzt von der Prozession. Die weißen Schulmädchen, Blüten im Haar und Kerzen in den Händen, kehrten heim, eingezwängt zwischen ihre feierlichen Elternpaare, wie deren körperhaft gewordenen, etwas verstörten und vielleicht auch ein wenig geprügelten Seelen.

Über den hellen Hüten der hellen Damen, die ihre Kavaliere spazierenführten wie an Leinen, wölbten sich die zierlichen Baldachine der Sonnenschirme. Blaue, braune, schwarze, gold- und silberverzierte Uniformen bewegten sich wie seltsame Bäumchen und Gewächse, ausgebrochen aus einem südlichen Garten und wieder nach der fernen Heimat strebend. Das schwarze Feuer der Zylinder glänzte über eifrigen und roten Gesichtern. Farbige Schärpen, die Regenbogen der Bürger, lagen über breiten Brüsten, Westen und Bäuchen. Da wallten über die Fahrbahn der Ringstraße in zwei breiten Reihen die Leibgardisten in weißen Engelspelerinen mit roten Aufschlägen und weißen Federbüschen, schimmernde Hellebarden in den Fäusten, und die Straßenbahnen, die Fiaker und selbst die Automobile hielten vor ihnen ein wie vor wohlvertrauten Gespenstern der Geschichte. An den Kreuzungen und Ecken begossen die dicken, zehnfach beschürzten Blumenfrauen (städtische Schwestern der Feen) aus dunkelgrünen Kannen ihre leuchtenden Sträuße, segneten mit lächelnden Blicken vorübergehende Liebespaare, banden Maiglöckchen zusammen und ließen ihre alten Zungen laufen.«

Allen aber, denen Joseph Roths Beschreibung zu verklärend erscheint, sei die Lektüre von Karl Kraus' Vorspiel zu seiner Tragödie in fünf Akten angeboten, die er »Die letzten Tage der Menschheit« nennt.

Der Musiker

»Schon die bleibende Ansässigkeit
eines Tondichters von so strengem,
ernstem Geist und frischer Schaffenskraft
übt eine veredelnde und aneifernde Wirkung
auf das Musiktreiben einer Stadt.« —
Aus der Gedenkschrift »Wien 1848—1888«.

iemand zögert auch nur einen Augenblick mit der Antwort, wenn man ihn nach dem Protagonisten der musikalischen Szene Wiens befragt. Johann Strauß Sohn ist es, und das seit gut hundert Jahren – Johann Strauß, der nach dem Tod seines Vaters durch ein riesiges Inserat in der »Amtlichen Wiener Zeitung« um die Gunst der trauernden Hinterbliebenen bat, hernach sich in mehreren Sommern aufregendster Gastspiele in einem Kurort nächst St. Petersburg das notwendige internationale Flair holte und schließlich mit seinen Kompositionen ein Ansehen errang, das zu keiner Zeit seither ein Musiker erringen konnte.

Daß Strauß Walzerkönig und nicht Walzerkaiser genannt wurde, ist vielleicht Ausdruck der Pietät des Volkes gegenüber seinem Kaiser. Immerhin, es war der hervorragendste Titel, den es an einen Sterblichen neben dem Monarchen zu vergeben hatte – und Johann Strauß trug ihn mit der Würde eines Wiener Bürgers, mit der oft nur gespielten Heiterkeit eines weltberühmten Unterhalters, aber auch mit den Verpflichtungen, die ein schöpferischer Musiker von seinem Niveau gegenüber den Künsten rings um sich hatte.

Eine Zeitlang waren die Musiker der Strauß-Dynastie das Wertvollste, das in der Musikstadt Wien lebte. Mit dem Tod Beethovens und Schuberts war eine Epoche wienerischen Glanzes zu Ende gegangen, in der in den Mauern dieser Stadt große Musik geschrieben wurde. Zurück blieb eine gut organisierte Institution, die sich der Pflege des Nachwuchses annahm: die Gesellschaft der Musikfreunde. Sie war damals in erster Linie Konservatorium und erst in zweiter Linie Konzertveranstalter. In letzterer Eigenschaft hatte sie auf Grund ihrer Statuten auch dafür zu sorgen, daß Musiker aus dem Ausland weiterhin nach Wien kamen. Die Liste der gastierenden Größen, die damals meist Virtuosen und Komponisten zugleich waren, ist respektabel und würde in der Gegenwart durchaus reichen, Wien die Attribute einer Musikstadt zu verleihen. Komponisten jedoch, die in Wien lebten und Werke mit Ewigkeitsanspruch schufen, fanden sich so gut wie keine. Theaterkapellmeister gab

Vorhergehende Seite: Die Kreuzung Ring – Kärntner Straße war schon in den siebziger Jahren eine der belebtesten Wiens. Aquarell von Rudolf von Alt.

es, die an den damaligen Vorstadttheatern gute Musik machten, und es darf angefügt werden, daß deren solide Handwerkskunst und deren für gegenwärtige Verhältnisse sprudelnde Einfallskraft so mancher Stadt heute einigen Auftrieb geben könnten. Nach Beethoven und Schubert aber waren sie nur Zeugen von Wiens einstiger Bedeutung als Musikstadt und Garanten dafür, daß das Interesse nicht einschlief und die Musiker, die nach Wien kamen, die Stadt nicht nur deshalb anziehend fanden, weil sie Hauptstadt eines großen Reiches war.

Johann Strauß als einziger Großer lebte und komponierte in Wien, hatte Kontakt mit den ersten Musikern seiner Zeit, war von Berlioz so geschätzt wie von Wagner und geliebt von seinem Publikum einschließlich jener Leute, die von sich guten Gewissens behaupten konnten, sie seien unmusikalisch. Neben ihm aber wirkten Männer, deren Namen längst an Glanz verloren haben und heute nur noch Eingeweihten bekannt sind. Doch ihre Tätigkeit ist nicht hoch genug einzuschätzen. Sie gehörten zur ersten Generation jener Musiker, die fast ausschließlich Interpreten waren, doch lag ihnen die Demut vor dem Komponisten und die Hochachtung vor der lebendigen Musik noch so im Blut, daß sie gar nicht anders hätten handeln können, als sie es taten: Wo immer große Musik geschrieben wurde, sie holten sie nach Wien. Welcher Komponist auch durchreiste, sie halfen ihm. Wann immer sich eine Gelegenheit zu noch besserer Organisation des Konzert- oder Opernbetriebes ergab, sie nahmen sie wahr.

Der berühmte Josef Hellmesberger war »artistischer Director« der Konzerte der Gesellschaft der Musikfreunde – eine Position, die bald nachher dadurch geadelt wurde, daß Johannes Brahms sie einnahm. Am 6. Jänner 1870 war das neue Haus auf dem Karlsplatz eröffnet worden, das Theophil Hansen erbaut hatte. Wie die Grand Opéra in Paris und die Hofoper am Opernring ganz den Erfordernissen ihrer Zeit entsprachen und als beinahe unzerstörbare Monumente der Kunstgesinnung der Epoche gelten dürfen, so schuf Hansen mit dem Gesellschaftsgebäude ein Bauwerk, das heute noch – nicht unverändert, aber nur sehr geringfügig abgewandelt – nachweist, welche idealen Vorstellungen die Komponisten und das bürgerliche Publi-

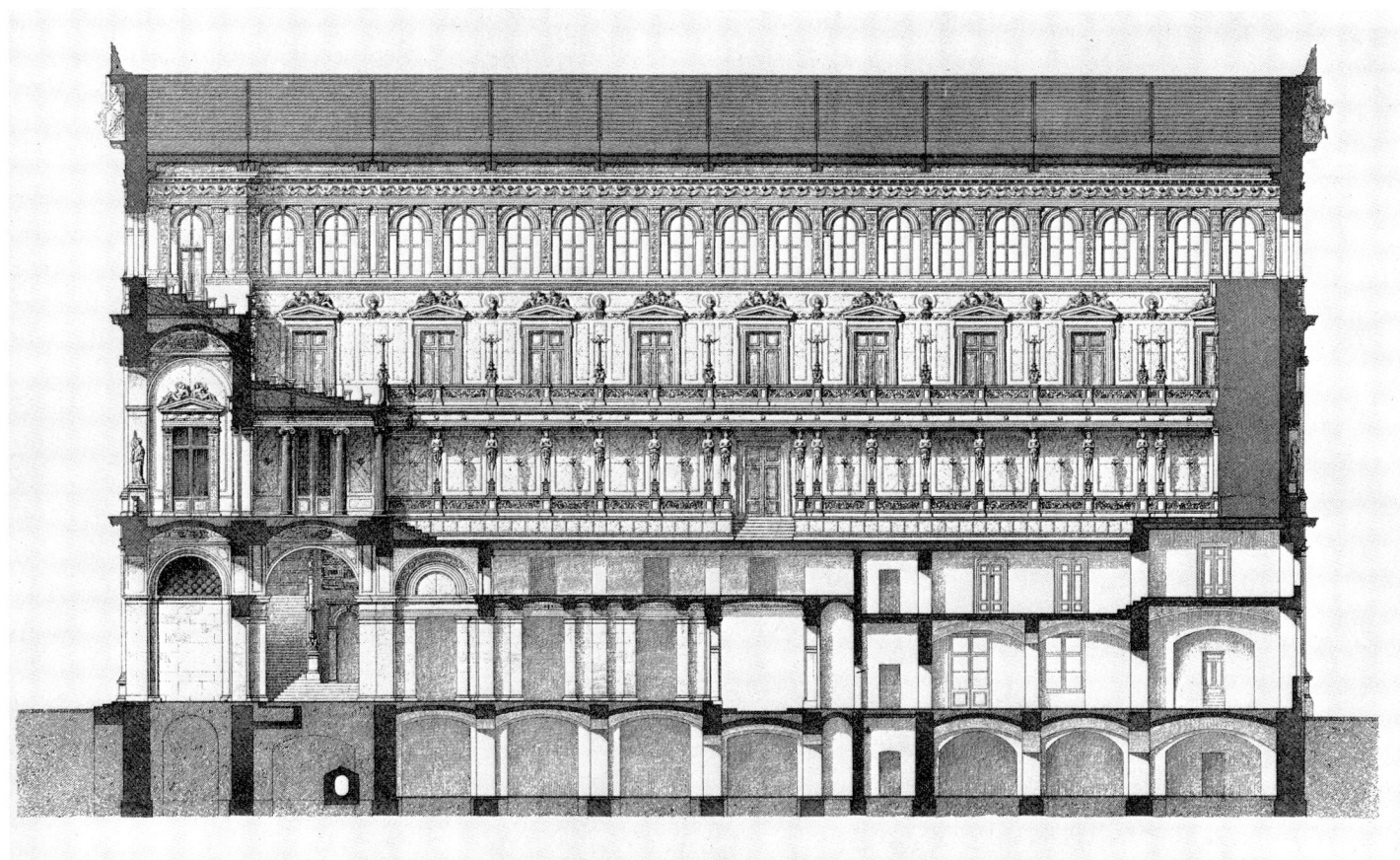

Das Musikvereinsgebäude im Längsschnitt. Zeichnung von Theophil Hansen.

kum von einem solchen Bau hatten. Ein Haus mit einem riesigen, sehr goldenen Saal als Herzstück. Ein Haus mit genügend Räumlichkeiten für den Unterricht des Konservatoriums. Erst als eine Musikakademie gegründet wurde, kamen ins Haus der Gesellschaft Firmen, die heute so zum Wiener Musikleben gehören, daß man sich nur schwer vorstellen kann, sie hätten einst nicht auch am Karlsplatz residiert.

Dem Architekten gelang ein Wunder. Der kastenförmige, weite Saal hatte ohne jeden späteren Umbau vom ersten Moment an die Akustik, die bis heute überall in der Welt gerühmt wird. Und schon aus Anlaß des Eröffnungskonzertes unter Johann Herbeck schrieb man: »So groß der Raum, so vernimmt man auch in dem fernsten Winkel die schnellsten Figuren mit voller Klarheit und präzisester Abgrenzung. Nirgends die geringste Spur eines Nachhalls. Sowohl die Menschenstimme als auch Streich- und Blasinstrumente bekommen in diesem Raum einen eigentümlich schmeichelnden, weichen und doch hellglänzenden Klang. Jeder Timbre ertönt in seiner eigensten und doch veredelten Charakteristik.«

Johann Herbeck, der mit der Eröffnung dieses Hauses auch die musikalische Leitung von Hellmesberger übernahm, hatte längst nicht so viel zu dirigieren, wie man heute annehmen würde – der Gesellschaftskonzerte waren noch sehr wenige, und die Konzerte der mit ihrer Kanzlei in das Haus übersiedelnden Philharmoniker gehörten auch schon damals nicht in die Reihe der hauseigenen Veranstaltungen. Die »artistischen Directoren« der Gesellschaft setzten ihren Ehrgeiz weniger in die Leitung ungezählter Abende, sondern eben in die Aufführung von Novitäten, für deren Wert sie sich verbürgten: Herbeck dirigierte Brahms und Liszt, Brahms in seiner Direktionszeit ging bis zu Max Bruch, Hans Richter, der gewaltige Vertreter Richard Wagners in Wien, wird von der Gesellschaft heute noch für die erste Wiener Aufführung von Bachs Hoher Messe geehrt, hat aber noch viel mehr für das Haus geleistet. Wenn hier von einem Gebäude, einem Saal so lange die Rede ist, so hat das seinen Sinn. Die Feuilletonisten sind es nicht allein, die dem Großen Musikvereinssaal zu Wien bestätigen, er sei mit kostbarer Musik gleichsam imprägniert.

Dirigenten von internationalem Format haben immer neue poetische Vergleiche gefunden, Bruno Walter hat vom »goldenen Klang« geschrieben, und selbst die ausgepichtesten Musiksoziologen der Gegenwart führen den Saal stets als bestes Zeugnis für die Aufführungspraxis, die Hörgewohnheiten und die Klangvorstellungen der Ringstraßenzeit an. Die Musiker, von denen gleich noch erzählt werden soll, kamen nach Wien und schrieben ihre Kompositionen mit der Akustik und den Dimensionen dieses Saales im Ohr. Ihre Vorstellung von Größe und von Durchsichtigkeit einer Partitur maß sich an dem Saal und suchte nicht nach anderen Möglichkeiten. Auch die ersten Werke des Umbruchs scheinen noch für den Großen Musikvereinssaal geschrieben, und die gesamte neuere Musik, die etwas später auf Anregung Arnold Schönbergs vorgeführt wurde, hörte das Publikum im kleinen Saal, wo es sich ergrimmt damit auseinandersetzte.

Das Musikvereinsgebäude hat nicht nur die Imprägnierung durch Musik erfahren, sondern

man kann von ihm auch behaupten, in seinen Räumen habe es die furchtbarsten Skandale gegeben: bei Konzerten des Rosé-Quartetts zum Beispiel, von denen man sich noch Jahrzehnte später erzählte, wo es Debatten mit die Debatte keineswegs abschließenden tätlichen Auseinandersetzungen gab, deren Hauptbeteiligte noch als ganz alte Männer stolz die Hand vorzeigten, die mehr als eine Generation vorher im Musikverein zugunsten neuer, lebendiger Musik zugeschlagen hatte.

Aber auch ein anderer Konzertsaal in Wien machte Geschichte und wäre heute, hätte man ihn nicht niedergerissen, um dem ersten Hochhaus in der Stadt Platz zu machen, ein Zeugnis für die Musikbegeisterung der Bürger der Stadt. Der berühmte Klaviermacher Bösendorfer war der Namenspatron dieses Saales in der Herrengasse, in dem wiederum die Akustik fabelhaft gewesen sein soll. Hier wurde ausschließlich Kammermusik gemacht. Nennenswerte Pianisten gastierten da, und irgendwann war unter ihnen auch ein Komponist und Klaviervirtuose aus Budapest, der sich allerdings nur kurzer Beliebtheit er-

*Prunkvollste Demonstration der Musikliebe der Wiener Bürger sollte das neue Haus der Gesellschaft der Musikfreunde sein.
Aquarell von Theophil Hansen.*

Der Aufgang zum legendären Bösendorfer-Saal, der 1913 demoliert wurde,
damit an seiner Stelle das erste »Hochhaus« Wiens entstehen konnte.
Radierung von Magda von Lerch.

freute, jedoch mit seinem wienerisch abgewandelten Namen eine Gattungsbezeichnung schuf: Die Encores, die kurzen, brisanten Kompositionen, von denen das Publikum nach dem ernsten Teil des Abends nicht genug bekommen kann, nennt man in Wien auch »Akazienstückerln«. Und gäbe es nicht zufällig oder charakteristischerweise in Wien immer alte Männer, die mündliche Überlieferung weitergeben, niemand wüßte mehr, daß diese Bezeichnung auf einen eher abfällig gemeinten Ausdruck des berühmten Bösendorfer zurückgeht, der ihn als erster für die Kompositionen dieses Ungarn namens Agghazy verwendete.

Von der notwendigen, jedoch vom Publikum ganz und gar nicht begrüßten Demolierung des Bösendorfer-Saales berichtet noch Stefan Zweig,

der schreibt, daß nach dem unwiderruflich letzten Konzert das musikalische Wien einfach nicht aus dem Saal wollte. Beethoven war der letzte Komponist, den das Rosé-Quartett dort spielte. »Als die letzten Takte Beethovens verklangen, vom Rosé-Quartett herrlicher als jemals gespielt, verließ keiner seinen Platz. Wir lärmten und applaudierten, einige Frauen schluchzten vor Erregung, niemand wollte es wahrhaben, daß es ein Abschied war. Man verlöschte im Saal die Lichter, um uns zu verjagen. Keiner von den vier- und fünfhundert der Fanatiker wich von seinem Platz. Eine halbe Stunde, eine Stunde blieben wir, als ob wir es erzwingen könnten durch unsere Gegenwart, daß der alte geheiligte Raum gerettet würde. Und wie haben wir als Studenten mit Petitionen, mit Demonstrationen, mit Aufsätzen darum gekämpft, daß Beethovens Sterbehaus nicht demoliert würde! Jedes dieser historischen Häuser in Wien war wie ein Stück Seele, das man uns aus dem Leibe riß.«

Ich habe etwas ausführlicher zitiert, als es zur Dokumentation der allgemeinen Liebe zum Bösendorfer-Saal notwendig wäre, weil es tatsächlich zu den Eigenheiten der Wiener gehört, in Häuser, in Denkmäler, in Räume sich die Vergangenheit immer wieder hineinzudenken. Die Architekten der Ringstraße waren deshalb kongenial, weil sie sich für diese allergrößte Aufgabe, die Wien je zu vergeben hatte, dem Historizismus verschrieben.

Historisches Bewußtsein mag man das auch nennen, und es bewährte sich in der Zeit des Johann Strauß Sohn. Eine Gedenkschrift »Wien 1848–1888« – zum 40jährigen Regierungsjubiläum Kaiser Franz Josephs also – erklärt in ihrem musikalischen Beitrag sehr genau, was ich darunter verstehe. »Schon die bleibende Ansässigkeit eines Tondichters von so strengem, ernstem Geist und frischer Schaffenskraft übt eine veredelnde und aneifernde Wirkung auf das Musiktreiben einer Stadt«, liest man da angesichts der Erwähnung, daß Johannes Brahms sich in Wien niederließ. Und daß man vorher ganz genau beschrieb, daß er am 16. November 1862 zum erstenmal bei Hellmesberger mit seinem g-Moll-Quartett vor die Wiener Öffentlichkeit trat, beweist immerhin, daß man das Datum immer schon als wichtig und bewahrenswert notiert hatte. Der Gemeinderat der Stadt Wien, ein durchaus politisches Gremium, das allerdings aus Persönlichkeiten von Rang und also auch aus solchen von vielseitigen Interessen bestand, wäre anläßlich einer Festschrift anno 1888 keineswegs bereit gewesen, die wichtigsten Beiträge dem Fortschritt der Administration zu widmen. Literatur, Musik, Journalismus und die Theaterkunst mußten die wichtigsten Kapitel sein.

Es hat keinen Sinn mehr, darüber nachzudenken, ob ganz Wien schon 1862 begriff, was für ein Geschenk für die Stadt die Einladung von Hellmesberger an Johannes Brahms war. Doch es ist aus Dokumenten nachzuweisen, daß in diesem selben Jahr auch Johann Herbeck ganz genau wußte, was er tat, als er wieder einmal Anton Bruckner schrieb und diesem mitteilte, seine Ernennung zum Nachfolger des Kontra-

Johann Herbeck, seit 1858 Dirigent der Konzerte der Gesellschaft der Musikfreunde, von 1871 bis 1875 sogar »wirklicher oder technischer« Direktor der Hofoper. Lith. von Eduard Kaiser.

punktlehrers Simon Sechter sei nun durchgekämpft, und weiter stehe wenigstens seinem Eintritt in die Hofmusikkapelle als vorläufig unbezahlter (»expektierender«) k. k. Hoforganist nichts mehr im Wege. Anton Bruckner lebte damals in Linz und betrachtete Wien als Kaiserstadt, als Zentrum eines Reiches, als Ziel seiner Pläne. Trotzdem scheute er vor der Berufung zurück, und Herbeck mußte mit seinen Briefen Bruckner erst zu etwas zwingen, was sich im Laufe der Jahrzehnte als ein notwendiges, wenn auch zweifelhaftes Glück erweisen sollte. Immerhin, als Bruckner seine Stelle am Konservatorium der Gesellschaft – damals noch in den Tuchlauben – antrat, als er seine erste Wohnung in Wien – Währinger Straße Nr. 41 – mit Blick ins Grüne bezog, gab es den Kreis um Herbeck, der von der

Anton Bruckner, mit seiner zur Schau getragenen Bäuerlichkeit idealer Widerpart zu dem »städtischen« Johannes Brahms.
Gemälde von Ferry Beraton.

Bedeutung dieses Komponisten durchdrungen war und – wie die Brahmsianer in bezug auf Brahms – meinte, es sei für das »Musiktreiben der Stadt« von Wichtigkeit, daß auch ein Anton Bruckner in ihr wirke. Was auch immer sich in den Jahren nachher abspielte, wie auch immer man Brahms, Bruckner oder deren Nachfolgern verständnislos gegenüberstehen mochte – es änderte nichts daran: die Stadt legitimierte sich als Musikstadt, indem sie auf der Suche nach Komponisten war und geeignet, diesen Komponisten eine Heimstatt anzubieten.

Die Gesellschaft der Musikfreunde, eines der Zentren der wienerischen Musikpflege in der Ringstraßenzeit, war damals noch präzise das, was vor allem im Osten heute Philharmonie heißt: eine gesunde Synthese aus Schule, hoher Schule, Wissenschaft, Forschung – wie anders sollte man die archivalischen Bestrebungen im Musikverein nennen – und der Veranstaltung von Konzerten. Der Kaiser kümmerte sich um sie nur, soweit es seinen Plänen als Städteerbauer förderlich war. Er stellte den Baugrund zur Verfügung und genehmigte die weiteren Lotterien und wohltätigen Veranstaltungen, durch die das zum Bau notwendige Geld hereinkam. Und er genehmigte Mitgliedern seines Hauses, das Protektorat zu übernehmen. Weiter aber ging die Förderung der Gesellschaft durch den Adel nicht; was dann noch nötig war, blieb den Ringstraßengründern überlassen, Persönlichkeiten wie dem Klaviermacher Bösendorfer oder dem Kunstfreund Nikolaus Dumba, der auf äußere Ehrungen verzichtete, jedoch immer zur Stelle war, wenn an den Bürgerstolz appelliert werden mußte. Daß beim Musikverein heute zwei Straßen an Bösendorfer und Dumba erinnern, ist eine Selbstverständlichkeit.

Es wäre reizvoll, die Programme der Gesellschaftskonzerte nachzuerzählen, doch die sind ja einzusehen: Herbeck dirigierte 1870 Schumanns »Das Paradies und die Peri«; Hellmesberger war 1871 an der Reihe und hatte Brahms und Wagner auf dem Programm; Anton Rubinstein präsentierte eigene Kompositionen, ebenso Liszt und Brahms und Meyerbeer; in den Jahren der Direktion von Johannes Brahms stand viel Schubert auf dem Programm, ein damals noch entdeckenswerter Komponist – und die Direktoren danach, die Eduard Kremser und Wilhelm Gericke hießen,

Das Wiener Großbürgertum tat viel für seine Stadt und deren Reputation als Hort der Künste. Zwei seiner profiliertesten Vertreter: Nikolaus Dumba (oben) und der Klavierfabrikant Ludwig Bösendorfer (auf der Zeichnung unten vor dem 10.000. Instrument aus seiner Werkstatt).

Anton Bruckner, der »Musikant Gottes«, wie ihn der Karikaturist sah.

hat zwar der Wind aus unserem Gedächtnis fortgeweht, die von ihnen aufgeführten Kompositionen aber haben überlebt. Hans Richter ging in seinen Programmen bis 1890 weit in die Vergangenheit zurück, ließ aber auch Berlioz und Brahms und Goldmark zu ihrem Recht kommen, und wenn man den späteren Dirigenten Richard von Perger auch vergessen hat, so kennt man heute sehr wohl noch die von ihm Aufgeführten: Bruckner, Dvořák, Cesar Franck, Edvard Grieg und Alexander von Zemlinsky. Letzterer durfte als Dirigent seines »Frühlingsbegräbnisses« 1900 selbst im Musikverein auftreten. Unter Ferdinand Löwe und Franz Schalk, die bis 1911 ihres Amtes walteten, spielten schon Hugo Wolf, Gustav Mahler und Hans Pfitzner.

Was mit dieser komprimierten Zusammenfassung aufgezeigt sein soll, das ist die lebendige, die gute Tradition, die in immerwährender Folge dem Wiener Publikum Gelegenheit gab, in hervorragenden Interpretationen die alten, daneben aber auch die neuesten Kompositionen zu hören: einfach das also, was man vom Musikleben einer großen Stadt erwartet, was die Musiker in eine Stadt zieht, was die Aufmerksamkeit der Welt erregt. Das eine Zentrum, die Gesellschaft der Musikfreunde, funktionierte auch ohne lebhafte Anteilnahme des Kaisers vortrefflich. Nicht umsonst vererbte Johann Strauß ihr seinen ganzen Besitz.

Die Anziehungskraft, die Wien mit dem Fallen seiner Wälle auf Musiker wieder ausübte, ist zweifellos auch mit der Hochachtung in Verbindung zu bringen, die der Wiener allemal vor Leistungen hat, die das Ausland anerkennt. Wer nach Wien geholt wird, muß anderswo schon eine Kapazität gewesen sein. Ganz selten ist es möglich, daß einer in Wien aufwächst, zur Kapazität wird und auch in Wien als solche anerkannt wird.

Ferner aber ist auch zu beachten, daß sich Wien den berühmten, den anerkannten, den international bewährten Kapazitäten nicht an den Hals wirft, sondern daß diese sich im richtigen Moment in etwas verlieben, was sie wienerische Lebensart nennen, und das dann selbst so exzessiv zelebrieren, daß hernach auch wieder Wiener nach diesem Vorbild leben. Johannes Brahms also, ein eher strenger Mann mit repräsentativem Auftreten, dem man vor allem Sinn für Tüchtigkeit, für Seriosität nachsagen konnte und der seinen Gefühlen jedermann – auch den Frauen gegenüber – stets Zügel anzulegen wußte, fand in Wien und auch in dem Wiener Lokalheros Johann Strauß eine Seite seines Wesens wieder, die dann auch in seinen Werken wiederzufinden ist. In seiner großen Hochachtung vor der Tradition brauchte er schier unendliche Zeit, dazu sehr viel Animo seitens seiner Freunde, bis er mit einer ersten und sofort erfolgreichen Symphonie an die Öffentlichkeit trat. Mit diesem zu oft erwähnten Ernst schrieb er seine zweite Symphonie und viele andere Werke auch. Doch andererseits ist von ihm auch zu sagen, daß er in Wien die beschauliche, die allseits so genannte gemütliche Lebensart schätzte, daß er sich von der Nähe des Balkans – der laut Metternich ab der Landstraße in Wien beginnt – zu ganz anderen Kompositionen verführen ließ, daß er schließlich sogar Liebeslieder-Walzer komponierte, die nun allerdings von einem Walzer im üblichen Sinn weit entfernt blieben, doch im

Rechts: Mit Adele, seiner dritten Frau, wurde Johann Strauß glücklich und – wie die Photographie deutlicher zeigt als das idealisierende Malerporträt – alt.

Dem Wiener Musikpapst Eduard Hanslick wurde seine Verehrung für Johannes Brahms (Karikatur oben) ebenso vorgehalten wie seine Ablehnung Wagners. Johann Strauß Sohn, den unumschränkten Herrscher der leichten Muse (Bild unten), ließ er unangetastet. Strauß war selbst für die größten musikalischen Widersacher kein Streitobjekt.

Dreivierteltakt komponiert waren und daran erinnerten, daß Brahms bei Strauß nicht nur Skat, sondern mitunter auch Klavier spielte. Die verbürgte musikalische Szene, bei der Brahms erst einmal in »seinem« Stil zu improvisieren begann und dann über den reichen Untergrund den Walzer »An der schönen blauen Donau« dominieren ließ, ist wohl immer noch bekannt, ebenso weiß man von dem Fächer, auf den Brahms die Anfangstakte dieses Walzers und die Widmung »leider nicht von mir« schrieb.

Strauß war, wenn man es recht versteht, von der Persönlichkeit und der Kraft des Johannes Brahms sehr beeindruckt, doch als Musiker nahm er von ihm so gut wie nichts an. Strauß war Wien, das Brahms zu verehren verstand. Brahms aber umwarb Johann Strauß und war, wie man weiß, auch bereit, die Wiener Bräuche anzunehmen und von sich aus ein Wiener zu sein – mit gewisser kritischer Distanz allerdings und, wenn man recht bedenkt, manchmal auch Grobheit. Doch die Umwelt gibt einem anerkannten Künstler gewisse Vorrechte, die Brahms für sich eben in Anspruch nahm und in Gesellschaft, wenn diese ihn langweilte, hervorkehrte, denen er aber sofort entsagte, wenn er mit Freunden beisammen war. Freunde in Wien, das waren für Brahms der Chirurg Billroth, der auf seiner letzten Station vor Wien, in Zürich, nicht nur als Chirurg, sondern auch als Musikkritiker Aufsehen und Schrecken verbreitet hatte, sowie Eduard Hanslick und Ludwig Speidel, die als elegante, aber äußerst scharfe Wiener Professoren und Kritiker verschrien waren und zu Brahms in engsten Kontakt kamen, weil seine Musik ihren Idealen nahekam, weil die gemeinsame Ablehnung Richard Wagners sie einte und weil es schließlich in Wien ganz selbstverständlich schien, daß die jeweils Ersten eines Faches miteinander freundschaftlich verkehrten. Es wäre damals undenkbar gewesen, daß ein Kritiker vom Format Hanslicks den Umgang etwa mit Brahms deshalb mied, damit man ihm nicht Parteilichkeit vorwerfen konnte. Hanslick hatte seine Schrift »Vom musikalisch Schönen« bereits veröffentlicht, darin sein Glaubensbekenntnis abgelegt und war souverän genug, sich mit jedermann an einen Tisch zu setzen, Freundschaften aber auch dann zu pflegen, wenn sie ihm andernorts Feinde einbrachten.

Die Herren trafen einander bei Brahms, bei Billroth, aber auch in den Wiener Bürgerhäusern, die großen Wert auf den Umgang mit Zelebritäten legten. Und alle Anekdoten, die über die Unfreundlichkeit des Johannes Brahms zu berichten wissen, spielen in diesen Bürgerhäusern, keine einzige bei den Freundestreffen.

Ganz anders lag der Fall Anton Bruckner. Der oberösterreichische Organist, den Herbeck nach Wien brachte, faßte langsamer Fuß in Wien. Er suchte einerseits mit der ihm eigenen bäuerlichen Fassade Eindruck zu machen, war auch in seinem Unterricht stets fromm und um simplifizierende Beispiele bemüht, soll aber andererseits sowohl von seiner Sendung wie von seiner Person um vieles mehr gehalten haben, als uns die ungezählten Anekdoten um ihn weismachen wollen. Immer noch ist in Wien die mündliche Überlieferung in ihrer besten Form erhalten geblieben, und so gibt es heute noch Nachfahren von Familien, in denen Bruckner verkehrte oder deren Väter Schüler von Bruckner waren, die die Bruckner-Anekdoten weitergeben. Und immer wieder tauchen hinter vorgehaltener Hand kleine Geschichten auf, die sogar Zweifel an der tiefen Frömmigkeit Bruckners aufkommen lassen.

Das soll hier nicht zu sehr im Detail ausgeführt werden. Immerhin hat es ein Bruckner-Jahr gegeben und aus diesem Anlaß auch eine treffliche Dokumentation, die nachweist, wie erfolgreich Bruckner als Organist war, wie weit er als Interpret und Improvisator in der Welt herumkam und wie groß doch auch die Zahl seiner Verehrer war. Gewiß sind auch die Briefe ganz in Ordnung, in denen Bruckner denjenigen etwas zu dick aufgetragen schmeichelte, die seine Symphonien im Großen Musikvereinssaal aufführten. Doch andererseits schrieb er an diesen Symphonien mit Akribie und unerhörtem Willen immer und immer weiter und ließ als Indiz für seine doch nicht ganz gefestigte Persönlichkeit die vielen Kürzungen und Veränderungen auf uns kommen, die er jedem Dirigenten zugestand, um unter allen Umständen aufgeführt zu werden und in Wien nicht nur der einfache Organist des lieben Gottes zu bleiben.

Wahrscheinlich ist auch das ein nicht ganz treffendes Bild des Genies Bruckner. Man darf sich den eigenbrötlerisch-dörflerischen Musiker inmitten des feudalbürgerlichen Wiens wohl ungefähr so vorstellen wie eine heutzutage etwas ab-

Richard Wagner fand zu Wien, wo er eine wichtige Zeit seines Lebens verbrachte, nicht das beste Verhältnis. Dabei galt er in Wien als großer Musiker, dem es anstand, Johann Strauß nach dem Durchfall der »Nacht in Venedig« zu trösten (Karikatur unten). Oben: Wagner bei einer Probe. Zeichnung von Gustav Gaul.

Der Gesellschaft der Musikfreunde in Wien widmete Johann Strauß eine Walzerfolge – und setzte sie zur Erbin seines Vermögens ein.

sichtlich aus dem Rahmen fallende Persönlichkeit. »Und a bissele Falschheit is auch noch dabei«, heißt es in einem Lied von Johannes Brahms, das allerdings nicht auf Bruckner gemünzt ist.

Bruckner war, was immer er sonst noch sein wollte, ein Organist, und dies ist immer eine besondere Rasse von Mensch gewesen, mit dem lieben Gott auf Dufuß und ein wenig von der Ministrantenvertraulichkeit, mit der Geistlichkeit sowohl besonders eng bekannt wie auch von ihr ganz besonders abhängig – und stets in der nicht uninteressanten Lage, korrekt auf einem Rieseninstrument spielen zu müssen, wenn die andere Menschheit ringsum einfach fromm zu sein hat.

Als Persönlichkeit muß Bruckner einen unerhörten Eindruck gemacht haben – die Jugend scharte sich eher um ihn als um den bieder-eleganten Johannes Brahms. Ihr gefielen seine derben und groben Vergleiche bei seinen Vorlesungen an der Universität, sie war unbedingt auf seiner Seite, wenn im Musikverein die Aufführung einer Bruckner-Symphonie

zum Skandal geraten konnte. Sie verteidigte ihn als den Gegenspieler des damaligen Establishments, hatte aber auch Verständnis dafür, daß er mitunter sehr das Bedürfnis hatte, von diesem anerkannt zu werden. Eine Begegnung zwischen Brahms und Bruckner ist verbürgt, bestand nur im Austausch von nichtssagenden Bemerkungen und hatte Einigkeit in Fragen des Essens als einziges positives Ergebnis. Eine Begegnung zwischen Hanslick und Bruckner gibt es vor allem in der zeitgenössischen Karikatur, findet sich jedoch nicht einmal in den gesammelten Erinnerungen des Wiener Kritikers. Und die berühmte Begegnung Franz Josephs mit Bruckner ist schon zu oft erwähnt worden.

Von einer späten, allzuspäten Aussöhnung der beiden in der intriganten Stadt Wien gern als Gegenspieler gesehenen Komponisten Brahms und Bruckner aber erzählt in seinen Lebenserinnerungen Bernhard Paumgartner, der genialische Plauderer und langjährige Stellvertreter Mozarts in Salzburg. Er war der Sohn einer berühmten Sängerin und als Kind so glücklich, die Besuche von Johannes Brahms im Hause seiner Eltern bewußt miterleben zu können. Der stets als Kinderfreund geschilderte Brahms muß einen großen Eindruck auf ihn gemacht haben. Und Paumgartner behauptet, er habe Brahms bei der Seelenmesse für Anton Bruckner in der Karlskirche gesehen.

Die Gegnerschaft zwischen den beiden war freilich nichts gegen die Feindschaft, die sich in Wien bis heute am Zyklopenwerk Richard Wagners entzündet. Brahms und seine Freunde waren nicht bereit, da Konzessionen zu machen, und verstiegen sich in ihrem durchaus auf der Basis musikalischer Weltanschauung geführten Gemetzel auch zu recht heimtückischen Angriffen. Brahms zum Beispiel war derjenige, der zufällig in den Besitz der berühmten Briefe Wagners an eine »Putzmacherin« kam und diese an Daniel Spitzer weitergab, damit dieser aus Wagners Freude an Samt und Seide und Mascherln und Bequemlichkeit à la Makart eine Karikatur Wagners zeichne. Dergleichen Angriffe allerdings halfen ebensowenig wie die sehr viel feiner geführten Gefechte Eduard Hanslicks in der »Neuen Freien

Brahms war regelmäßig Gast im Hause Strauß. In Sachen Musik ebenfalls Gigant, konnte er sich im Tarockspiel keineswegs mit seinem Gastgeber messen.

Gustav Mahler wagte 1898 strichlose Aufführungen von Wagners »Ring« und »Tristan«.

Wagner selbst wagte drei Jahrzehnte vorher nicht, sich anders als in kleinen Dosen zu verabreichen.

Presse«. Vor allem das gebildete Judentum Wiens war nicht bloß in Gedanken, sondern leibhaftig bei der Eröffnung der Bayreuther Festspiele 1876 und umjubelte nicht nur die Mitwirkenden aus Wien, sondern auch den Meister selbst. Und keine der antisemitischen Äußerungen oder Schriften Wagners war imstande, im jüdisch dominierten Wien die Stimmung gegen Wagner anzuheizen. Franz von Jauner, der nach Herbeck die Leitung der Hofoper übernahm und der letzte wichtige Direktor des Hauses vor Gustav Mahler war, hatte seine größten Erfolge mit Wagner-Aufführungen, und die Jünger Anton Bruckners fanden sich in ihrer Begeisterung für Wagner nicht selten auf einer Linie mit Menschen, denen sie ansonsten im Großen Musikvereinssaal erbitterte Schlachten lieferten.

Nebstbei und um auch diesen Beweis für die Allgegenwart von Johann Strauß nicht zu vergessen: Der Meister des Walzers, der um diese Zeit sich längst um die Erfolge seiner Operetten sorgte und nur noch selten eine Aufführung eines großen Konzertwalzers selbst leitete, ließ Anton Bruckner in Verehrung einmal eine Spende zukommen, um die Drucklegung einer Partitur zu ermöglichen. Mag sein, daß er sich dabei an die ersten tapferen Versuche seines Vaters erinnerte, der Wagner in öffentlichen Konzerten in Wien präsentierte, bevor noch eine Note von ihm in der Oper erklungen war.

Hier aber sei gleich wieder das Nebstbei eingeflochten: daß die immer ungerechte Geschichtsschreibung Bruckner in den Status des verfolgten Lehrers einer neuen Generation erhob, aber sehr gern auf die Wohltaten vergaß, die Brahms jungen Komponisten erwies. Diese reichten von wichtigen

Rechts: Joseph Hellmesberger war eine der führenden Persönlichkeiten der Wiener Musikszene. Seine lustigen Aussprüche kursieren noch heute in Musikkreisen. Gemälde von Wilhelm Vita.

und, entsprechend der Position Brahms', ernstgenommenen Empfehlungen, wie Antonin Dvořák sie erhielt, bis zu begeisterten Worten über die Fähigkeiten des Opernkapellmeisters Gustav Mahler, die dem späteren Hofoperndirektor keineswegs geschadet haben können. Daß Brahms insgesamt sich eher dort erwärmte, wo er Treue zur Überlieferung sah, und Schwierigkeiten hatte, die Zeichen der neuen Zeit zu erkennen, darf man nicht zum Anlaß nehmen, ihn einfach zu den unbelehrbaren Konservativen zu rechnen. In Wien ist es bis auf den heutigen Tag üblich, den treuen Abonnenten der Gesellschaft der Musikfreunde etwas überdeutlich zu erklären, sie hätten rückständige Gesinnung bereits mit dem Erwerb der Eintrittskarte bezeugt. Und doch finden sich gerade unter ihnen immer wieder nicht nur die treuesten Liebhaber der Musik, sondern selbstverständlich auch immer wieder diejenigen, die ihr persönliches Ansehen und Vermögen Komponisten und Musikern opfern. Mitunter ist dies bis in unsere Tage Tradition in Wiener Bürgerhäusern, soweit sie die Zeiten intakt und bei guter Geschäftsgebarung überdauert haben. Ein wichtiger Teil des Publikums allerdings, das liberale

jüdische Großbürgertum, das den Musikverein füllte und treu zu Brahms stand, Strauß zujubelte und für die glanzvollen ersten Wagner-Abende in Wien eintrat, ist mit dem Nationalsozialismus in Österreich unwiderruflich verschwunden. Hingemetzelt und so ausgelöscht, daß bis heute in den Reihen der Musikfreunde diese Lücke fühlbar ist.

Um nicht in den Verdacht zu geraten, über Antisemitismus und ähnliche wenigstens damals noch akademische Fragen einseitig zu berichten: Auf musikalischem Gebiet gab es Passionen, Leidenschaften, Kämpfe, die quer durch alle anderen, also auch die rassistischen Ansichten gingen. Man denke nur an die Personen des Wiener Musiklebens, die ich namentlich schon angeführt habe. Es wäre begreiflich, wenn Eduard Hanslick den groben Antisemitismus Richard Wagners zumindest unbewußt zum Anlaß genommen hätte, um seine Gegnerschaft schärfer zu formulieren – auch wenn er damit in einigen Widerspruch zu der Wiener Gesellschaft geraten wäre, die in ihm in musikalischen Fragen immerhin ihren Arbiter elegantiarum sehen wollte. Die Abneigung von Johannes Brahms gegen Wagner dagegen wäre

Noch war Gustav Mahler Hausherr der Hofoper, als 1907 diese Photoserie von Moritz Nähr angefertigt wurde.

mit rassistischen Gedanken nicht zu erklären gewesen. Und für die freundliche Empfehlung beider in Sachen des erklärten Wagnerianers Gustav Mahler wiederum gäbe es – so oder so – überhaupt kein Motiv. »Als sieben Jahre später in Wien die Nachfolgerschaft Jahns in Frage kam, erinnerte sich Brahms eines gewissen Gustav Mahler, und er sowie Hanslick stellten diesem Künstler an maßgebender Stelle das Zeugnis aus, welches für dessen Berufung nach Wien wohl mitbestimmend, wenn nicht ausschlaggebend gewesen sein mochte«, erinnerte sich später Lilli Lehmann, eine Sängerin, der Salzburg seine ersten großen Mozart-Feste verdankt. Daß andererseits in Wien zu allen Zeiten ganz unverfroren Politik gemacht wurde, darf auch nicht verschwiegen werden. Als Mahler – im Jahr, in dem die Secession entstand, also auf mehr als einem Gebiet das neue Wien sich kräftig zu Wort meldete – engagiert war, schrieb die »Reichspost« am 14. April 1897: »In unserer Nummer vom 10. April brachten wir eine Notiz über die Person des neu engagierten Opernkapellmeisters Mahler. Wir hatten damals schon eine kleine Ahnung von dem Ursprung des Gefeierten, und deshalb hüteten wir uns, mehr als die nackten

Tatsachen über diesen unverfälschten – Juden zu bringen. Daß er in – Budapest von den Blättern gefeiert wurde, bestätigte ja unsere Ahnung. Wir enthielten uns vollständig jedes voreiligen Urteils. Die Judenpresse mag zusehen, ob die Lobhudeleien, mit denen sie jetzt ihren Götzen überkleistert, nicht vom Regen der Wirklichkeit weggeschwemmt werden, sobald der Herr Mahler am Dirigentenpult mauschelt.«

Zweifellos ist dies eine Meinungsäußerung, die in ihrer Bedeutung nicht überschätzt werden sollte, zugleich aber die eines Blattes, das im Wien des ausgehenden neunzehnten Jahrhunderts eine feste Position einnahm. Und ganz gewiß wurde es als ein Sieg des Judentums gefeiert, daß der Jude Gustav Mahler die Position einnahm, die in Wien als die erste in Sachen Musik galt und die zumeist auch verbunden war mit der artistischen Direktion der Hofmusikkapelle.

Folgende Doppelseite: das imperiale Wien 1873 – wenn auch nicht in seiner endgültigen Form, wie einige noch unbebaute Flächen zeigen. Gouache von G. Veith.

Hugo Wolf, Nachfolger Schuberts als Liedkomponist, leidenschaftlicher Verehrer Bruckners, erbitterter Gegner der Traditionalisten. Radierung von William Unger.

Mit der öffentlichen Anerkennung Mahlers, die durch sein Engagement ja immerhin gegeben war, ist ungefähr der Beginn der zweiten wichtigen Periode im Musikleben dieser Stadt anzusetzen. Bruckner und Brahms entschwinden als Gegenspieler wie als Beherrscher der Szene, das Interesse der Allgemeinheit verlagert sich endgültig hin

zur Oper, für die aufregende Zeiten anbrechen. Und die Komponisten, die nun genannt werden müssen, scharen sich um ihren Mann, der sich selbst öffentlich und dankbar einen Schüler von Anton Bruckner genannt hat.

Wobei freilich kaum mehr zu unterscheiden ist zwischen dem Operndirektor Mahler, der nach allen Seiten hin fruchtbar und stimulierend wirkte, und dem Komponisten Mahler, der sich seine Anerkennung sehr viel schwerer errang und sie gerade in Wien nur dort fand, wo auch die anderen Meister seiner Zeit ihre Sprecher hatten.

Mahler war für die Wiener Hofoper ohne Zweifel mehr als nur der »geniale Interpret«, um diese so oft verwendete Klassifizierung an dem einzigen Mann anzuwenden, dem sie bisher gebührt hat. Mahler entdeckte Opern wie »Cosi fan tutte« wieder und rettete mit der Premiere im Oktober 1900 ein Werk, das bis dahin von Musikfreunden wie von der Musikgeschichte als blaß, konstruiert und unspielbar bezeichnet worden war. »Als er nach der Aufführung von ›Cosi fan tutte‹ nach München fahren und einem anderen Dirigenten die Leitung der zweiten Aufführung überlassen mußte, bat er mich, ins Theater zu gehen und ihm über die Vorstellung noch in der Nacht telegraphisch zu berichten. Er zitterte, daß das neueinstudierte Werk in der Zeit seiner Abwesenheit geschädigt werden könnte«, schrieb später Max Graf.

Er führte an Kompositionen seiner Zeit auf, was auch immer im Rahmen seines Hauses möglich war; daß er es nicht bis zur »Salome« von Richard Strauss brachte, ist ausschließlich der Zensur anzulasten und soll nur erwähnt werden, um auch die Regeln in Erinnerung zu rufen, an die sich Mahler halten mußte.

Er brachte die Verbindung der Oper mit den wesentlichen Vertretern der Secession zuwege; durch seine Verehelichung mit der Tochter des Malers Emil J. Schindler fand er gleichgesinnte Menschen in der Secession und den Direktor der Wiener Kunstgewerbeschule, Alfred Roller, der sein Bühnenbildner in der Oper wurde und mit seinen Bühnenbildern alle bisher herrschenden Auffassungen über den Haufen warf. Schon vorher gab es eine denkwürdige Szene im Gebäude der Secession selbst, als 1902 Max Klinger gefeiert werden sollte und die Mitglieder der

Der neue Dirigentenstil, den Mahler kreierte, rief natürlich die Karikaturisten auf den Plan. Zeichnung von Hans Schließmann.

Secession das Gebäude mit Fresken ausgeschmückt hatten, die alle auf Beethoven Bezug nahmen – in der Mitte sollte Klingers Beethoven-Denkmal ausgestellt werden. Gustav Mahler, zur Mitwirkung gebeten, setzte die Passagen »Ihr stürzt nieder, Millionen? Ahnest Du den Schöpfer, Welt!« aus dem Schlußchor der neunten Symphonie für Blechbläser, studierte seine Fassung mit Instrumentalisten der Hofoper ein und dirigierte dieses Werk, als Max Klinger in die Secession kam. Von den bildnerischen Huldigungen für Klinger ist nur noch das Fresko von Gustav Klimt erhalten, das bereits damals als so bedeutend angesehen wurde, daß man es unter ungeheurem finanziellem Aufwand von der Wand löste. Es wird jetzt, im Gegensatz zur damaligen großen Anteilnahme der Öffentlichkeit, in aller Stille restauriert.

Mahler hatte es nicht leicht, die musikalischen

Das »offizielle« Porträt des Walzerkönigs Johann Strauß malte August Eisenmenger, Professor an der Wiener Akademie.

Freunde alle in seinem Machtbereich unter-
zubringen. Hugo Wolf zum Beispiel, der den
»neuen Kapellmeister Mahler« als alten Freund
bezeichnete, mußte er abweisen. Mahler war
einfach nicht in der Lage, persönliche Sympathie
immer auch in Aufführungen umzumünzen. Doch
der kurz nach seiner Ablehnung von Irrsinn be-
fallene Komponist, der in seiner Jugend immerhin
mit großem Elan für Bruckner und gegen Hanslick gekämpft hatte, wählte immerhin eine sehr
originelle und gerade den Wienern unter die
Haut gehende Art, wahnsinnig zu werden: »Schon
vor wenigen Wochen konnten die Freunde und
die Umgebung Hugo Wolfs eine ungewöhnliche
Erregung an ihm wahrnehmen. Er sprach sehr
hastig und mit lebhaftem Gebärdenspiel. Wenige
Tage nachher stellte es sich zur Evidenz heraus,
daß Wolf geistesgestört sei, und zwar zeigte sich
dies zunächst bei einem Besuche, den er dem
Hofopernsänger Winkelmann abstattete. Gleich
bei seinem Eintritt in den Salon des Künstlers
sagte Wolf: Wissen Sie schon, ich bin der Direktor
der Wiener Hofoper.« So lautet ein Bericht im
»Neuen Wiener Tagblatt«, der dann fortfährt:
»Schon tags darauf trat die Katastrophe ein.
Wolf wurde in seiner Wohnung von einem Tob-
suchtsanfall heimgesucht, und zwar in so argem
Maße, daß er mit Zwangsmitteln gebändigt
werden mußte. Er schlug heftig um sich, bedrohte
jeden, der ihm nahe kam, und schrie fortwährend,
daß er der Direktor der Hofoper sei. Rasch herbei-
geholte Freunde veranlaßten die Überführung
in eine Privatheilanstalt.« Gustav Mahler, der
wirkliche Hofoperndirektor, kam immerhin Jahre
später zum Leichenbegängnis seines alten Freun-
des und erfüllte ein Versprechen, indem er im Jahr
darauf den »Corregidor« im Hofoperntheater
ansetzte und selbst betreute. Der geniale Liederkomponist, der das Erbe Franz Schuberts
in eine neue Zeit rettete und zu Lebzeiten nur
wenige treue Freunde hatte, war immerhin plötzlich als Liederkomponist anerkannt. Bei seinem
Leichenbegängnis war die Wiener Votivkirche
nach den Zeugnissen der Zeitgenossen über-
füllt. »Trotzdem war der ganze weite Raum
dicht gefüllt, darunter wollten für die Öffentlichkeit gar viele gesehen werden, die für Wolf
keinen Finger gerührt, die für ihn kein Wort,
keinen Blick, vielleicht nur ein Achselzucken
gehabt.« Dieser Bericht in der Zeitschrift »Die

Musik« – 1903 erschienen – gab sich erstaunt.
Kenner der Wiener Situation werden ihr Staunen
wenigstens zu zügeln gewußt haben.
Nun, die Situation war zweifellos den jüngeren
oder den weniger arrivierten Komponisten weiterhin suspekt oder gar staunenswert gräßlich. Und
außer dem enttäuschten Hugo Wolf waren auch
andere Musiker der Ansicht, es drehe sich in
Wien alles um die neueste Operette – zuerst um
die von Johann Strauß, die jeweils mit Alexander
Girardi in einer Partie ein großer Erfolg wurde,
dann auch um ganz andere Operetten, die neben
Strauß so erfolgreiche Komponisten wie Carl
Millöcker oder Richard Heuberger schrieben,
und bald nach der Jahrhundertwende dann auch
um die Operetten, die man später als die der
»silbernen« Ära bezeichnete, also um die von
Franz Lehár und Oscar Straus. Und ganz so
unrecht hatten diese enttäuschten »seriösen« Komponisten nicht, denn das Stadtgespräch war allemal die Unterhaltungsmusik, die in den Vorstadttheatern gegeben wurde, dann wahrscheinlich
das Aufsehen, das entweder der Hofoperndirektor
oder eines der von ihm engagierten Mitglieder
des Hauses am Ring erregten. Und sehr viel
später erst wurde über die neuesten Hervor-
bringungen gesprochen, die sich in Wien wie
anderswo mühsam den Weg an die Öffentlichkeit erkämpfen mußten.
Die seriösen Komponisten hatten mit ihrer Ent-
täuschung natürlich nur zum Teil recht. Zum
anderen Teil lag ihre Vernachlässigung in einer
völlig neuen Entwicklung begründet. Die letzten
Jahre des ausgehenden zwanzigsten Jahrhunderts
waren nun einmal die ersten einer völlig neuen
Form der musikalischen Darbietung. Der auf-
tretende Virtuose war immer seltener zugleich
auch Komponist, der Schöpfer neuer Werke
wurde im besten Fall ein großartiger Dirigent,
war oft bloß noch eine Art anonymer Größe, die
man nur noch bei seltenen Gelegenheiten persönlich auf dem Podium sah. Die daraus resul-
tierende Überschätzung der Interpreten setzte
unaufhaltsam ein, und das Vordringen der nur
noch nachschöpfenden Persönlichkeiten machte
es dem Publikum leicht, sich in Diskussionen über
die Interpretation zu verstricken und darüber
auf die sehr viel anstrengendere Diskussion über
das neue Kunstwerk zu vergessen.
Wien wäre allerdings im zwanzigsten Jahrhundert

Arnold Schönberg, Finder neuer Regeln in der Musik, unfehlbarer Kenner der alten.

Der Wiener Verleger Weinberger prüfte sogar diese Komposition und bezeichnete sie als »sehr nett, aber noch nicht druckreif«. Schönberg wurde Bankangestellter, weil er Geld verdienen sollte, und bald darauf Musiker, weil er nichts anderes sein konnte. Er nahm eine Chormeisterstelle beim Arbeiterchorverein an, lernte Alexander von Zemlinsky kennen und gründete mit diesem bald einen Verein, wo die beiden gemeinsam mit anderen jungen Musikern ihre Werke aufführten. Seine Schwester Ottilie ist vorläufig die einzige Zeugin für eine Lohnarbeit, die Schönberg und Zemlinsky gemeinsam geleistet haben sollen: Laut Ottilie Schönberg instrumentierten sie gemeinsam Richard Heubergers Operette »Der Opernball« – eine schon damals übliche Hilfeleistung für Komponisten, denen es besserging und die mit der raschen Erfüllung eines Auftrages nicht fertig wurden. Zemlinsky, der auch Schönbergs Schwager wurde, unterrichtete Schönberg, den späteren Lehrer einer ganzen Generation von Musikern. 1899 entstand die »Verklärte Nacht«, ein Streichsextett von großem klanglichem Reichtum und einer Meisterschaft in der Entwicklung langsam geschwungener Linien, das jedermann hätte verraten müssen, welch Genie in Schönberg steckte.

Die Abkehr von Wien gehört ungefähr von dieser Zeit an zur Laufbahn beinahe aller nachfolgenden Meister. Schönberg ging 1901 weg und kam 1903 wieder, um Kompositionskurse an der Schwarzwald-Schule, genannt nach deren Gründerin Eugenie Schwarzwald, abzuhalten. Seine Schüler: Alban Berg, Anton von Webern, Erwin Stein, Egon Wellesz. Einer seiner Mentoren, die Schönbergs Kapazität spürten, jedoch nicht mehr imstande waren, seine Ideen in ihren eigenen Werken nachzuvollziehen: Gustav Mahler. Einer seiner Förderer, der ihm ein Stipendium verschaffte, jedoch für seine eigene Person ganz ausdrücklich nicht daran dachte, Schönbergs Theorien anzunehmen: Richard Strauss.

In Wien – und gerade in den Jahren, die man sehr gerne auch als die letzten der guten alten Zeit zu sehen liebt – erarbeitete Arnold Schönberg sein

nicht mehr in der Lage, sich als Musikstadt zu bezeichnen, hätte es nicht mit der ihm eigenen Faszination nach Brahms und Bruckner und über die Zeit hinaus, da Gustav Mahler sich für die Oper aufopferte, weiterhin Komponisten an sich gezogen. Und zudem Musiker in ihren eigenen Mauern entdeckt.

1894 entstanden in Wien drei bemerkenswerte Klavierstücke, die ein junger Jude aus der Leopoldstadt komponiert hatte. Arnold Schönberg hatte mit zehn Jahren zu musizieren begonnen, von einem Walzer, den er mit zwölf Jahren schrieb, berichtete noch sehr viel später seine Schwester.

Rechts: Schönbergs Kompositionen gingen dem Hörer nicht so ins Ohr wie die Straußschen Walzer. Wie sehr sich die Volksmeinung an ihnen entzündete, beweist der nebenstehende Zeitungsausschnitt.

Wiener Musik einst und jetzt.

(Nach einer alten Wiener Melodie.)

I.

Ja, wenn der Strauß an Walzer spielt,
Da werden alle Fußerln wild,
Er nimmt sie um die Mitten gleich,
Beide san d'rin im Himmelreich.
Und jeder Ton ins Herz 'neindringt,
S' is so, wie wann a Engerl singt,
Schweigt dann die Musik, gibt's nur Applaus,
Steffel und Donau – Walzer von Strauß.

II.

Doch wie der Schönberg jetzt hat g'spielt,
Da war'n die ganzen Weaner wild,
D'Musiker blasen und hau'n d'rein,
S' is wie wenn hundert Kinder schrei'n.
G'fallt's an net, wird eahm ane g'schmiert,
Bumsti, der Herr wird arretiert,
Der Herr von Schönberg, glaub'n alle, ist
Draußen am Steinhof – Hauskomponist.

Die statuarische Haltung der älteren Kapellmeister beim Dirigieren. Links: Hans Richter, Erster Kapellmeister am Wiener Hofopern-theater seit 1875; rechts: Wilhelm Jahn, Hofoperndirektor von 1881 bis 1897.

grundlegendes Werk, die »Harmonielehre«, die er, als sie 1911 erschien, bereits dem Andenken Gustav Mahlers widmen mußte, von der er aber schon im Vorwort behauptete, er habe sie von seinen Schülern gelernt. Schönberg in seiner Vorrede: »Der Komfort als Weltanschauung! Möglichst wenig Bewegung, keine Erschütterung. Die den Komfort so lieben, werden nie dort suchen, so nicht bestimmt etwas zu finden ist.« Und auch die Namen seiner liebsten Schüler sind in diesem Vorwort verewigt: »Die Bewegung, die auf solche Art vom Lehrer ausgeht, kommt wieder zu ihm zurück. Auch in diesem Sinn habe ich dies Buch von meinen Schülern gelernt. Und ich muß die Gelegenheit benützen, ihnen zu danken. Einigen habe ich noch in einem anderen Sinn zu danken. Denen, die mich bei der Arbeit unterstützt haben, durch Korrektur-lesen usw., durch Zustimmung, die mir Freude machte, und durch Anfechtung, die mir Energie gab, mich aber auch auf manche Mängel auf-merksam machte: Alban Berg [der das Sach-register angelegt hat], Dr. Karl Horwitz, Dok-tor Heinrich Jalowetz, Karl Linke, Dr. Robert Neumann, Josef Polnauer, Erwin Stein und

Dr. Anton von Webern. Von einigen von ihnen wird man bald bei besseren Gelegenheiten hören. Und so kehrt vielleicht auch diese Bewegung ein-mal zu mir zurück.«

Gustav Mahler war, als diese Harmonielehre er-schien, eben gestorben. Er war durch die auch in Wien üblichen Intrigen von seinem Platz an der Spitze der Hofoper vertrieben worden – die »besseren« Menschen des künstlerischen Wien kamen zum Bahnhof, als er sich auf den Weg nach Amerika machte, wo er in New York wieder dirigierte und das Geld verdiente, das ihm die Aufführungen seiner Symphonien noch nicht ein-brachten. Er kehrte erst 1911 zurück, todkrank, um in Wien zu sterben – sämtliche Zeitungen be-richteten von seinen letzten Tagen wie vom Sterbelager eines Monarchen und vergaßen gern, daß sie zu Lebzeiten Mahlers in der Beurteilung seiner Schöpferkraft nicht eben Hymnisches ge-leistet hatten.

Gustav Mahlers Witwe, die schon als junges Mädchen in der Wiener Gesellschaft aus eigener Kraft Freunde und Beziehungen hatte und die dann an der Seite Mahlers keineswegs nur mit bereits anerkannten Meistern wie Hans Pfitzner oder Richard Strauss freundschaftlichen Kontakt pflegte, sondern auch weiterhin »revolutionär« blieb, sorgte dafür, daß Mahlers Hochachtung vor Schönberg sich auch materiell auswirkte. Dazu kam eine weitere kleine Sicherung der Position, die noch von Mahler selbst eingeleitet worden war: Die 1901 gegründete Universal Edition, ein Verlagsunternehmen, das erst Geschäfte mit Notenmaterial machen wollte, jedoch nach wenigen Jahren schon begriff, daß es die Aufgabe eines Musikverlages ist, Geschäfte, auch riskante, mit Komponisten zu machen, nahm Gustav Mahler, Alexander von Zemlinsky, Franz Schreker und Arnold Schönberg als Komponisten an und kümmerte sich um diese Autoren, die ihr keineswegs nur Erfolge brachten, mit großer Sorgfalt. Schönberg, den es 1911 zum zweitenmal nach Berlin trieb, brachte es immerhin in dieser

Zeit zu gewaltigem Ansehen in einem kleinen Kreis von Menschen und 1913, anläßlich einer Aufführung seiner Werke im Brahms-Saal, auch zu einem Skandal, der die Tageszeitungen sofort und die Musikgeschichte Wiens auf lange Zeit beschäftigte.

Der Kreis von Menschen, der Schönberg als Lehrer und als Künstler hochschätzte, blieb wahrlich überschaubar. Trotzdem soll nicht geringgeschätzt werden, was sich heute armselig liest gegenüber den Erfolgen, die andere Musiker in dieser Zeit hatten. Denn eben dieser kleine Kreis bestand aus den Komponisten der nachfolgenden Generation, aus allerersten Instrumentalisten, die den Ruhm Schönbergs verbreiteten, und aus treuen Anhängern, die ihr Leben für den Musiker einsetzten, der ihnen am Anfang des Jahrhunderts unerhörten Eindruck gemacht hatte: Schönberg,

Die Gschnasfeste des Wiener Männergesangsvereines waren das ganze neunzehnte Jahrhundert berühmt und sind es bis heute geblieben. Ob auf einem dieser Feste Liszt, Offenbach und Wagner anwesend waren – wie das untenstehende Bild zeigt –, darf bezweifelt werden. Zeichnung von Laszlo von Frecskay.

der nebenbei nicht nur komponierte, sondern auch als Maler einiges Ansehen errang, privat vor allem auf seine Erfolge im Tennis Wert legte und mit vielen verkauzten »praktischen« Erfindungen sich als ein eigenwilliger Mensch darstellte, ist bis heute ein umstrittener Komponist. Er war der Vorkämpfer einer zu Unrecht als Atonalität bezeichneten Schule, er errichtete sein System von zwölf aufeinander bezogenen Tönen, das heißt, er zeigte eigentlich die Konsequenz dessen auf, was noch bei Richard Wagner mit sentimentaler Begeisterung angenommen wurde. Die seit Jahrhunderten in Geltung stehende Lehre von den Tonarten und den ganz streng geregelten Beziehungen der Töne zueinander war in der ausgehenden Romantik und am deutlichsten im oft zitierten »Tristan«-Vorspiel bereits so an die Grenzen der noch erlaubten Verwandtschaftsverhältnisse getrieben worden, daß es nur noch eine Frage des Wagemuts war, wann diese Grenzen überschritten wurden. Schönberg wagte diesen Schritt und stellte fest, daß er sich trotzdem wieder auf einem Gebiet befand, das nach Regeln zu bebauen war. Er suchte und fand neue Regeln, wußte allerdings auch die alten – und legte großen Wert darauf, daß auch die Schüler, die sich mit Begeisterung in dem von ihm entdeckten Neuland tummeln wollten, zuerst die Regeln der alten Schule lernten.

Dies mag eine sehr vereinfachte Darstellung der Lehre sein, die Arnold Schönberg in Wien, aber verbindlich für die gesamte musikalische Welt, entwickelte, und seine Voraussage im Vorwort zur »Harmonielehre«, vielleicht unbewußt getan, bewahrheitete sich: Seine Schüler brachten mit ihren Werken und in ihrer großen Verehrung für Schönberg erst die Welt darauf, daß sich hier die extremste Neuerung ereignet hatte, die denkbar war. Alban Berg, der mit seinen besten Kompositionen sich nicht streng an Schönbergs neue Methode hielt, und Anton von Webern, der mit seinem strengen Kompositionsstil noch ein weiteres Element der Neuerung in die Musik brachte, wurden die Herolde Schönbergs.

Mit diesen und neben diesen aber schrieben um 1900 um Wien und für Wien auch noch Männer, die nicht den Mut hatten oder nicht die Neigung besaßen, die Luft von anderen Planeten zu atmen. Sie komponierten gefällige Opern und wurden aufgeführt, sie waren hervorragende Nachfahren von Brahms und hatten ihren Erfolg. Sie fallen langsam alle der Vergessenheit anheim und sind Beweise für den Prozeß, der sich gerade in der Musik doch über einige Generationen erstreckt: Zumeist halten die Werke der Genies, die in gewissen immer vorhandenen Kreisen mit Gespür sofort die richtige Aufnahme finden, von Anbeginn die Herrschaft. Neben ihnen bleibt stets Platz für Werke mit Sensationscharakter, die sich für den Laien kaum von den anderen unterscheiden – die zweite Generation aber kümmert sich um sie schon nicht mehr. Und permanent schreiben tapfere Handwerker im gerade modischen oder eben noch modisch gewesenen Stil und sind deshalb auch nicht zu tadeln. Die Zeit wäre unerträglich, in der das Publikum sich nur mit Meisterwerken konfrontiert sähe.

Auf dem Umweg über Johann Strauß, den ich gleich ganz ohne Schwierigkeiten auch mit Schönberg und seinen Schülern in Verbindung bringe, zurück ins Wien der Ringstraßenzeit, ins Wien der letzten Patrizier, ins Wien des Kaisers: Johann Strauß, der mit Brahms befreundet und von Bruckner immerhin beeindruckt war, hatte keine Gelegenheit mehr, Arnold Schönberg als interessanten Mann zu bezeichnen. Doch auf gar nicht so komplizierte Art ist er auch mit der »Wiener Schule« in Verbindung getreten. Als Schönberg nach dem Weltkrieg seinen Verein zur Aufführung neuer Musik in Wien gründete, wurden in einem auch schon legendären Benefizkonzert Weberns, Bergs und Schönbergs Bearbeitungen von vier der berühmtesten Strauß-Walzer gespielt – was man für Huldigung an den Publikumsgeschmack halten könnte, wüßte man nicht von den puristischen Auffassungen gerade dieser Komponisten und daß sie nie Musik bearbeitet hätten, die ihnen der Bearbeitung nicht wert erschienen wäre.

Strauß, als Hofballmusikdirektor, stand in den Diensten des Kaisers. Viel enger an den Kaiser aber gebunden waren jene Musiker, die dem eigentlichen Herzstück des musikalischen Wien angehörten: der Hofmusikkapelle. Diese wird in den Berichten vom singenden, musizierenden Wien sehr viel seltener erwähnt, weil sie unter der Regentschaft Franz Josephs keine überragende Stellung einnahm. Doch sie existierte, solange der Kaiser regierte, nach der überkommenen Tradition und war für die Position Wiens als Musikstadt so wesentlich, wie sie es bis in die Gegenwart geblieben ist.

In sehr teuren Uniformen steckten die Musiker des Kaisers. Als Mitglieder der Hofmusikkapelle waren sie die Wahrer einer alten Tradition, die bis Maximilian I. zurückreicht. Die Nachfolger der livrierten Musikanten sind heute die Wiener Philharmoniker.
Zeichnung von Theo Zasche.

Dem Leser wird sofort einfallen, daß heute immer noch in der Hofburgkapelle Messen aufgeführt werden, bei denen die Wiener Sängerknaben, Herren des Staatsopernchores und Mitglieder des Staatsopernorchesters mitwirken. Und er wird dabei kaum bedenken, daß das, was heute vielleicht zum Großteil eine Attraktion für die nach Wien reisenden Touristen darstellt, seit bald einem halben Jahrtausend eine Institution ist, die ohne den geringsten Bruch, ohne spürbare Veränderung im Kern der Sache der musikalischen Verherrlichung Gottes gedient hat. Was Maximilian I. begründete und was die Herrscher Österreichs nach ihm zu internationalem Ansehen führten, was musizierende Monarchen als ihr edelstes Instrument benutzten, das übernahm Franz Joseph als eine Einrichtung seines Hofes und ließ es wie alle anderen Zeichen

seines Gottesgnadentums fortbestehen. In der Hofburgkapelle, deren kühles, sachliches Interieur bis heute nahezu unverändert geblieben ist, hörte er die Messe, nahm er Abschied von den verstorbenen Mitgliedern des Erzhauses, versammelte er den Hof zu kirchlichen Feiertagen. In der Hofburgkapelle musizierten auch unter Franz Joseph Knaben, die vom Kaiser in Dienst genommen wurden und eine strenge Konviktausbildung genossen, gemeinsam mit Mitgliedern der Hofoper, die allerdings ihre Zugehörigkeit zum Verband der Hofmusikkapelle als eine eigene Würde betrachteten. Ich habe noch den letzten Organisten, der in der Zeit Franz Josephs seinen Posten antrat, gekannt. Er war ein kleiner, verhutzelter, mit seinen Erinnerungen etwas durch die Zeiten springender Mann, der von dem strengen Zeremoniell erzählte, von den knappen

Anweisungen, die vom Obersthofmeisteramt kamen, von den anstrengenden und keineswegs gut bezahlten Diensten – der Kaiser war ein kühler Rechner, wenn es um Dinge ging, an denen sein Herz nicht hing.

Doch von ihm und von Männern, die sich heute als die letzten Kapellknaben des Kaisers bezeichnen dürfen, habe ich auch erfahren, daß die Aufführungen in der Hofburgkapelle tadellos zu sein hatten und daß der strenge Geist des Kaisers auch dort respektiert wurde, wo man eigentlich sicher sein konnte, daß dieser ein Versehen nicht gemerkt hätte. Und deshalb meine ich, daß sich der Kreis um das musikalische Wien erst schließt, wenn man neben den Gebäuden der Gesellschaft der Musikfreunde und der Hofoper als dritten Hort der Musik die Hofburg angeführt hat.

Noch unter der Regierung Franz Josephs wurde die Konzerthausgesellschaft gegründet, die bis heute existiert und nie das geworden ist, was sie der Anlage nach hätte sein sollen – eine Replik auf die berühmten Wiener Vergnügungsetablissements, die neben den Konzertsälen auch jeweils über große Restaurants verfügt hatten. Nur der Ausbruch des Ersten Weltkriegs verhinderte das.

Gleichfalls in der Regierungszeit Franz Josephs wurden die Schrammeln erfunden, die aber ganz gewiß auch in einem anderen Kapitel unterkommen werden. Denn Musik ist in Wien etwas, was alle Lebensbereiche erfaßt. Deshalb wird von den Wiener Philharmonikern und den Schrammeln die Rede sein, wenn wir beim Thema Heurigen sind, und von der Musik ganz zweifellos, wenn es um Ärzte und Wissenschaftler geht. Einige der gewissermaßen wienerischen Grundbegriffe oder Ingredienzien tauchen in einem Wiener Potpourri immer wieder auf.

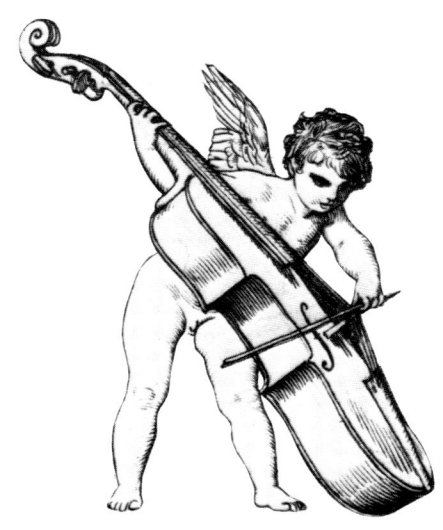

Der Maler

»Der Zeit ihre Kunst,
der Kunst ihre Freiheit.«

Motto der Sezessionisten

Bevor sich Wien dem ihm von Makart verordneten optischen Rausch hingeben durfte, hatte einiges geschehen müssen. Wie auf dem Gebiet der Musik mußte erst einmal eine Reihe von hochgeschätzten Malern, Bildhauern und Architekten für den soliden Untergrund sorgen, auf dem dann ein Genie vom theatralischen Anspruch Hans Makarts den Übergang zu einem ganz neuen Lebensstil besorgen konnte.

Wenn man bedenkt, welch ungeheure Entwicklung sich auch auf dem Sektor der bildenden Kunst in jenem Zeitraum abspielte und wie hervorragend Wien an dieser Entwicklung beteiligt war, dann muß es wundernehmen, wie sehr Wien anschließend darauf verzichtet hat, die führende Stellung, die es sich errungen hatte, zu behaupten. Ebenso wie es in der Gegenwart nur bedingt von sich behaupten kann, die Hauptstadt der Musik zu sein, so bleibt es ihm auch verwehrt, sich als ein Zentrum der bildenden Künste darzustellen. Immerhin verweist es mit Stolz auf die Wiener Schule mit Schönberg, Berg und Webern in der Musik und auf die Secessionisten in der Malerei und darf behaupten, zur Jahrhundertwende doch etwas gegolten zu haben auf der internationalen Kulturszene.

Warum Wien zur Gründerzeit erst langsam wieder große Musiker in seine Mauern holen mußte, während es die Bildhauer und Maler schon alle bei sich versammelt hatte, ist einfach zu beantworten. Die Stadt baute und baute, und wo sich auf dem Bausektor etwas tut, dort haben auch die Künstler ihre Chance. Sie hatten sie vor allem in einer Zeit, die ganz ausdrücklich um des Prunks willen baute.

Erinnern wir uns: Der Auftrag des Kaisers, Wien zu Groß-Wien werden zu lassen, hatte selbstverständlich auch ökonomische Gründe; er war die Folge von wirtschaftlichen und sozialen Mißständen, die auf diese Weise beseitigt werden konnten: er war ein politischer Entschluß. Die Bürger Wiens aber, die mehr als die adeligen Familien – und auch mehr als der Kaiser selbst – in dieses Groß-Wien investierten, verstanden den Auftrag des Kaisers auch als Auftakt zu einer bürgerlichen, liberalen Epoche. Und sie sahen sich nun als Mäzene und als Schutzherren der schönen Künste, was in jedem Gemeinderatsbeschluß und in jeder Komiteesitzung zum Ausdruck kam. Für die Ausgestaltung der Ringstraße und der Parkanlagen entlang der Ringstraße gab es viele Komitees, und für die Ausschmückung der geplanten großen Gebäude gab es wieder andere Komitees, die Aufträge erteilten und mit speziellen Auflagen versahen. Und mit diesen Komitees gab es auch die notwendigen Gelder, die aus des Kaisers Privatschatulle ebenso kamen wie aus großzügigen Spenden reich gewordener oder reich werdender Wiener, die sich durch ihre Spenden sehr oft auch den Adelsbrief erhofften. (Der Kaiser wurde damals von Spöttern »Seh-Adler« genannt; wen er sah, den adelte er, wollte man ihm damit unterstellen.)

Die Künstler waren da, einige kamen prompt nach Wien, da man ihnen große Aufträge in Aussicht stellen konnte. Und einige von ihnen blieben dann für immer. Und einer von diesen drückte der Epoche für kurze Zeit seinen Stempel auf, wurde in Wien für die Malerei, was Johann Strauß für die Musik war: Hans Makart aus Salzburg.

Bevor er nach Wien berufen wurde, gab es eine große Anzahl sehr angesehener und gerade im Raum um die Ringstraße vielbeschäftigter Maler, Schüler von Leopold Kupelwieser, die es gewohnt waren, auch in Gemeinschaftsarbeit Aufträge zu erfüllen. In der Altlerchenfelder Kirche waren zum Beispiel von 1854 an Josef von Führich und Kupelwieser, aber auch noch Karl von Blaas, Josef Schönmann, Eduard von Engerth und Franz Dobiaschofsky tätig. Ihr Programm hat Eitelberger so formuliert: »Jene Darstellungen der figuralen Kunst, ob Malerei oder Plastik, welche den Menschen als solchen zum Gegenstand haben und ihn schildern in seinen Tugenden, seinen Leidenschaften, in seiner Formschönheit, in Handlungen, wo höhere Empfindungen zum Ausdruck kommen, werden im höheren Sinne Historienmalerei genannt, auch wenn sie nicht den Inhalt eines geschichtlichen Vorganges, sondern – wie schon gesagt – nur den Menschen als solchen zum Gegenstande haben.«

Karl von Blaas arbeitete zwölf Jahre an der Ruhmeshalle im Arsenal, Eduard von Engerth war einer der Maler, die gemeinsam mit dem aus München berufenen Moritz von Schwind für die Oper am

Karl von Blaas gehört zu den Historienmalern. Er war ein Vorgänger Makarts und gehörte zu der großen Künstlergilde, die bei der Ausschmückung des Arsenals engagiert wurde. In einem Nebensaal der Ruhmeshalle des Heeresmuseums im Arsenal befindet sich ein Fresko »Kaiserin Maria Theresia mustert die zu Sollenau konzentrierten Regimenter 1749«. Im Zweiten Weltkrieg wurde es durch Bomben beschädigt.

Ring verpflichtet wurden. Ihre Namen sind heute schon etwas in Vergessenheit geraten, doch ihre Werke erhalten geblieben – beziehungsweise nach ihrer Zerstörung im Zweiten Weltkrieg noch in historischen Ausstellungen und Übersichten zu sehen. Karl Rahl, in der oben erwähnten »Mannschaft« nicht dabei, wurde Kupelwiesers Nachfolger als Professor für Historienmalerei und ein ebenso angesehener wie fruchtbarer Künstler. Auch seinen Namen kennt die Öffentlichkeit kaum noch, doch seine Werke sind allgemein zugänglich: Er malte in der evangelischen Kirche in Matzleinsdorf, er malte im Palais Todesco, er schuf die Fresken im Arsenal, und eines seiner Werke war lange Zeit im Blickfeld aller Musikfreunde: der eiserne Vorhang der Hofoper. Sein Mitarbeiter August Eisenmenger verewigte sich mit den Deckenbildern im Großen Musikvereinssaal, dem Fries am Parlament, dem »Triumph der Gerechtigkeit« im Justizpalast und mit Altarbildern in der Schottenkirche – und auch von ihm kann man nicht behaupten, daß jeder Wiener weiß, wann

und wie er gelebt hat. Makart aber, der im selben Jahr nach Wien kam, in dem die Hofoper fertig wurde – 1869 also –, ist immer noch allen ein Begriff, sogar vielen, die zugeben müssen, noch kein Bild von ihm gesehen zu haben.

Makart hatte in München studiert und bereits in Italien Furore gemacht, als der Kaiser ihn nach Wien berief und ihm ein Atelier in der Gußhausstraße zur Verfügung stellte. Makart wußte offenbar genau, was er selbst wollte, denn er inszenierte zuerst sich selbst, dann die Wiener Gesellschaft und ganz zuletzt erst seine Erfolge als Maler. Er schuf also – genau in dieser Reihenfolge – erst einmal eine prunkvolle Ausstattung für sein Atelier, die als Vorbild auch für unzählige seiner Bilder dienen konnte. Er überlud das Atelier mit Stoffen, Farben, Teppichen, Straußenfedern und jenen großen, voluminösen

Staubfängern, die alsbald als »Makart-Bouquets« Mode in allen Wiener Bürgerhäusern wurden.

Sodann nahm er Aufträge zur Ausgestaltung von Ringstraßenpalais an. Und erst als die Wiener Bürger wußten, wer Makart war und daß er als idealer Übersetzer ihrer Lebensfreude und Prunksucht ins Optische zu gelten hatte, trat er mit einem Kolossalgemälde »Die Pest« an die Öffentlichkeit. Im Jahr der Weltausstellung zeigte er »Venedig huldigt Caterina Cornaro«, und 1877 war er mit »Der Einzug Karls V. in Antwerpen« fertig. Im Wiener Künstlerhaus, wo »Der Einzug« ausgestellt wurde, zählte man über 34 000 Besucher, und der Reingewinn des Ausstellers betrug 13 500 Gulden.

Daniel Spitzer, der in der »Neuen Freien Presse« nicht nur durch die genüßliche Nacherzählung von Richard Wagners Werken seinen Ruf als

»Venedig huldigt Caterina Cornaro« ist eines der größten, prächtigsten und auch berühmtesten Gemälde, die Hans Makart in Wien schuf. Ungezählte Schaulustige zogen bei seiner ersten Ausstellung an ihm vorbei, bewunderten den theatralischen Sinn des vom Kaiser persönlich nach Wien geholten Künstlers und beschlossen, selbst auch in solch theatralischem Rahmen leben zu wollen.

scharfer Satiriker errang, schilderte das Ereignis ausführlich am 29. März 1878. Er begann seinen Artikel folgendermaßen: »Das neueste, für die Pariser Weltausstellung bestimmte Bild Hans Makarts ›Der Einzug Karl's V. in Antwerpen‹ hat alle Neugierigen Wiens, also ganz Wien, ins Künstlerhaus gelockt. Dasselbe hat jedoch den vorteilhaften Ruf, der ihm vorausgegangen war: es sei in so hohem Grade unsittlich, daß es nur von den verheiratetesten Männern und von den festesten Gouvernanten mit den ältesten Grundsätzen ohne Gefahr besichtigt werden könne, durchaus nicht zu rechtfertigen vermocht. Das Gerücht von der Immoralität des Bildes war von einigen Kunst-freunden, die das Bild im Atelier des Künstlers entstehen sehen hatten, ausgesprengt worden. Denn auch Makart erfreut sich jener hochgestellter Gönner, die unsere Künstler während ihrer besten Arbeitsstunden belästigen, allerdings nur aus Liebe zur Kunst und keineswegs in der egoisti-schen Absicht, das Werk, sobald es vollendet sein würde, für sich erwerben zu wollen. Die Armuth war ja immer die Hebamme des Genies, und unsere reichen Aristokraten begönnern zu sehr das Genie, als daß sie dieses seiner Hebamme berauben wollten.«

Spitzer, der damit auf die zahllosen Besucher Makarts im Atelier in der Gußhausstraße anspielte, hat aber für dieses Bild auch einige positive Sätze übrig: »Wir finden in dem jüngsten Werke Makarts die leuchtende Farbe und die decorative Pracht seiner besten Bilder wieder, aber es ist frei von jener Nachlässigkeit oder Willkür, die sich Makart sonst häufig in der Zeichnung zu Schulden kommen ließ.« Seltsam, wie der Feuilletonist in nur einem Satz das Urteil parat hat, das man Makart ein Jahrhundert nach seiner Zeit immer noch ausstellt.

Makarts Kolossalgemälde waren selbstverständlich Kunstwerke, zugleich aber – auf ganz leicht erklärliche Weise – gesellschaftliche Ereignisse: Seine Modelle waren, wie man nicht erst im nachhinein feststellte, sondern sofort offen aussprach, »ausschließlich Porträts früherer und gegenwärtiger Stadtschönheiten«. Damen der Gesellschaft fanden es verlockend, von Makart gemalt zu werden, und die Frage, ob sie ihm nun nur ihren Kopf geliehen oder sich ganz zur Schau gestellt hatten, war für jedermann eine Art Gedankenspiel an der Grenze des Verbotenen.

Freilich wäre die Wirkung Makarts nicht so stark gewesen, hätte sich der Künstler ausschließlich aller Möglichkeiten der Werbung und Propaganda bedient. Er mußte dazu auch noch künstlerische Potenz mitbringen, und die sich bis in unsere Zeit an ihm entzündende Diskussion ist der Beweis dafür, daß Makart sie hatte. Was Makart spontan berühmt machte, das waren allerdings sein Luxus und Aufwand bei seinen berühmten Atelierfesten, bei denen er die Gäste in historische Kostüme nach seinem Geschmack kleidete, und die großen Aufträge, die er durch den engen Kontakt zu Karl von Hasenauer, dem selbst dem Prunk ergebenen Ringstraßenarchitekten, erhielt: Er sollte das Stiegenhaus im Kunsthistorischen Hofmuseum malen, er wurde engagiert, das Schlafzimmer der Kaiserin in der Hermesvilla auszumalen. Und gerade diese beiden Aufträge führte – nach seinen Entwürfen – sein Nachfolger aus: Gustav Klimt, der als späterer Bannerträger der Secession, also der nächsten und neuen Richtung, ein Gegenspieler Makarts hätte sein können. Doch Klimt, als ein Schüler Makarts, erwies sich als ein Maler ganz aus Makarts Geist. Er und sein Bruder führten die Deckenbilder in der Hermesvilla zu Ende, dann die Deckenbilder in den Stiegenhäusern des Burgtheaters, schließlich die Zwickel- und Interkolumnienbilder im Stiegenhaus des Kunsthistorischen Hofmuseums. Ludwig von Hevesi wußte dies rechtzeitig festzuhalten: »In der modernen Secession entsteht der Makartzeit soeben ein allerneuestes Seitenstück, das mehr Zukunft hat, weil es unmittelbar aus dem jetzigen Leben hervorzugehen strebt,

Oben: Hans Makarts Atelier in der Gußhausstraße – hier nach einer Xylographie von Franz Kollarz – wurde zu einem gesellschaftlichen Mittelpunkt der Stadt. Atelierfeste wurden gefeiert, Damen der Gesellschaft kamen, um Makart Modell zu stehen, und einmal besah sich sogar Kaiserin Elisabeth die berühmt gewordene Arbeitsstätte.

Links: »Der Einzug Kaiser Karls V. in Antwerpen« lautet der Titel des Kolossalgemäldes, das Makart für die Weltausstellung in Paris schuf, vorher jedoch auch in Wien mit unerhörtem und auch großem finanziellem Erfolg ausstellte. Wobei die Wiener weitaus größeres Vergnügen daran hatten als die Pariser – sie erkannten unter den Jungfrauen um den Kaiser so manches Gesicht wieder.

also die Möglichkeit hat, sich mit dem Leben selbst immer wieder zu erneuern«, schrieb er 1909 und bewies damit, daß es durchaus möglich ist, auch zur zeitgenössischen Kunst richtige Aussagen zu machen.

Lange vorher setzte sich Makart ein Denkmal besonderer Art. Er entwarf und gestaltete allein den Festzug zur Feier der silbernen Hochzeit des Kaiserpaares. Festzüge waren im neunzehnten Jahrhundert in vielen europäischen Städten wieder in Mode gekommen; Wien hatte für den besonderen Anlaß einerseits die fertiggestellte Ringstraße anzubieten und andererseits Makart mit

Der Huldigungs Festzug in Wien
zur Feier der silbernen Hochzeit
Ihrer Majestäten des Kaisers und der Kaiserin
am 27. April 1879

seinem Hang zum Monumentalen. Makart, der Wagner liebte und verehrte und die »Meistersinger von Nürnberg« gut kannte, hielt sich an Vorbilder Dürers und stellte einen Zug zusammen, der alle Zünfte, alle Gewerbetreibenden, alle Stände seiner Zeit auf prachtvolle Wagen und in mittelalterliche Tracht zwang. Nur seinen Kollegen, den Künstlern, gestattete er das Auftreten in Gewändern der Niederländer des siebzehnten Jahrhunderts, und sein eigener Auftritt am Ende des Zuges war von genau kalkulierter Theatralik: allein, hoch zu Roß, zog er den Beifall seines Kaisers und der Wiener auf sich.

Aus diesem Festzug, dessen Vorbereitungen ganz Wien erregten und von dessen Glanz Hunderttausende berichteten, zog Makart in seiner Art Nutzen, die an die allerneuesten Methoden der Vervielfältigung denken läßt. Er hatte von den Entwürfen zu den einzelnen Festwagen seinen Anteil, er ließ es gerne zu, daß man nach ihnen Ausschneidebögen anfertigen und vervielfältigen ließ, er half mit, die einzelnen Mitwirkenden und natürlich auch die Malerkollegen in ihren Kostümen zu Gruppenbildern für die Photographen zu arrangieren, und er hatte immerhin den Plan, den gesamten Huldigungsfestzug im Wiener Rathaus neu zu malen, wozu es nach unbestätigten Meldungen der Zeit allein seiner Honorarforderungen wegen nicht kam.

Was Makart seiner Zeit gab, was er ihr geben wollte, war eine neue Freude an der Farbe. Sein Makart-Rot wurde ebenso berühmt wie die Makart-Bouquets, die in allen großen Wiener Häusern zu finden waren; die von ihm kreierten breiten Hüte der Frauen sind aus den Bildern des damaligen Wien ebensowenig wegzudenken wie die über und über mit Teppichen, Vorhängen und Requisiten drapierten Herrenzimmer, die entweder von ihm selbst oder in seinem Geist arrangiert wurden. Was immer er malte oder dekorierte, war auf rasche und virtuose Wirkung konzipiert – und übte dann auch diese Wirkung auf den Beschauer.

Hans Makarts aufwendigstes Kunstwerk war ein lebendes. Zur Feier der silbernen Hochzeit des Kaiserpaares gestaltete er einen überdimensionierten Festzug über die Ringstraße. In der Folge entstanden Drucke von seinen Entwürfen der einzelnen Gruppen – oben »Die Textilindustrie« und »Die Eisenbahn« –, aber auch Ausschneidebögen, die viel gekauft wurden.

Das Besondere Makarts erweist sich auch darin, daß er zu jenen Künstlern gehörte, denen Wien zu Lebzeiten die allerleidenschaftlichste Aufmerksamkeit schenkte, denen ein riesenhaftes Begräbnis unter allgemeiner Anteilnahme zuteil wurde – mit deren Tod aber auch »ihre« Epoche sofort und abrupt endete. Dies sei keinem der heutigen Modekünstler warnend vor Augen geführt, doch als immerhin bedenkenswert erwähnt. Schon die Nachlaßversteigerung brachte einen deutlichen Preisverfall der Werke, und der eben noch als Magier Bezeichnete wurde zum Symbol einer Bewegung, die man nicht mehr schätzte. Allerdings gingen da offizielle Beurteilungen durch die Kunstrichter und der allgemeine Geschmack nicht Hand in Hand. Die Wiener Salons bewahrten den Makart-Stil noch lange, und erst eineinhalb Jahrzehnte später war eine neue Mode im Kommen.

Diese neue Mode, in der Rückschau leichter zu definieren und historisch einzuordnen als damals, war der Sezessionismus und die aus ihm hervorgehende Prägung der Lebensform durch die Wiener Werkstätte. Was den gleitenden Übergang anlangt, so war er gerade in Wien ohne Schwierigkeiten zu vollziehen. Otto Wagner, der bei Makarts großen Darstellungen bereits mitgewirkt hatte, baute nicht nur die Kirche Am Steinhof und die gesamte Stadtbahn mit ihren noch dem Ornament sehr zugetanen Stationen, sondern wurde auch ein Bannerträger der Secession. Die Brüder Klimt fanden nicht nur finanzielle Sicherheit, indem sie nichtvollendete Aufträge Makarts zu Ende malten, sondern entwickelten die Freude gerade am ornamentalen Aufwand weiter und folgerichtig auf den neuen »Stil« hin, der kein typisch wienerischer, sondern ein internationaler war.

Der Jugendstil, heute wieder als Mode en vogue und daher allgemein bekannt, war diese nach der Makart-Zeit auch in Wien grassierende Richtung, die »Secession« die ihn vertretende Künstlergemeinschaft und bald auch der Name des eigenen Ausstellungsgebäudes, das sie sich errichtete: für Wien ein Markenzeichen, an dem die Gemüter sich erhitzten und das zu den letzten wirklich anregenden Auseinandersetzungen über bildende Kunst in dieser Stadt führte.

Es hat seither keinen Streit mehr um die Kunst in Wien gegeben, keinen Skandal, vergleichbar mit den Aufregungen, die Klimt und Schiele hervorriefen. Es ist nie mehr dazu gekommen, daß

73

diese Stadt Lust hatte, zu einer Frage über Malerei Stellung zu nehmen. Und nicht nur die Stadt ist deshalb anzugreifen.

Die Secession war – nicht nur für die literarischen Freunde von Jung-Wien, sondern für das gesamte künstlerische Wien – das Signal für den Aufstand der jungen Generation, zugleich das Eingehen auf Strömungen, die sich im Ausland bereits etabliert hatten: Noch im Künstlerhaus bestanden 1894 die jüngeren Mitglieder der Gesellschaft gegen heftigen Widerstand der Alten darauf, eine Ausstellung der Münchner Secession zu zeigen. Aus dem Künstlerhaus traten zwischen dem 25. Mai und dem 29. November 1897 vor allem alle jüngeren Künstler aus. Die Namen der Revolutionäre, wie sie nun in den Kunstgeschichten alphabetisch aufgezählt werden, sind nicht mehr alle bekannt, doch sie verdienen es, immer wieder angeführt zu werden: Alt, Bernatzik, Bacher, Engelhart, Hellmer, Jettel, Klimt, Kraemer, Kurzweil, Lenz, Mayreder, Moll, Kolo Moser, Myrbach, Nowak,

Ottenfeld, Olbrich, Pochwalsky, Roller, Sigmund, Strasser, Stöhr und Tichy.

Alt steht hier für Rudolf von Alt, der mit seinen Aquarellen und hervorragenden Gemälden wohl nicht als Revolutionär gelten konnte, der aber ein Künstler war und spürte, daß die jungen Maler ihn als Rückenstütze und Patron haben wollten. Er wurde als Achtzigjähriger der Ehrenpräsident der »Vereinigung bildender Künstler Österreichs«, der Secession also, deren Präsident der dreißigjährige Gustav Klimt war. Der erste Sprecher der Vereinigung, für die sehr rasch Hermann Bahr und viele andere eintraten, war Ludwig von Hevesi, der auch das Motto schrieb, das über der Secession bis heute prangt: »Der Zeit ihre Kunst, der Kunst ihre Freiheit«.

Ein richtiges Programm entstand, ein richtiges Programm wurde auch veröffentlicht. »Denn wir sind Partei und wollen Partei bleiben, so lange, bis die stagnierenden Kunstverhältnisse Wiens neu belebt sind und österreichische Kunst und öster-

»Makarts Aufbahrung in seinem Atelier« – gezeichnet nach der Natur von Johann Jakob Kirchner und Wilhelm Gause – sollte die letzte offizielle Präsentation des Makart-Stils werden. Mit Makarts Tod endete »seine« Ära ziemlich abrupt. Der Wert seiner Werke verfiel, und diejenigen, die Makarts Aufträge zu Ende führten, wurden Protagonisten der »Secession«.

»Sitzung des Komitees zur Errichtung eines Denkmals für Hans Makart«, ein Gemälde von Hans Temple, zeigt gleichzeitig ein typisches Makart-Interieur. Die Sitzung fand beim Wiener Mäzen Nikolaus von Dumba statt, der sich sein Ringstraßenpalais von Makart hatte einrichten lassen.

reichisches Publikum ein Bild der modernen Kunstbewegung geschaffen haben.« Das hieß, wie Klimt in seiner Antrittsrede ausführte und wie die erste Ausstellung im Gebäude Olbrichs, im Haus mit dem »goldenen Krauthappel«, bewies, daß die Secessionisten nicht einfach Bildhauerei und Malerei, sondern auch Innenarchitektur und Umweltgestaltung in ihr Programm einbezogen.

Die Ideen allerdings, die damals formuliert und als eine Kampfansage gegen die Mitglieder des Künstlerhauses vorgetragen wurden, waren zwar revolutionär, doch zugleich auch einträglich. Die protestierenden und sich zur eigenen Gemeinschaft formierenden Künstler waren zwar bereit, für ihre Ideale zu »darben«, sie mußten jedoch nicht eben Entbehrung leiden. Sie hatten in dem großen und allen Bestrebungen zur Erneuerung aufgeschlosse-

nen Wien mit Unterstützung zu rechnen, und sie fanden sie sogar auch bei den Behörden, die damals nicht weniger konservativ dachten als zu jeder anderen Zeit, denen aber zugleich der Auftrag bewußt war, die Künste zu fördern und nicht Geschmackszensur zu betreiben. Anders wäre es wohl kaum möglich gewesen, daß die Revolutionäre im Herbst 1897 aus einer festgefügten Gemeinschaft austraten, zu Beginn des nächsten Jahres schon ihre eigene Zeitschrift herausbrachten, zwei Monate nach Erscheinen des ersten »Ver Sacrum« die erste eigene Ausstellung in den Räumen der Gartenbaugesellschaft hatten, im April von der Gemeinde Wien das Grundstück in der Nähe des Naschmarktes erhielten und die Grundsteinlegung für ihr eigenes Ausstellungsgebäude feiern konnten und nach sechs Monaten

Rudolf Bacher hielt ein denkwürdiges Ereignis mit dem Zeichenstift fest: Kaiser Franz Joseph kam zur Eröffnung der in Windeseile nächst dem Naschmarkt errichteten Secession und wurde vom Ehrenpräsidenten der gleichnamigen Vereinigung – dem beinahe 80jährigen Rudolf von Alt – empfangen.

Bauzeit, noch im selben Jahr, am 12. November 1898, in das Haus einziehen konnten.

In einem einzigen Jahr »stand« die Secession in Wien, hatte also offensichtlich auch die Unterstützung der »subventionierenden« Stellen, hatte die wohlwollende Aufmerksamkeit des Monarchen, der das Gebäude mit seinem Besuch beehrte, hatte auch das Interesse der Öffentlichkeit und finanziellen Erfolg: Die erste Ausstellung in der Gartenbaugesellschaft, also im provisorischen Ausweichlokal, wurde von 53 000 Besuchern gesehen, Kunstwerke um 85 000 Gulden wurden damals verkauft.

Es erging der Secession damals nicht anders als allen anderen »tapferen« Neugründungen; die Geschichte vom Erfolg der ersten »Fackel« des Karl Kraus klingt ähnlich und ist ebenso erstaunlich. Wien war, was man heute kaum mehr bedenkt, eine wirklich große Stadt, eine Metropole. Und

Metropolen zeichnen sich allemal auch dadurch aus, daß sie für jede neue Idee Interesse aufbringen und kaufkräftige Interessenten parat haben. Die Weltstädte der Gegenwart sind nicht anders. Die oft erwähnte Provinzialität des Wien der Gegenwart ist kaum besser zu charakterisieren als durch die Ruhe, die sich in der Stadt breitgemacht hat, durch die Absenz der reichen Bürger, die sich »Avantgarde« leisten können und selbstverständlich auch leisten.

Nebstbei: Das »goldene Krauthappel«, seiner Form, aber auch der unmittelbaren Nähe zum Naschmarkt, dem Viktualienmarkt Wiens, wegen so genannt, war vom Architekten selbstverständlich als die Krone des der Kunst heiligen Lorbeerbaumes konzipiert, was man damals ebensowenig zur Kenntnis nahm wie heute. Nicht zuletzt auch der handfeste Spott und die gar nicht unkünstlerische Karikatur, die man der Secession widmete, bewiesen, daß die neue Richtung ein Begriff geworden war wie eineinhalb Jahrzehnte vorher Makart.

Was Makart, die Secession, Schiele, der so gut wie unabhängig von ihr schafft, die Wiener Werkstätte in ihrem Verhältnis zu Wien anlangt, so ergibt sich stets das gleiche Bild: Wien nimmt sehr rasch zur Kenntnis, daß ein Künstler, eine neue künstlerische Strömung vorhanden ist. Es reagiert mit großer Neugierde, woraus zumeist auch ein erster finanzieller Erfolg für das Neue garantiert wird. Dann ergeben sich die ersten Witzworte, die ersten Karikaturen, die ersten Aversionen. Schließlich stellt sich rasch Gewöhnung ein, und es entsteht dann der Eindruck, die Stadt kümmere sich doch zuwenig um den Meister, um die künstlerische Strömung. Nur noch der eine oder andere Skandal kann das Interesse wieder wecken, das in dem Augenblick verflacht, da die Kritiker sich einmal auf eine Formel in der Beurteilung geeinigt haben und freudig jedes neue Bild als Bestätigung ihres Urteils wiedererkennen.

Die Erotik, die Diskussion um die Sexualität, die immerhin im ausgehenden neunzehnten Jahrhundert nicht nur einen Freud inspirierte, sondern auch den Schriftstellern des jungen Wien ihre Themen lieferte, war auch das Hauptthema unserer Maler und Malerschulen. Makart wurde nicht nur wegen seiner Bouquets aus Kunstblumen geschätzt, sondern wegen seiner Sinnlichkeit, die in allen seinen theatralischen Bildern zum Ausdruck kam. An Atelierbesuche bei ihm wurden Hoffnungen geknüpft, die wohl kaum alle Erfüllung fanden; und an die Bilder, die er ausstellte, durfte man Erinnerungen anknüpfen, die vielleicht gar keinen realen Hintergrund hatten.

Die Nachfolger Makarts standen ihm in dieser Hinsicht kaum nach. Als Klimt im Jahre 1900 seine »Philosophie« in der Secession ausstellte, kam es zu einem veritablen Skandal, der immerhin innerhalb zweier Monate 30 000 Besucher in das Haus am Naschmarkt lockte: Er hatte von der Wiener Universität den Auftrag erhalten, drei monumentale Panneaus zu malen, und war an »Philosophie«, »Medizin« und »Jurisprudenz« mit einer Leidenschaft herangegangen, die man ihm zwar glaubte, jedoch nicht verzieh – die drei riesenhaften Bilder waren Allegorien, die jedoch nicht als solche verstanden wurden. Die Gegner Klimts sahen darin nur einfach Akte, zudem keine lebens-

Rudolf von Alt – nach einem Gemälde von Ernst Juch – war als Maler der alten Schule selbst noch in vorgerücktem Alter Förderer seiner jungen, ins zwanzigste Jahrhundert aufbrechenden Kollegen.

froh á la Makart hingepinselten Frauen, sondern graphisch gehaltene, streng verformte Figuren, die sie mit dem gestellten Thema nicht in die notwendige Verbindung bringen konnten.

Klimt zog die Konsequenz aus dem Skandal und kaufte seine Werke vom Unterrichtsministerium zurück, nachdem achtzig Universitätsprofessoren eine Petition unterschrieben hatten, daß diese Gemälde niemals in der Universität angebracht werden dürften. Die Ironie des Schicksals wollte es, daß 1945 ein Brand die drei Klimts zerstörte, an deren Besitz die Wiener Universität heute längst nichts mehr auszusetzen hätte. Ihr bleibt einzig der zweifelhafte Ruhm, 1900 nicht auf der Höhe ihrer Zeit gewesen zu sein, was Geschmack und künstlerisches Urteil anlangt.

Erotik und Skandal umgaben auch Egon Schiele, der erst knapp vor seinem Tod in der Secession

ausstellte. Der geniale Zeichner, den Klimt förderte, war 1912 angeklagt, pornographische Zeichnungen von Schulmädchen angefertigt zu haben. Er wurde zu vierundzwanzig Tagen Gefängnis verurteilt, man durchsuchte sein Atelier, eine seiner Skizzen wurde vom Untersuchungsrichter verbrannt – Sittlichkeit und Moralität schienen durch ihn gefährdet, obgleich auch er, wenigstens nach unserer heutigen Auffassung, ein vor allem dekorativ und in Ornamenten denkender Maler war.

Das Wien der Jahrhundertwende aber befleißigte sich einer doppelten Moral: der offiziellen, mit der es Klimt und Schiele zu Fall bringen konnte, was jedoch für diese zugleich mit keineswegs unangenehmer »Publicity« verbunden war; und der »offiziösen«, die auf der Operettenbühne den Seitensprung verherrlichte und die Ausschweifungen bedeutender Persönlichkeiten – Mitglieder des Kaiserhauses keineswegs ausgeschlossen – mit freudiger Anteilnahme verfolgte und kommentierte. Ganz im Gegensatz zu dem literarisch seit der »Bohème« dazu autorisierten Paris war Wien nicht imstande, seinen Malern und Künstlern Freiheiten offiziell zu gestatten. Was diese an Ausgelassenheit und einem Leben außerhalb der bürgerlichen Norm für sich in Anspruch nahmen, das wurde ihnen von der Öffentlichkeit angeblich übelgenommen. Doch gleichzeitig wäre Wien enttäuscht gewesen, hätte es nicht auch alle diese »Originale« in seinen Mauern gehabt.

Oskar Kokoschka, lebendes Mahnmal dieser Zeit – er durfte für einen Huldigungszug 1908 bereits Entwürfe liefern, war als Maler offiziell anerkannt und stellte 1909 gemeinsam mit Schiele aus –, kann für sich in Anspruch nehmen, den allerhöchsten Unwillen auf sich gelenkt zu haben. »Dem Kerl sollte man die Knochen im Leib brechen«, ist ein überlieferter Ausspruch aus dem Jahre 1911, den Thronfolger Franz Ferdinand in bezug auf Kokoschka getan haben soll. Kokoschka, Schüler Klimts und ein legitimer Nachfahre Romakos, Schieles, aber auch der österreichischen

Barockmaler, hat Wien verlassen und ist heute eine unbestrittene Größe. Und gilt daher auch nicht mehr als Wiener Maler.

Eine zweifellos wichtige Neuerung, die irgendwo im Zwischenreich zwischen Architektur und Malerei anzusiedeln wäre, vollzog sich neben den Ereignissen in Künstlerhaus und Secession: Das Österreichische Museum für Kunst und Industrie, Hort des Wiener Kunstgewerbes, erhielt 1897 einen neuen Direktor. Arthur von Scala war ein »weitgereister« Mann, ein Wiener, der die Nase über die Grenzen der Stadt gesteckt und die neue Zeit zur Kenntnis genommen hatte. Seine erste Ausstellung in Wien hieß nicht mehr »Weihnachtsausstellung«, sondern geradezu provokativ »Winterausstellung« und machte Furore, weil Scala auch modernes Kunstgewerbe präsentierte, das unter anderem »nach englischer Art« in Wien hergestellt worden war. Die Neuerung fand Widerspruch; Scala reagierte mit Vorschlägen, künftig nicht mehr überladene Prunkmöbel zu honorieren und mit den begehrten Hoftiteln auszuzeichnen, sondern sich mit dem Kunsthandwerk der Zeit zu befassen. Seine raschen Erfolge beim Publikum und sein fester Vorsatz, künftig »modern« zu sein, ließen Wiens Künstler aufschreien. Im November 1898 trat Erzherzog Rainer, der Protektor des Museums, zurück und war nicht mehr zu bewegen, das Haus überhaupt zu betreten. Das dem Erzherzog treue Kuratorium trat gleichfalls ab, und damit war der Skandal – meinte man – perfekt. Arthur von Scala aber reichte neue Statuten ein, erhielt die »Allerhöchste Genehmigung« für diese, ein neues Kuratorium, zu dem nun Otto Wagner gehörte, und Adolf Loos als Mitarbeiter und Mitstreiter für seine Bestrebungen, die man wahrlich als revolutionär ansehen durfte. In den folgenden Jahren stießen zu Wagner und Loos der Architekt Josef Hoffmann, der Maler Alfred Roller und viele andere. »Die Kunstgewerbeschule, vor einigen Monaten noch eine Bastille Wiens, die für uneinnehmbar galt, ist über Nacht gestürmt; nein, sie hat sich ergeben und sucht sich einen neuen Kommandanten und eine neue Besatzung aus dem

Vorhergehende Seite: Ein berühmt gewordenes Gruppenbild, das 1902 anläßlich der großen Beethoven-Ausstellung in der Secession aufgenommen wurde, zeigt von links nach rechts Anton Stark, Gustav Klimt (im Sessel), Kolo Moser, Adolf Böhm, Maximilian Lenz (liegend), Ernst Stöhr, Wilhelm List, Emil Orlik, Maximilian Kurzweil, Leopold Stolba, Carl Moll und Rudolf Bacher.

Rechts: Zu den schönsten Bildern Gustav Klimts gehört zweifellos das »Bildnis Fr. Bloch-Bemer«. Klimt war übrigens einer der Künstler, die zuerst große Aufträge Hans Makarts vollendeten und dann erst mit eigenen Werken hervortraten und damit die nächste »Stilrichtung« kreierten: den Jugendstil.

80

KUNST UND KUNSTHANDWERK

MONATSSCHRIFT·DES·K.K.ÖSTERR.
MUSEUMS·FUER·KUNST·UND·INDUSTRIE.
HERAUSGEGEBEN·UND·REDIGIRT·VON
A.VON·SCALA.

VERLAG VON ARTARIA & Co. IN WIEN.   I. JAHRG. 1898.

Lager der Secessionisten«, triumphierte Ludwig von Hevesi.

Aber eine wahre Revolution kann sich mit der Erstürmung der Bastille nicht zufriedengeben. Die jungen Kräfte, die Scala über Nacht in offizielle Positionen geholt hatte, waren damit auch nicht zufrieden, wollten in einer patronisierten Besserstellung und Modernisierung des Kunsthandwerks nicht ihr Genüge finden, sondern waren auf ihre Art richtige Radikalinskis. Was sie wollten, konnte im Juni 1903 dem staunenden Wien bekanntgegeben werden. »Wiener Werkstätte, Produktiv-Gemeinschaft von Kunsthandwerkern in Wien« hieß es, war an einem Kaffeehaustisch beschlossen und nach englischem Muster organisiert worden. Der Bankier Fritz Warndorfer, Josef Hoffmann und Kolo Moser waren die finanziellen und künstlerischen Leiter, drei Handwerker begannen in dem ersten Atelier in der Neustiftgasse 32 die Arbeit.

Obgleich gerade heute das Markenzeichen »Wiener Werkstätte« wieder ein Begriff und im Antiquitätenhandel teuer ist, weiß man doch wohl nicht mehr ganz genau, was das »Programm« war: Kunsthandwerkliche Einzelgegenstände, ganze Einrichtungen, auch der Bau von Häusern wurde angeboten. Die Entwürfe sollten ausschließlich von Hoffmann und Moser stammen, alle Erzeugnisse mehrere Marken tragen – WW als Schutzmarke, das Monogramm des Entwerfers und schließlich auch noch die Monogramme der ausführenden Meister und Handwerker. »Die Werkstätte will die künstlerische Aufgabe des Bürgerstandes erfüllen, den Kontakt zwischen Produzenten und Konsumenten wiederherstellen und ein Hausgerät erzeugen, das zweckmäßig, gebrauchsfähig sowie in guten Proportionen und materialgerecht gestaltet ist. Auch das Ornament wird dort, wo es am Platze ist, verwendet werden. Alle Arbeiten, welche die Werkstätte verlassen, sind Qualitätsprodukte, die nicht mit der Billigkeit der Massenprodukte wetteifern wollen. Die maschinelle Produktion betrachtet die Wiener Werkstätte noch nicht als ihre Aufgabe« – ein stolzes Programm, das in allen Einzelheiten auch erfüllt

wurde, in den folgenden Jahren auch mit der Zustimmung und begeisterten Unterstützung der wesentlichsten Secessionisten rechnen konnte und das in dem aufmerksamen, aufgeschlossenen Wien auch tatsächlich Mode machte, wenn man dieses gräßliche Wort im Zusammenhang mit einer Kunstrichtung verwenden darf.

Die Wiener Szene hatte somit um die Jahrhundertwende eine rasch etablierte moderne Malerei, deren Vertreter sich mit den Musikern, den Komponisten, den Dirigenten, aber auch mit den Schriftstellern und Journalisten, schließlich auch mit den engeren Freunden, den Architekten, verstanden oder freundschaftlich stritten. Sie hatte Kunsthandwerker von internationalem Format, die nicht nur Villen bauten, Glasfenster für die Kirche Am Steinhof entwarfen, sondern auch das Theater und Kabarett »Die Fledermaus«, die nach ihrem Architekten benannte Loos-Bar und am Stadtrand ein Sanatorium, das beinahe stilrein die Zeiten überdauert hat: das Sanatorium Purkersdorf, zwischen 1905 und 1911 erbaut, wurde später als »ein Materialfest ohnegleichen und ein Triumph der Liebe zur Geometrie, zur Fläche, zur kubischen Geradlinigkeit, zur ornamentalen Sachlichkeit« bezeichnet. Für dieses Sanatorium entwarfen Hoffmann, Czeschka, Klimt, Löffler, Powolny, Metzner und Luksch das Mobiliar, die Vitrinen, die Beleuchtungskörper, aber auch den Hausrat. Wer heute nach Purkersdorf fährt, kann durchaus noch einen Eindruck von der Geschlossenheit dieser Arbeit so vieler Persönlichkeiten, die nicht nur harmonierten, gewinnen.

Um diese »Revolution« richtig zu verstehen, muß man bedenken, daß die Künstler und ihre Mitarbeiter sich jeden Gegenstand des täglichen Lebens vornahmen und zu formen suchten. Briefmarken, Postkarten, Plakate, Aschenbecher, Möbel, Porzellan, Vorhänge, Wandleuchten, Damenkleider – es gab einfach nichts, was in jener Zeit nicht von den Sympathisanten der Wiener Werkstätte entworfen worden wäre.

Es gab andererseits auch nichts, was nicht so sehr nachgeahmt und in rascher Entwicklung auch verkitscht und trivialisiert worden wäre. Doch zum Leidwesen aller Antiquitätenhändler unserer Zeit gibt es die Musterbücher und Marken noch und nur wenig Chance, die »echten« Stücke mit dem Ramsch aus der Zeit nach der Jahrhundertwende zu vermengen. Auch sorgen die Hersteller,

Oben: Karl von Rahl schuf den »Vorhang zur tragischen Oper« für das Opernhaus am Ring. Seine großzügige und prunkvolle Interpretation der Orpheus-Sage war den Opernfreunden Wiens für Jahrzehnte – bis zur Tragödie am Ende des Zweiten Weltkriegs – vertraut. Im wiederaufgebauten Opernhaus wurde dann der »Eiserne Vorhang« neu gestaltet – abermals mit einer Wiedergabe der Sage von Orpheus, dem ewigen Sänger.

Rechts: Die Decke über der südlichen Festtreppe des Burgtheaters – recht unnötige, aber prunkvolle Treppen waren Hasenauers wesentlichster Beitrag zu dem zu groß geratenen Neubau – wurde von Gustav Klimt, Franz Matsch und anderen Wiener Malern ausgeführt. Kaum anderswo kann man so gut nachweisen, wie der »Ringstraßenstil« auch in seinen besten Momenten der Versuchung nach funktionslosem Glanz nicht widerstehen konnte.

Rudolf von Alt ist der Schöpfer dieses Aquarells: der Neue Markt zur Zeit der Entstehung der Ringstraße.

die damals die besten Firmen Wiens waren, immer noch für einen deutlichen Qualitätsunterschied: Die großen Möbelfirmen waren mit ihren großen Werkstätten alle mit der Realisation von Hoffmann-Entwürfen beschäftigt, Juweliere wie Heldwein und Köchert ließen sich Entwürfe geben, Wiener Keramik, die Wiener Porzellanmanufaktur Josef Böck, Serapis Wahliss, das alteingesessene Haus Lobmeyr begriffen den Trend der Zeit und hatten Entwürfe von Secessionisten im Programm.

Die gute Wiener Art, die bis in die Gegenwart eine patriarchalische Führung von Betrieben bevorzugt, hätte da sehr wohl auch retardierend wirken können. Doch die Firmenchefs waren auch in zweiter Generation wagemutig, davon überzeugt, daß man mit der Zeit gehen müsse, und auch weltgewandt genug, um zu wissen, daß mit dem »Jugendstil« ein allgemeiner europäischer Trend hier seine besondere Wiener Ausprägung erfuhr. So arbeiteten sie mit den Künstlern Hand in Hand und waren Mäzene, die an ihrem Mäzenatentum verdienten. Sie waren es noch bis in die Zeit nach dem Ersten Weltkrieg, sie blieben

es, solange ihnen die finanziellen Mittel zur Verfügung standen und die Zeitereignisse ihnen ihr Geschäft nicht ganz zerstörten.

Ebenso wie auf dem Gebiet der Musik konservative, neue und allerneueste Kräfte nebeneinander existieren konnten, so war es auch auf dem Gebiet der bildenden Kunst. Rudolf von Alt stand noch in hohem Ansehen, protegierte sogar die Secession, während kaum ein Jahrzehnt später Adolf Loos schon endgültig die Ornamentalen verwarf, als er sein Haus auf dem Michaelerplatz schuf. Das berühmte Haus »ohne Augenbrauen« war Stadtgespräch, nicht nur, weil es direkt gegenüber der Hofburg die neue Zeit, den endgültigen, radikalen Bruch mit der Tradition signalisierte. Karl Kraus trat 1910 zur Verteidigung von Loos

Rechts: »Brustbild eines Mädchens mit Blumenstrauß« von Anton Romako, einem Maler »mit Zukunft« auf dem heutigen Kunstmarkt.

an. »Das schäbige Gewitzel der Statisten, das hier allemal losbricht, wenn einer einmal gehen möchte, man glaubt, der Fremde selbst müßte es hören. Ein Geher ist hier Adolf Loos und darum ein Ärgernis den Leuten, die zwischen Graben und Michaelerplatz herumstehen. Er hat ihnen dort einen Gedanken hingebaut. Sie aber fühlen

Oben: »Die Gartenterrasse beim Haus des Künstlers auf der Hohen Warte« von Carl Moll. Alma Schindler und Gustav Mahler lernten einander dort kennen.

Rechts: »Man steigt nach« von Theo Zasche, dem vielseitigen Zeichner und Beobachter der Wiener Szene um die Jahrhundertwende. Der Ausschnitt zeigt allerdings nur die Dame mit französischen Schuhen, der »nachgestiegen« wird.

sich nur vor den architektonischen Stimmungen wohl und haben darum beschlossen, ihm die unentbehrlichen Hindernisse in den Weg zu legen, von denen er sich befreien wollte. Die Mittelmäßigkeit revoltiert gegen die Zweckmäßigkeit. Die selbstlosen Hüter der Vergangenheit, die sich lieber unter dem Schutt baufälliger Häuser begraben sehen als in neuen leben möchten, sind nicht weniger empört, als die Kunstmaurer, die eine Gelegenheit schnackiger Einfälle versäumt sehen und zum erstenmal fühlen, wie sie das Leben als Tabula rasa anstarrt. Das hätten wir auch können! rufen sie, nachdem sie sich erholt haben, während er vor ihren Fassaden bekennen muß, daß er es nie vermocht hätte.«

Einer der Nachfolger von Loos arbeitete nicht mehr in Wien: Richard Neutra mußte seine Häuser, die auf ähnlichen »Gedanken« wie die von Loos basierten, in Amerika bauen.

Selbstverständlich arbeiteten in Wien zur Zeit Makarts Maler, die der Faszination dieses Mannes nicht erlagen, und Künstler von geringerer Begabung, die von ihm ausschließlich den Sinn für das Dekorative begriffen und in ihren unwesentlichen Erzeugnissen nachahmten. Wobei es sich – wie zu jeder anderen Zeit und auf jedem Gebiet der Kunst – bei letzteren um ehrsame Handwerker handelte, deren Genreskizzen sich gut verkauften, deren Porträts gefragt waren, deren Beiträge für Almanache notwendige Tagesware blieben.

Ebenso selbstverständlich gab es, als die Secessionisten auf den Plan traten, Künstler, die nicht sofort mit ihnen gemeinsame Sache machten und zusammen mit ihnen aus der Künstlergemeinschaft austraten, die aber dennoch erwähnenswert sind als brauchbare Handwerker, die ihr Brot dann doch im Gefolge der Secession verdienten, weil diese nicht nur einen spezifisch wienerischen Stil, sondern die wienerische Abart einer weltumspannenden Kunstrichtung darstellte und es zum Beruf jedes Handwerkers gehört, sich akkreditierten Richtungen unterzuordnen.

Und gleichzeitig gab es auch Maler, von denen man berichten sollte, weil ihre Werke bis auf den heutigen Tag ihren Wert behalten haben, auf der Kunstbörse noch mit wechselndem Erfolg gehandelt werden und in der in unseren Tagen immer rascher sich ändernden Mode immer wieder für kurze Zeit begehrte Sammlerobjekte darstellen. Jakob Schindler, der nicht nur durch

seine Landschaften, sondern auch als Vater einer Tochter Alma berühmt wurde – sie war Gustav Mahler, Franz Werfel und Walter Gropius angetraut und behauptete von sich selbst, vielen anderen großen Geistern ihrer Zeit eine inspirierende Gefährtin gewesen zu sein. Jakob Emil Schindler also gehört zu ihnen oder Anton

Romako, den nur oberflächliche Betrachter mit Makart vergleichen, womit sie ihn allerdings falsch einschätzen. Romakos berühmtestes Bild ist in allen Geschichtsbüchern zu finden und zeigt Tegetthoff in der Schlacht bei Lissa; weitere Bilder dieses sehr wienerischen, weil tief unglücklichen, an sich selbst verzweifelnden Menschen begeistern bis heute Kenner.

August von Pettenkofen wäre als einer der modernen Landschaftsmaler zu nennen, und zweifellos darf auf einen Mann nicht vergessen werden, der als ein Symbol für die gute Wiener Art hier seinen Platz haben sollte: Josef Engelhart.

Engelhart war mit einem seiner Bilder der unmittelbare Anlaß zur Gründung der Secession. Er wollte 1893 seine »Kirschenpflückerin« in der Aquarellausstellung des Künstlerhauses ausstellen, wo man das Bild zurückwies. Man schrieb ihm: »Ihr Bild stellen wir lediglich aus Rücksichten der Konvention nicht aus, sagen wir, aus Rücksicht für das gerade in diesen Wochen besonders zahlreiche vornehme Frauenpublikum, das man dieser so offenherzig naturalistischen Studie gegenüber nicht in peinliche Verlegenheit bringen wollte.« Nach Beratungen mit seinen Freunden antwortete Engelhart erst brieflich, dann auf einer Versammlung. Aus seinem Brief: »Die Aufgabe einer Jury, welche Kunstwerke ihrer Qualität nach zu prüfen hat, ist eine schwere. Sie wird aber riesengroß, ja unüberwindlich, wenn noch hinzutritt das Amt einer Sittenkommission, und in diese peinliche Lage die Jury der gegenwärtigen Aquarellausstellung versetzt zu haben ist meine Schuld . . . Ich anerkenne, daß ein Kampf, ein künstlerischer Kampf, lehrreich, ja notwendig ist. Wodurch würde man seine Überzeugung festigen, woher den Mut nehmen, ihr Ausdruck zu geben, wenn dieser Kampf nicht wäre?«

Die Antwort der Künstlerhausgemeinschaft aber war verblüffend. Jahre nach dem positiven, zumindest für den ausstellenden Künstler durchaus fruchtbaren Echo, das Makart mit seinen vorgeblich der Wiener Gesellschaft entnommenen Amouretten hatte, wies man Engelhart ab: ». . . daß wir Künstler, was die Darstellung des Nackten anbe-

langt, durch Gewohnheit mehr oder weniger abgestumpft sind und die Wiedergabe des unverhüllten Modells nicht als anstößig empfinden, während das Publikum solche Dinge mit ganz anderen Augen ansieht . . .« war das Hauptargument. Engelhart, der damals zwar zu entgegnen wußte, jedoch keine Präsentation seines Bildes durchsetzen konnte, stellte es Jahre darauf im Künstlerhaus aus und errang mit ihm eine goldene Medaille. Er erinnerte sich aber noch Jahrzehnte später, daß er und seine Altersgenossen diese fatale Prüderie zum Anlaß nahmen, endlich nach einer neuen, freieren, auch den ausländischen Bestrebungen aufgeschlossenen Gemeinschaft zu suchen – beziehungsweise sie selbst zu gründen.

Engelhart, dessen Lebenserinnerungen auch eine Fundgrube an Wiener Typen darstellen, weil er tatsächlich »vom Grund« stammte und viele Naschmarktleute, viele Praterkellner, viele Straßenbuben malte und dabei auch zum Reden brachte, war bei der Gründung der Secession als Organisator mit im Spiel. Er erzählt, daß bereits bei der ersten Ausstellung das Ziel des neuen Bundes erreicht war, französische, englische, belgische und deutsche Zeitgenossen in Wien bekannt zu machen. Engelhart und seine Wiener Freunde fuhren selbst ins Ausland und erbaten sich für ihre Ausstellungen Leihgaben. Nebstbei aber waren sie ihren älteren Kollegen in Wien nützlich und sorgten dafür, daß es nicht nur einen spektakulären Exodus aus dem Künstlerhaus gab, sondern auch weiterhin eine Brücke zur Vergangenheit, zur Tradition. Ganz im Gegensatz nämlich zu den heutigen Revolutionen auf künstlerischem Gebiet bewahrte man damals das Alte, suchten die Alten, die Jungen zu verstehen.

Beispiele: Ferdinand von Saar begriff die Dichter des »Jungen Wien« nicht, doch er stellte sich nicht gegen sie, sondern versuchte sie zu lesen und in der Öffentlichkeit freundlich zu beurteilen. Johannes Brahms war zwar eher geneigt, ihm und seiner Richtung ergebene Musiker zu protegieren, doch auch er trat gegen die Jugend nicht an, sondern suchte sich als Zielscheibe seines Spottes lieber seine Generationsgenossen aus. Rudolf von Alt, der zur Zeit der Gründung der Secession auf die Achtzig zuging, übernahm die Ehrenpräsidentschaft der Vereinigung und schützte mit seinem Ansehen eine Künstlergemeinschaft, die

Vorhergehende Doppelseite: Anton Freiherr von Fernkorn schuf die wesentlichsten Standbilder der Ringstraßenzeit. Von Rudolf von Alt stammt das Aquarell, das Fernkorn mit dem Modell zum »Erzherzog Karl« in seinem Atelier zeigt.

ihm ferne Ansichten vertrat. Die Übergänge also
waren fließend und nur dort von Krach oder Auseinandersetzung gekennzeichnet, wo es um Prin-
zipielles oder Organisatorisches ging. In der
Hauptsache aber war man sich immer einig: daß
nämlich die Kunst das wichtigste war und wert
jeder Förderung.

Engelhart, der Rudolf von Alt verehrte, erzählte
von den Preisen, die damals erzielt oder widerwillig bezahlt wurden: Rudolf von Alt, stets zu
»billig«, weil Aquarelle als weniger haltbar galten
als Ölbilder, malte zum Beispiel für den Arzt
Skoda dessen »Salon«. Da bei der Arbeit einmal
zufällig die besten Freunde Skodas zu einer
Tarockpartie erschienen waren, wollte Skoda
auch diese gleich mit im Bild haben. Alt erklärte
später, er habe sich von dieser Erweiterung des
Auftrags wenigstens eine Erhöhung des Honorars
erhofft, jedoch als Dank für sein Aquarell bloß
ein freundliches Dankschreiben Skodas und ein
Bierkrügel zugesandt erhalten.

Gustav Klimt, der dem Ehrenpräsidenten Alt in

der Secession als Vorsitzender zur Seite stand, erhielt von seinem Freund und Altersgenossen
Engelhart das Prädikat »ein hochbegabter, rich-
tungweisender Maler, dessen Schaffen trotz seiner
Besonderheit einen Markstein in der Kunst des
alten Österreichs bildete«. Die leidenschaftlichen
Kämpfe aber, die um dessen Entwürfe für die
– schließlich abgelehnten – Deckengemälde in
der Wiener Universität entbrannten, kommentierte der Kollege sehr viel emotionsloser: »Hät-

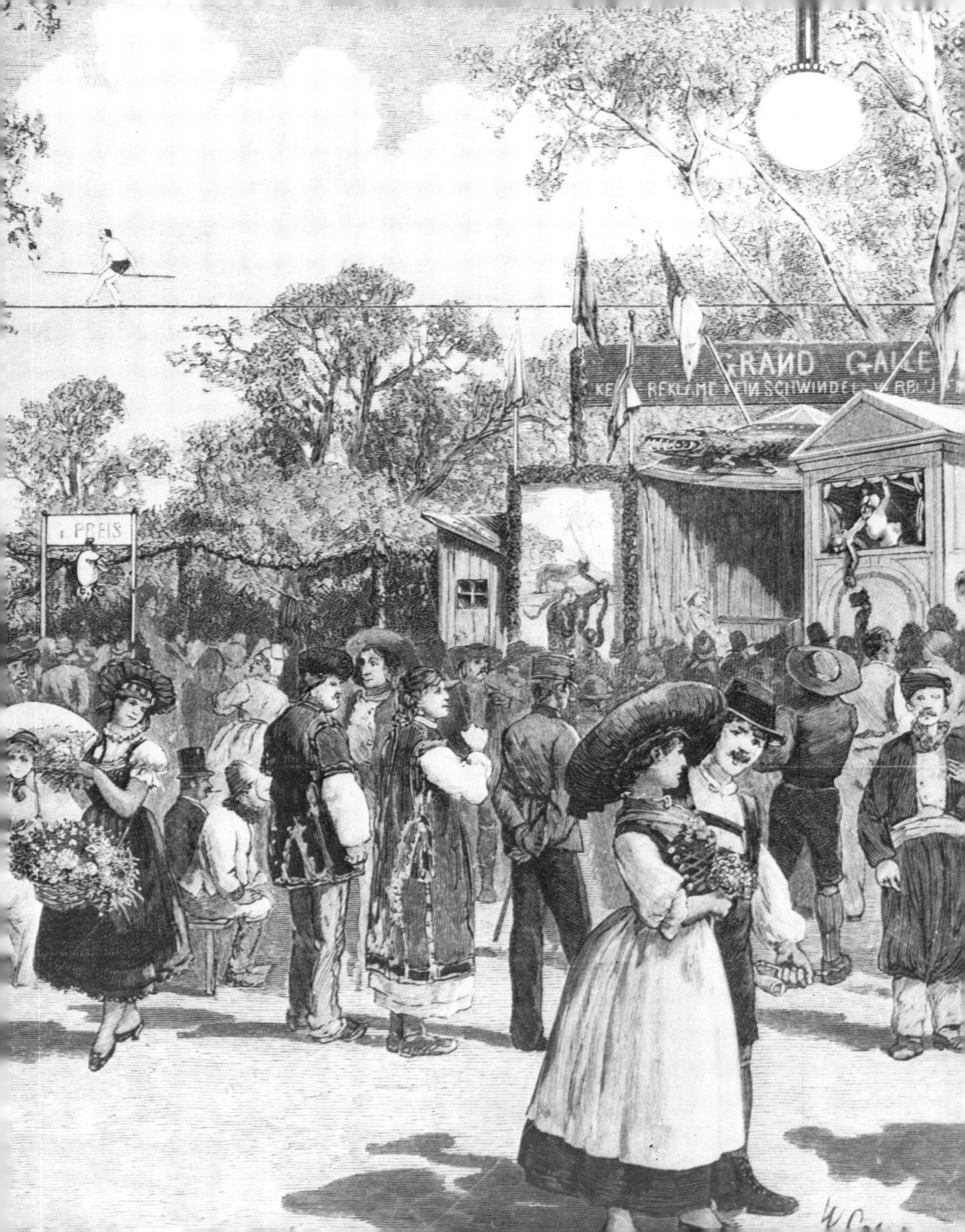

GRAND
PREIS

ten sie aber auch in der großen Höhe überhaupt wirken können? Sie waren wohl viel zu zart und zu dunkel in der Farbgebung. Ihrer Komposition nach waren sie nicht auf monumentale Wirkung angelegt, sie hätten sich besser für kleine Wandbilder oder als Buchschmuck geeignet.«

Wie beruhigend, einmal zu erfahren, daß Klimts Zeitgenossen nicht ausschließlich gegen ihn geiferten oder vehement für ihn eintraten, sondern seine Schöpfungen auch leidenschaftslos auf ihre wirkliche Verwendungsmöglichkeit überprüften? Die Universitätsprofessoren, die sie entrüstet ablehnten, haben sich für alle Zeiten den Spott der Nachwelt eingehandelt. Das Wien der Jahrhundertwende aber bestand nicht nur aus ihnen. Und ebenso gab es unter den Künstlern die Vernünf-

tigen, die Kunstausstellungen auch als Verkaufsausstellungen ansahen, das Publikum nicht nur als verbildet oder prüde, sondern auch als zahlende Kundschaft, die Kritiker in den Zeitungen nicht nur als Feinde oder Kampfgenossen, sondern auch als Freunde und Propagandisten einzuschätzen wußten.

Der Kaiser, bereits ein sehr alter Herr und keineswegs fortschrittlich, besuchte die Secession. Er unterzog sich als Herrscher selbstverständlich auch dieser Pflichtübung. In seinem Reich und in seiner Haupt- und Residenzstadt war Platz für jede Kunstrichtung. Seine eigenen Ansichten über die Kunst aber konnten für niemand Stoff zur Diskussion sein: Franz Joseph gab sie nämlich nicht preis.

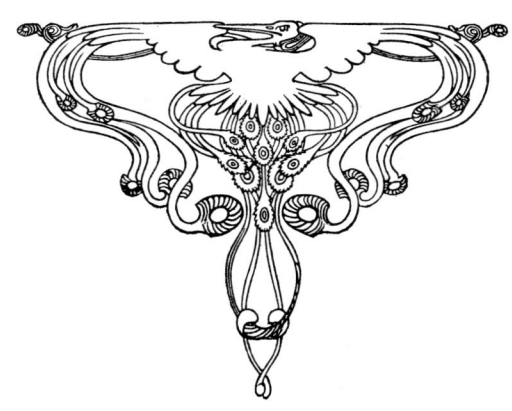

Der Architekt

»Es ist Mein Wille, daß die Erweiterung der inneren Stadt Wien
mit Rücksicht auf eine entsprechende Verbindung derselben
mit den Vorstädten ehemöglichst in Angriff genommen . . . werde.«

Aus dem kaiserlichen Handschreiben vom 22. Dezember 1857

Am 25. Dezember 1857 erschien in der »Wiener Zeitung« ein bei nächster Gelegenheit von sämtlichen anderen Journalen nachgedrucktes »Allerhöchstes Handschreiben an den Minister des Inneren«, das glaubhaften Berichten zufolge zwar nicht den Wiener Gemeinderat, jedoch die Wiener Bevölkerung in helle Aufregung versetzte:

»Lieber Freiherr v. Bach! Es ist Mein Wille, daß die Erweiterung der inneren Stadt Wien mit Rücksicht auf eine entsprechende Verbindung derselben mit den Vorstädten ehemöglichst in Angriff genommen und hiebei auch auf die Regulirung und Verschönerung Meiner Residenz- und Reichshauptstadt Bedacht genommen werde. Zu diesem Ende bewillige Ich die Auflassung der Umwallung und Fortifikationen der inneren Stadt, so wie der Gräben um dieselbe.«

Es muß dieses allerhöchste Handschreiben, durch welches das umwälzende Beginnen einer Stadterweiterung von in Europa einmaligen Dimensionen eingeleitet wurde, wenigstens in Auszügen hier wiedergegeben werden, hat doch der Kaiser an ihm offenbar sehr intensiv selbst mitgewirkt und ist doch nahezu alles, was in den Jahrzehnten nachher geschah und bis weit in das zwanzigste Jahrhundert als vorbildlich angesehen wurde, in sozusagen majestätischen Pinselstrichen schon vorgezeichnet gewesen.

»Auf die Herstellung öffentlicher Gebäude, namentlich eines neuen General-Kommandos, einer Stadt-Kommandantur, eines Opernhauses, eines Reichsarchivs, einer Bibliothek, eines Stadthauses, dann der nöthigen Gebäude für Museen und Gallerien ist Bedacht zu nehmen und sind die hiezu bestimmenden Plätze einer unter genauer Angabe des Flächen-Ausmaßes zu bezeichnen.«

Die Ringstraße, die der weniger als einer Generation später bereits in Blüte stehenden Zeit ihren Namen gegeben hat, wird beschrieben, als hätte der Kaiser sie in einer Vision gesehen:

»Von der befestigten Kaserne am Donaukanale an bis zum großen Exerzierplatz hat in gerader Linie ein Raum von Einhundert (100) Wiener Klafter frei und unbebaut belassen zu werden.

Sonst aber soll im Anschlusse an den Quai längs dem Donaukanal rings um die innere Stadt ein Gürtel in der Breite von mindestens vierzig (40) Klafter, bestehend aus einer Fahrstraße mit Fuß- und Reitwegen zu beiden Seiten, auf dem Glacisgrund in der Art angelegt werden, daß dieser Gürtel eine angemessene Einfassung von Gebäuden abwechselnd mit freien Gartenanlagen an bestimmten Plätzen erhalte.«

Das ist die erste und bis heute gültige Definition der Ringstraße. Sieht man von dem durch viele Jahre verteidigten Exerzierfeld, das der Kaiser erst sehr spät und nach dringenden Bitten des Gemeinderates der Ringstraße und ihrer Harmonie opferte, ab. Er machte auch noch andere Konzessionen, blieb dagegen manchen Plänen gegenüber, von denen noch die Rede sein wird, mit kluger Konsequenz ablehnend eingestellt.

Nicht vergessen darf werden, daß mit diesem gewaltigen Plan Abbrucharbeiten in der inneren Stadt verbunden waren, der Abbruch etwa der Häuserzeilen, die den geplanten Straßen vom Ring und vor allem hin zu den Donaubrücken, den Brücken über den Kanal, im Wege standen, beziehungsweise das Entstehen neuer entlang der neuen Straßen. Andererseits ist der Eindruck zu vermeiden, der Kaiser hätte allein und aus seiner imperialen Macht heraus eine Idee gehabt und verwirklicht: Die Situation seiner Stadt, die er mit einem Handschreiben zu verändern gedachte, war im Jahre 1857 längst so, daß er als Monarch zum Handeln einfach gezwungen war.

Freunde der Folklore und die auch damals schon durchaus vorhandenen Liebhaber pittoresker Viertel schilderten damals und noch mehr in den folgenden Jahren des allgemeinen Auf- und Abbruchs mit Rührung die Häuser der inneren Stadt, die klein und gedrängt sich um die Palais sammelten, die Basteien, auf denen zu spazieren eine Freude war, und selbstverständlich in schönen Farben die Vorstädte, in denen es trotz der Nähe des nur de jure noch nicht bestehenden Groß-Wien zwar schon Verbindung zur Stadt, aber doch auch noch richtig ländliches Leben gab.

Sie waren Vorstädte von sehr eigener Prägung. In einigen dominierten die großen Palais, in anderen sammelten sich schon die Zinskasernen, in allen aber gab es noch bäuerliche Betriebe mit Viehhaltung und allen Begleiterscheinungen des Landlebens, das wir getrost in erster Linie als unhy-

Eine Lithographie aus der Zeit: »Prekärer Zustand der Wegverhältnisse zur Zeit der Stadterweiterung«. Sie beweist: Die Realisation des großzügigen Projektes stieß auf Schwierigkeiten und fand ihre Kritiker.

gienisch bezeichnen dürfen. Wo nicht die Noblen daheim waren, sammelte sich am Rande der Stadt das Elend, das die Revolution 1848 keineswegs gemildert hatte, das im Gegenteil mit der fortschreitenden Industrialisierung zunahm und der Kriminalität in die Hand spielte. Und dieser Ring von keineswegs so schönen Vorstädten lag um eine viel zu stickig gewordene innere Stadt, die, eingeengt von den Basteien, nicht mehr in der Lage war, den Anforderungen einer Residenz- und Reichshauptstadt nachzukommen, und keineswegs so großzügig angelegt, wie sich ein deutscher Fürst seine Residenzstadt wünschen mußte, der seine Hoffnungen, der Erste unter den deutschen Fürsten zu sein, noch nicht begraben hatte.

Des Kaisers Wille – um bei dieser Version zu bleiben und außer acht zu lassen, daß der Kaiser mit seinem Handschreiben ja nur auf ungezählte Eingaben, Gesuche und Pläne reagierte, die man an ihn herangetragen hatte – bewirkte Enthusiasmus und jene Bauwut, von der gleich noch zu sprechen sein wird. Er forderte das Prestigedenken der neuen Reichen ebenso heraus wie die Genialität einiger Gemeinderäte. Gleichzeitig aber provozierte er, was in jeder Geschichte der Ringstraßenzeit zumeist verschwiegen wird: den seither aus Liedern und Erzählungen nicht mehr wegzudenkenden Terminus von der »guten alten Zeit«, womit die Zeit »davor«, also vor der Stadterneuerung, gemeint war. Wenn einer uns einzureden versucht, es sei dies eine Redensart, die es in Wien immer und zu allen Zeiten gegeben habe, so irrt er. Die Aufforderung zur Stadterweiterung, zur Schaffung von Groß-Wien, die kaiserliche Herausforderung an ein ganzes Gemeinwesen wurde, wie es in Wien sein muß, auf zweierlei Art beantwortet: durch Enthusiasmus und den Einsatz gewaltiger Vermögen – und durch Raunzerei, an der die besten Geister ihrer Zeit sich beteiligten. Die edelsten Dichter der Zeit, der mißmutige

Krebs-gasse

Kürsenhaus

Unter den Wendchremen

Zwei nostalgische Seiten aus einem Katalog zur Internationalen Ausstellung für Musik- und Theaterwesen, die 1892 auf dem Pratergelände stattfand. Man zeigte »Alt-Wien«, und zwar in komprimierter Form noch einmal alle jene Gebäude Wiens, die der Ringstraßenzeit hatten weichen müssen.

Grillparzer, der feinsinnige Stifter, der elegische Saar, formulierten ihre Trauer vor allem um die Baulichkeiten, die in der inneren Stadt fallen mußten oder in der Hast des Tages mitunter auch voreilig abgerissen wurden. In die Klagen der Dichter mengten sich die Lieder der Volkssänger,

A. St. Kronstein

Hühner-gassel

Krechsen-haus

Schrem-haus

Silbernes Hänschen-Haus

Lein-wand-gassel

Leinwa

Das Haus des guten Conradin — Judengasse — Das Silberpühl zum Markt löwen — Fischhof — Riemhaus

der Nachfahren der Wiener Harfenisten, und aus der allgemeinen Raunzerei entstand sogar noch 1892 ein Trauermonument von besonderer Anschaulichkeit: Als im Prater die Internationale Ausstellung für Musik- und Theaterwesen veranstaltet wurde, war neben einem notwendigerweise aufgeführten Theatergebäude und einer Musikhalle der attraktive Mittelpunkt des Geschehens ein großer Platz, der offiziell »Alt-Wien« hieß und von Gebäuden flankiert wurde, die in malerischer, etwas wirrer Anordnung alle die Häuser oder Gasseneingänge darboten, die bald nach 1857 ab-

Bierleutgeb — Die neue Schranne — Lange Tuchlauben — Wipplingerstrasse

gerissen worden waren. Fürstin Pauline Metternich, die Organisatorin aller großen Feste des ausgehenden neunzehnten Jahrhunderts in Wien, also auch dieser Ausstellung, hatte es den Fachleuten überlassen, das Ausstellungsgelände zu gestalten. Was das Publikum wirklich in die Ausstellung lockte, das war der Musikplatz und das war »Alt-Wien«. Es gibt kein Zeugnis, daß der Kaiser dies als eine späte Rüge seines vehementen Aufbrechens in eine neue Zeit genommen hätte. Er war allerdings 1892 selbst schon ein Monarch, den man als Symbol nicht der von ihm geschaffenen Ringstraßenzeit, sondern der »guten alten Zeit« vorher verehrte.

Wie er 1857 vorging, das war allerdings ohne Beispiel und ein klarer Beweis für die Weitsicht seiner Ratgeber und für seinen eigenen Mut. Denn in dem Handschreiben waren nicht nur alle notwendigen neuen Bauten und Brücken angegeben, sondern auch die Richtlinien für den Wettbewerb, nach dem schließlich gebaut werden sollte.

»Zur Erlangung eines Grundplanes ist ein Konkurs auszuschreiben, und ein Programm nach den hier vorgezeichneten Grundsätzen, jedoch mit dem Beisatz zu veröffentlichen, daß im Übrigen den Konkurrenten freier Spielraum bei Entwerfung des Planes gelassen werde, gleichwie sonstige hierauf bezügliche geeignete Vorschläge nicht ausgeschlossen sein sollen.«

Wer einmal mit Architekten von Rang und Erfahrung gesprochen hat und deren Ansichten über Bauherren kennt, der weiß, daß Wettbewerbe in der Gegenwart nicht nach diesen klar definierten Grundsätzen ausgeschrieben werden. Zu den Eigenschaften des Kaisers, und zwar zu den beson-

ders guten, gehörte, einen klaren Willen zu äußern und konstruktive Vorschläge geradezu zu befehlen. Als Zeugen führe ich Richard Neutra an, der nicht in Wien gebaut, sondern in Wien gelernt hat. Und Clemens Holzmeister, der in Wien gelehrt hat, anderswo aber seine Qualitäten als Stadtplaner beweisen konnte. Wenn man mit diesen großen Männern gesprochen hat, dann weiß man, daß sie sich als Architekten Bauherren wie den Kaiser gewünscht hätten.

Die Gewinner des Wettbewerbes waren Architekten, die in der Folge, und zwar ziemlich rasch, auch die bevorzugten Architekten der Ringstraße wurden. Und es war der Kaiser, der nebst aller Rücksichtnahme auf die Wünsche seines Gemeinderates die Stadterweiterung genehmigte und dank der Gründung eines Stadterweiterungsfonds – in den die Erträgnisse aus dem Verkauf des frei werdenden Grundes flossen und aus dem die erforderlichen Gebäude finanziert wurden – oberster Bauherr und Initiator wurde. Und es waren die Bankiers und Industriellen, die sich der kaiserlichen Gnade würdig erweisen wollten und zu großzügigen Bauherren wurden. Und es war schließlich Hans Makart, der als Symbol für die neue Epoche des üppigen Stils auch an die Architekten seine Forderungen stellte – durch seine Präsenz und die Tatsache, daß er plötzlich ein gänzlich neues Stilgefühl kreierte, das mit dem Zeitgeist harmonierte.

Die Architekten, gerade die ganz großen von ihnen keine Wiener, führten aus, was diese Bauherren allesamt ihnen auftrugen. Und sie taten es nicht nur in großem Stil, sondern auch in unerhört kurzer Zeit – denn zu den Anreizen, die man allen

Ladislaus Petrowitsch zeichnete eine Serie von Ringstraßenansichten. Hier der »Kärnthner-Ring« (Vorstadtseite) mit dem Hotel Imperial und einem Durchblick hin zur Karlskirche.

Eine alte Postkarte mit Fassadenansichten alter Wiener Theater: links das Etablissement Ronacher, rechts das Carl-Theater auf der Praterstraße.

Bauherren längs des Rings bot, gehörte Steuerfreiheit bis zu dreißig Jahren unter der Bedingung, innerhalb eines Jahres nach dem Kauf eines Grundstückes mit dem Bau zu beginnen und ein Wohnhaus in vier Jahren fertigzubauen. Diese Bauherren finanzierten das Projekt, um dem Adel endlich nahezukommen oder um vom Kaiser in den Adelsstand erhoben zu werden. Ihre Namen sind noch nicht ganz vergessen: Der Besitzer der Wienerberger Ziegelwerke, Heinrich Drasche, der ansuchte, in den Ritterstand erhoben zu werden, und dies folgendermaßen formulierte: »Der alleruntertänigst Gefertigte besitzt einen Sohn und eine Tochter, deren allfällige Verbindung mit hochadeligen Kreisen ihm die Erfüllung seiner Bitte um Standeserhöhung wünschenswert macht.« Er baute mit eigenem Material an zehn Stellen gleichzeitig, und Theophil Hansen schuf für ihn, was in der ganzen Welt als »die schönste Lösung des Problems einer Mietskaserne« gelobt wurde: den Heinrichshof gegenüber der Hofoper. Der Bankier Eduard Wiener, der das Haus bauen ließ,

in dem sich heute das Hotel »Bristol« befindet. Baron Jonas Königswarter, Bankier und Präses des Vorstandes der Wiener israelitischen Kultusgemeinde, der schräg gegenüber der Oper baute und vom Ritter zum Freiherrn werden wollte. Sein Palais ging später in den Besitz von Katharina Schratt über. Der Großhändler und Bankier Todesco, der sein Palais nicht an der Ringstraße, sondern in der verlängerten Kärntner Straße baute und sich dazu gleichfalls Theophil Hansen holte. Und noch viele andere, etwa Schey, Schoeller, Dreher, Skene, Leitenberger, Dumba. Und Hansen, Schmidt, van der Nüll, Siccardsburg waren die Architekten, Semper und Hasenauer nicht zu vergessen, und daneben, eher am Rande des Geschehens, doch auf ihre Art nicht weniger fruchtbar, die Erbauer zahlloser Theatergebäude in Wien und der Monarchie, Hermann Helmer und Ferdinand Fellner, später kurz Helmer & Fellner genannt.

Doch diese waren nicht allein die Veränderer Wiens. Auch die in Anonymität versunkenen Bau-

Der Architekt Friedrich Freiherr von Schmidt entwarf das neue Wiener Rathaus – und opferte sogar eigenes Kapital, um eine weitgehende Annäherung des Baues an seine Vorstellungen, die die Stadtverwaltung aus finanziellen Gründen nicht genehmigt hatte, erreichen zu können. Hier ein nicht ausgeführter Entwurf für den Innenhof.

meister der in den Vorstädten, den neuen Bezirken Wiens, entstandenen Zinskasernen im Ringstraßenstil wären anzuführen. Wo immer man an die Peripherie des damaligen Groß-Wien kommt, haben sie ganze Häuserzeilen aufgeführt, die rasch hingebauten Kästen innen zwar ungenügend ausgestattet, jedoch mit verzierten Fassaden nach außen hin schmuck gemacht, solcherart dafür Sorge tragend, daß auch einem erschreckend niedrigen Bauniveau der Stempel des prunkenden Wien aufgedrückt wurde. Daß ihnen damals niemand Vorwürfe machte und es erst späteren Generationen vorbehalten blieb, die Unterschiede zwischen dem Willen des Kaisers und dessen Realisation in den Außenbezirken zu untersuchen, mag ihnen wohltun. Sie sind vergessen und werden auch in den Bezirkschroniken kaum angeführt. Auch sie arbeiteten mit dem Material des Ziegelkönigs Drasche, und viele der von ihnen aufgeführten Häuser gehörten jenen, die an der Ringstraße großzügiger und teurer bauen ließen.

Und alle arbeiteten, verdienten und investierten zu ihrem eigenen Ruhm und nach den Intentionen eines Kaisers, dem kein künstlerisches Interesse nachgesagt werden konnte, der sich aber in der fürstlichen Kunst des Initiators und Bauherrn weit über alle seine Vorbilder aufschwang. Wobei er keineswegs nur als Auftraggeber im weitesten Sinn anzusehen ist, sondern auch wohltuend dort eingriff, wo Pläne an ihn herangetragen wurden, die ins Überdimensionale griffen.

Gottfried von Semper, der in Zürich lehrte und den man in wesentlichen Fragen des Ringstraßenprojekts zu Rate zog, kam 1871 nach Wien, um hier nicht nur zu bauen, was die Bauherren haben wollten, sondern endlich seinen schon einmal – für Dresden – gehegten Plan eines monumentalen Forums durchzusetzen. Das Kaiserforum, dessen Entwürfe überliefert sind, hätte nicht nur mit großen Bogen über die Ringstraße hinweg die beiden Museen mit der Hofburg verbunden; zwei vollkommen neu gestaltete Flügel einer neuen

Gottfried Semper kam mit seinem Lieblingsplan eines »Kaiserforums« nach Wien. Der Kaiser aber lehnte dieses Forum ab und ließ nur die beiden Hofmuseen bauen. Ein Aquarell von Franz Alt, 1873, hat den architektonischen Gedanken für die Nachwelt festgehalten.

Der Kaiser kam zur »Eröffnung« der Ringstraße, 1865, bereits nach Beendigung des ersten Bauabschnitts, als noch nicht jedermann begriffen hatte, was der Kaiser mit der Stadterweiterung für Wien initiiert hatte. Zeichnung von Ladislaus Petrowitsch.

Hofburg hätten einander gegenübergestanden und den Raum umgrenzt, den man heute als Heldenplatz kennt. Ein kuppelbekrönter Thronsaal als Bindeglied dazwischen hätte die josefinische Hofburg bloß noch als bedeutungslosen Annex erscheinen lassen. Der Kaiser, der noch Jahre zuvor gegen die Votivkirche keineswegs etwas einzuwenden hatte und großzügige Bauten durchaus schätzte, wenn sie einen seiner Ansicht nach guten Zweck erfüllten – man denke nur einmal an die Ausdehnung des Arsenals –, verwarf in einer langen Audienz die Pläne Sempers und dessen Mitarbeiters Hasenauer, der vorzüglich als der Plastiker und, wenn man es einmal despektierlich sagen darf, Stukkateur der Ringstraße herangezogen wurde. Seine, des Kaisers, Einwände waren klar und einleuchtend. Er wollte die Ringstraße frei haben, und das sowohl des anwachsenden Großstadtverkehrs wegen wie auch wegen der zweiten Bestimmung dieser Straße: als möglichen

Aufmarschweg der Armee. Außerdem wollte er keine neue Hofburg, keine neue Pracht, die er als Kaiser nicht notwendig zu haben glaubte. An der Ringstraße sollten die Gebäude entstehen, die eine Weltstadt und Reichshauptstadt brauchte. Und die Bürger Wiens sollten sich an der Ringstraße ansiedeln. Der Kaiser aber, dem sie dermaßen sich näherten, machte sich mit ihnen nicht gemein. Er war ein Bauherr seines Reiches, aber kein Bauherr an der Ringstraße. Was an dem Kaiserforum gut und nützlich war – also die beiden Museen –, das wurde gebaut. Was der ganzen Lebensform des Kaisers widersprochen hätte, wurde zu den unausgeführten Plänen gelegt. Die Architekten aber waren leicht zu trösten; Hasenauer bekam in der Weltausstellung zu tun, und Semper arbeitete am Burgtheater.

Die Ringstraße, breit angelegt und mit Bäumen versehen – erst waren es Ailanthusbäume, die zum Spott der Wiener rasch eingingen, dann

Als die ersten Ringstraßenbäume eingegangen und neue gepflanzt waren, konnte Gause Genrebilder wie dieses, »Ein Frühlingsmorgen auf der Ringstraße«, mit Bäumen, Kaffeehausgästen, der Burgwache und Fiakern zeichnen.

pflanzte man haltbare, kräftige Linden –, wurde zu einer städtischen Verwandten der Prater-hauptallee. Beides Promenierwege; auf der Ring-straße entwickelte sich bald der tägliche Korso gegen die Sirk-Ecke zu. Beides Trennlinien: hier zwischen Innerer Stadt und den angrenzenden Bezirken, dort zwischen Volks- und Nobelprater. Auch die großen Gelegenheiten der Bürgerschaft waren im Prater wie auf der Ringstraße zu feiern; manche auf beiden. Die Prunkumzüge, die sich auf der Ringstraße vor dem Kaiser abwickelten, formierten sich im Prater in der Ausstellungs-straße, und die Umzüge und Aufmärsche der sich organisierenden Arbeiterschaft nahmen gleich-falls im Prater ihren Ausgang. Waren sie dann auf der Ringstraße angelangt, begriff der Kaiser rasch, daß der Ausnahmezustand zu erklären war.

Die mit dem Ring zugleich angelegte »Lasten-straße« – sie heißt nur im Volksmund so – war nicht ausdrücklich dazu bestimmt, die Via trium-phalis zu entlasten. Doch der Wiener Witz von der Revolution, die erst ausbrechen kann, wenn die Straßenbahnen vom Ring auf die Zweierlinie umgeleitet sind, hat seine Wurzeln in den beleg-baren Fällen, da auf dem Ring demonstriert wurde und die Fuhrwerke ihre Fahrt in der Lastenstraße, nur eine Fahrbahn weiter, ungestört fortsetzten, als gäbe es keinen Aufruhr.

Daß es zwischen Ring und Lastenstraße Grün-flächen gibt, ist dem kaiserlichen Handschreiben ebenso zu danken wie der Großzügigkeit des Wiener Gemeinderates, der zahlreiche Park-anlagen entstehen ließ, wobei sich bei Gemeinde-ratssitzungen über die Gestaltung des Stadtparks immer wieder mahnende Stimmen erhoben, ja nicht zu viele Gebüsche anzulegen: aus Gründen der Sittlichkeit selbstverständlich.

Ferdinand Kürnberger, der mitunter überaus streng gegen die Wiener donnerte, hat gerade den Stadtpark als ein Beispiel für Wien als

Krähwinkel hingestellt: Der Kursalon im Stadtpark »wäre fast großstädtisch«, doch von den elf Flügeltoren des Kursalons seien jahraus, jahrein zehn abgesperrt, »und nicht einmal in Repräsentationszeiten, wie Schützenfest oder Weltausstellung, schließt das Bäuerlein ein Terrassentor auf. Seine schöne Erfindung gefällt ihm gar zu gut: die geheime Öffentlichkeit!«

Trotz dieser Raunzereien aber gibt es die Ringstraße und den grünen Gürtel um die innere Stadt, und trotz der zahllosen unseligen Nachbildungen der Ringstraßenbauten in den Vorstädten gibt es auch dort Grün-Einfassung der großen Einfallsstraßen und Grün in den Höfen, die inmitten der Häuserblocks liegen. Es setzte sich die großzügige Haltung des Kaisers und der ihm nacheifernden Bürger immerhin bis in die Arbeiterviertel fort, und auch die recht häßlichen und vom sanitären Standpunkt aus ungenügend eingerichteten Häuser haben in den Höfen Bäume stehen und so mehr als ein Minimum an guter Luft.

Den nachfolgenden Umgestaltern Wiens ist zu danken, daß sie, für ganz Europa vorbildlich, den sozialen Wohnbau schufen. Was ihnen bereits zum Einstand geschenkt worden war, war eine Stadt, die auch als »Groß-Wien« die enge Beziehung zur Natur nicht verlor.

Die großen Architekten der Ringstraße, Semper, Theophil Hansen, Friedrich Schmidt, Eduard van der Nüll, August von Siccardsburg, sind heute allgemein bekannt. Einige der fleißigsten dagegen sind wieder der Vergessenheit anheimgefallen. Karl Tietz aus Westpreußen etwa, der sich vom Maurergesellen zum Mitarbeiter Hansens emporarbeitete und allein im Jahr 1869 36 Bauten ausführte, die meisten im Bereich der Ringstraße, darunter immerhin so bedeutende wie das Grand Hotel am Kärntner Ring. Sein Schicksal war beklagenswert: Er mußte 1871 in eine Privatirrenanstalt eingeliefert werden – er litt an der fixen Idee, er müsse die ganze Ringstraße aufkaufen und habe dazu nicht genug Geld – und starb im Alter von 42 Jahren. Sein Konkurrent Romano, der sich dann tatsächlich Romano, Ritter vom Ringe, nannte, war glücklicher. Er baute nicht nur das Adelscasino Ecke Kolowratring und Fichtegasse, sondern allein im Sektor zwischen Babenbergerstraße und Wollzeile 22 Häuser. Von diesen unermüdlich arbeitenden

Theophil Hansen, Erbauer des Heinrichshofes und des Musikvereins. Lithographie von Josef Bauer.

Baumeistern ist nur wenig überliefert. Ihr Sinn für Grandeur entsprach zweifellos ganz dem Geschmack der Zeit, ihre Adelspaläste und Bürgerhäuser sind längst Gegenstand der Forschung geworden, die heute die Geschichte der Wiener Ringstraße mit Akribie zu rekonstruieren sucht.

Ob alle Beweggründe aufzuzählen sind, aus denen heraus sich die verwirrende, erfrischende und dem Betrachter längst gewohnte bizarre Vermengung vielerlei Stile erklärt? Es gibt für die großen Bauten selbstverständlich Deutungen, die der jeweilige Architekt selbst anbot: daß dem Parlament ein klassizistischer Bau zugedacht wurde; daß das Rathaus geradeso gebaut werden mußte, wie es nun geworden ist; daß am Burgtheater zwei Architekten ihre Ideen zu einem Bauwerk mit überdimensionierten Stiegen vereinten.

Daß viele der Baumeister nicht aus Wien waren, sondern ihre Konzepte mitbrachten, ist typisch für das Schicksal einer Stadt, die nie aus eigener

*Eduard van der Nüll, einer der Architekten der Hofoper.
Lithographie von Joseph Kriehuber.*

*Heinrich Ritter von Ferstel, der Erbauer der Votivkirche.
Lithographie von Adolf Dauthage.*

Kraft gelebt hat, vielmehr die Kräfte aus allen Himmelsrichtungen anzog, assimilierte und zuletzt als die eigenen ausgab. Hansen, der die Evangelische Schule am Karlsplatz, das Gebäude der Gesellschaft der Musikfreunde, das Palais für Erzherzog Wilhelm, den Heinrichshof und das Parlament schuf, kam aus Kopenhagen und hatte auch dort studiert, bevor er nach Wien berufen wurde. Schmidt, der das Akademische Gymnasium und das Rathaus baute, kam aus Württemberg und hatte in Italien und Deutschland gearbeitet, bevor er in Wien eingebürgert wurde. Semper, der Erbauer der Hofmuseen, des Burgtheaters und des neuen Traktes der Hofburg, stammt aus Hamburg. Nur van der Nüll und Siccardsburg, deren wesentlichstes Werk und zugleich tragisches Schicksal die Hofoper wurde, sowie Hasenauer und Ferstel sind Wien oder wenigstens der Monarchie zuzurechnen.

Das Gemeinsame im Schaffen der Architekten, das sie auch mit ihren Bauherren einte, ist der Hang zur Monumentalität, die Großzügigkeit, die Freude an der Sorgfalt in der Verwendung des Baumaterials und eine natürliche und nur noch in dieser Epoche und der unmittelbar anschließenden gekannte Liebe zum Detail. Man spricht von der Ringstraßenzeit und deren wesentlichen Erbauern und erwähnt nur selten, daß auch sie die alten Forderungen nach Einheit erfüllten. Ebenso wie unmittelbar nach ihnen die Architekten der Secession sich sogar noch um die Türschnallen kümmerten und die Wiener Werkstätte sich bis zum Accessoir um jede Einzelheit bemühte, so waren auch die Ferstel und Hasenauer Baumeister, deren Werke in sich eins waren.

Allerdings ist auch im Falle Ringstraßenarchitektur die Kritik nicht zu vergessen, die keineswegs nur die Erbauer der Oper traf. Die Weisheit, daß ein neuer Stil, ein starkes Gebäude stets erst nach einiger Zeit, wahrscheinlich meist erst von der nächsten Generation angenommen wird, trifft auch für die Ringstraße zu. Nur einige Beispiele:

Dombaumeister Friedrich Schmidt ließ die Mansardendächer des Rathauses auf eigene Kosten ein zweites Mal entstehen, weil sie seiner Ansicht nach nicht nach seinem Wunsch ausgefallen waren. Der Gemeinderat bewilligte die dazu erforderlichen Gelder nicht; und die Benützer des Rathauses klagen keineswegs erst in ihren Lebenserinnerungen über all die Unbill, die ihnen ihrer Ansicht nach in den neuen Räumen zugemutet wurde. Die Kritik am Parlament Theophil Hansens war allgemein; die hohe Rampe, über die kein Wagen anfahren konnte, mußte verändert werden, die Sitzungssäle wurden als unakustisch bezeichnet; man behauptete allen Ernstes, der Verhandlungsstil der österreichischen Parlamentarier habe sich vergröbert, weil die miserable Akustik im Hohen Haus die Abgeordneten geradezu zwinge, sich schreiend zu verständigen. Das neue Burgtheater, selbstverständlich nicht mehr so intim wie das alte Haus am Michaelerplatz, hatte gleichfalls viel Kritik auszuhalten. Die Redensart »Im Parlament hört man nichts, im Rathaus sieht man nichts und im Burgtheater hört und sieht man nichts« war

Oben: Semper und Hasenauer, der großzügige Architekt und der geschmackvolle Dekorateur, arbeiteten gemeinsam, jedoch nicht im besten Einverständnis, am Burgtheater. Fazit: ein Haus, das hinter einer imperialen Fassade den Schauspielern und dem Publikum keine Freude machte, sondern in ihnen »Heimweh« nach dem intimen alten Haus weckte.

Rechts oben: Die Zeichnung von Petrowitsch bezeichnet das Areal, das man heute als einen Teil des Heldenplatzes oder einfach als Ringstraßenbezirk ansehen würde, als den »Rathausplatz«. Der Wiener Volkswitz aber sagte, es sei dies eine der schönsten Ansichten Wiens – weil man die Neue Hofburg im Rücken habe und sie unter keinen Umständen sehen könne.

Rechts unten: Theophil Hansen erbaute an der Ringstraße auch das Parlament – und entwarf nicht nur die Fassade und den großzügigen Saal, sondern auch eine Art Ruhmeshalle, die weder zur Zeit ihrer Entstehung noch in der Gegenwart eine Funktion fand: Die Mitglieder des Parlaments mieden sie und meiden sie noch immer. Sie dürfte ihnen zu überproportioniert sein.

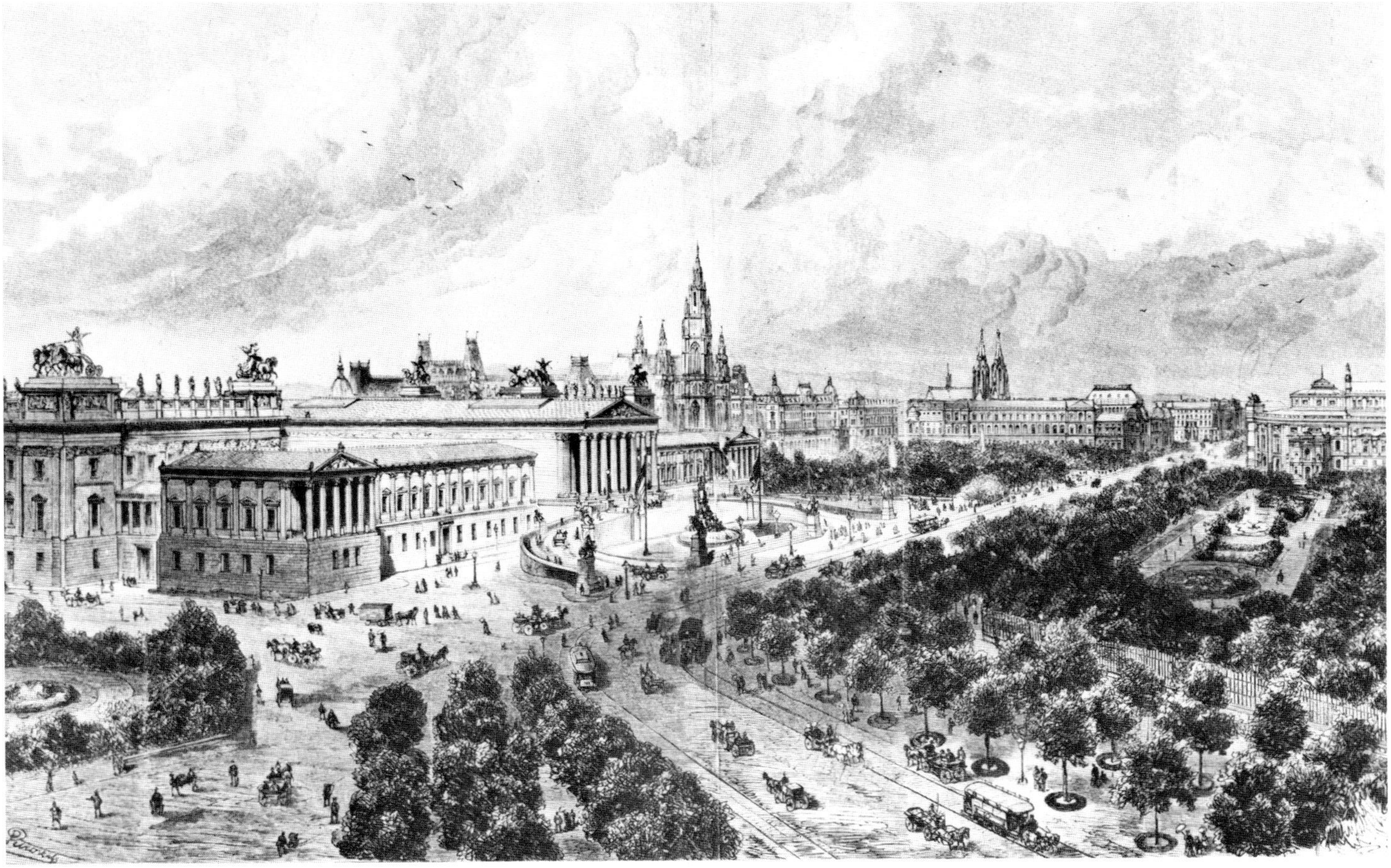

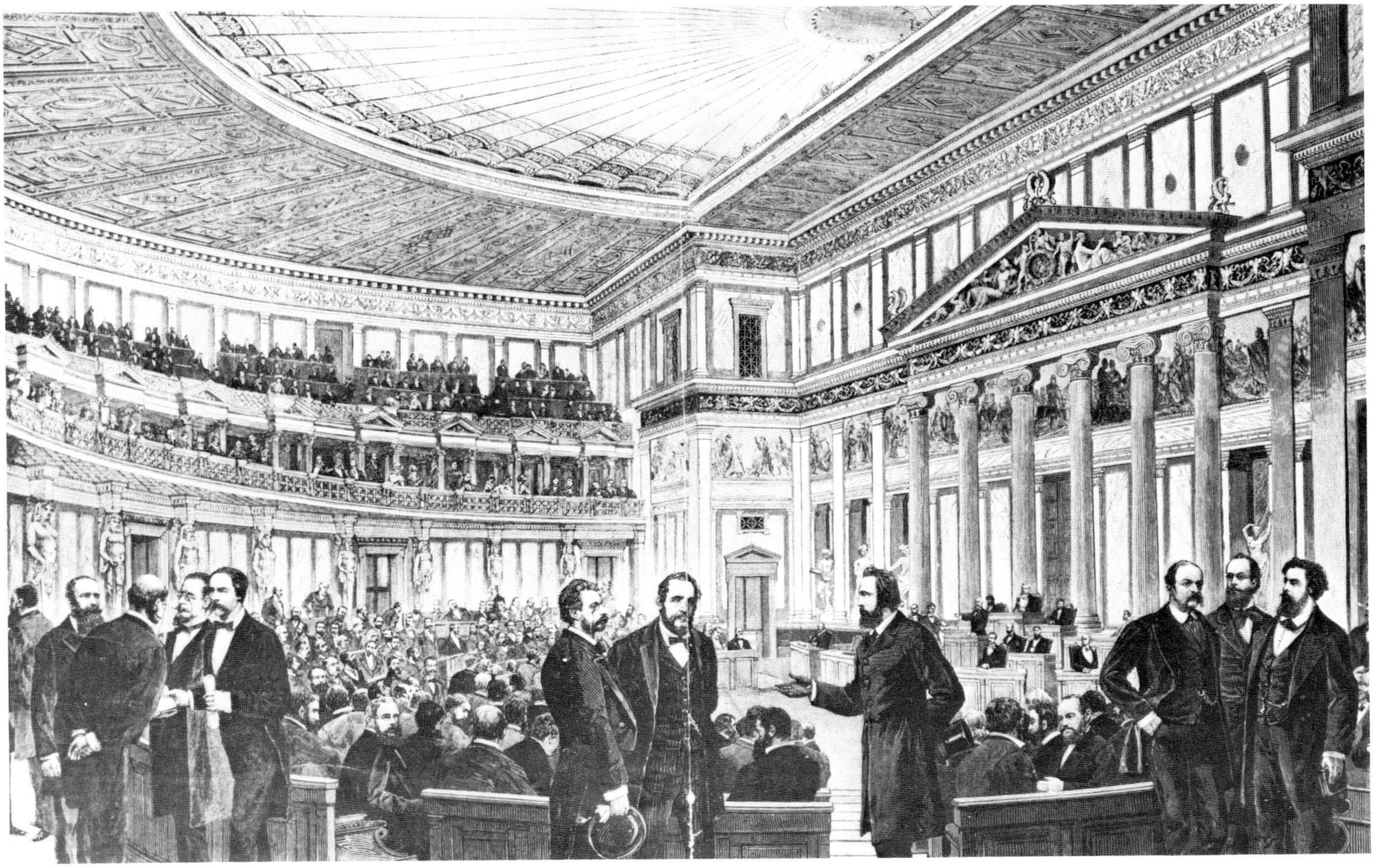

ein Scherz, der als bündigster Kommentar des Wieners zu drei wesentlichen Bauten an der Ringstraße gelten darf. Das Opernhaus nötigte sogar dem Kaiser ein offenes, nicht positives Urteil ab – auch er stimmte in die damals allgemein herrschende Meinung ein, es sei ein tief liegender Kasten geworden. Einzig Hasenauer wird ein ungetrübtes Verhältnis zur großzügigen Ringstraßenrepräsentation nachgesagt, und Ferstel hat bewiesen, daß ein guter Architekt sich, wenn er dem Historismus huldigt, an vielerlei begeistern könne.

Sehr viel härter und direkter geht unmittelbar nach dem Entstehen der Via triumphalis ein Architekt mit den eben entstandenen Bauten ins Gericht: Adolf Loos. In Brünn geboren, in

Oben: Zumindest in der Darstellung der Allegorien wußten die Ausgestalter des Hofopernhauses die Gleichrangigkeit der Künste zu wahren. Für den Salon der Hofloge entwarf Carl Madjera »Musik, Dichtung und Tanzkunst«.

Links: Intimer als in Paris, aber aufwendiger als sonstwo schuf man das Stiegenhaus der Hofoper: eine auch architektonisch vorbildliche Lösung. Nach einer Originalzeichnung von Petrowitsch.

Amerika zum Designer und Architekten geworden, arbeitet er mit 27 Jahren in Wien und äußert sich mit 39 Jahren in der Zeitschrift »Ver Sacrum« unter dem einprägsamen Titel »Die Potemkinsche Stadt« zur Ringstraßenarchitektur:

»Was immer auch das renaissierte Italien an Herren-Palästen hervorgebracht hat, wurde geplündert, um Ihrer Majestät der Plebs ein Neu-Wien vorzuzaubern, das nur von Leuten bewohnt werden könnte, die imstande wären, einen ganzen Palast vom Sockel bis zum Hauptgesims allein innezuhaben . . . Man wird mir einwenden, daß ich den Wienern falsche Absichten unterschiebe, die Architekten sind schuld daran, die Architekten hätten nicht so bauen sollen. Ich muß die Baukünstler in Schutz nehmen. Denn jede Stadt hat die Architekten, die sie verdient. Über der Wiener Architektur dieses Jahrhunderts schwebt der Geist Potemkins.«

Über all das, was er in seiner Bauweise vermied, dann beispielhaft den Wienern vorgeführt am nach ihm benannten Haus am Michaelerplatz, direkt der Hofburg gegenüber, schreibt Loos mit Abscheu: »Denn diese Renaissance- und Barock-

KAISER·FRANZ·JOSEF·STADTMUS
ERRICHTET·UNTER·DEM·BÜRGERMEISTER
KvK·GEHEIMER·RAT·DR·KARL·LUEGER

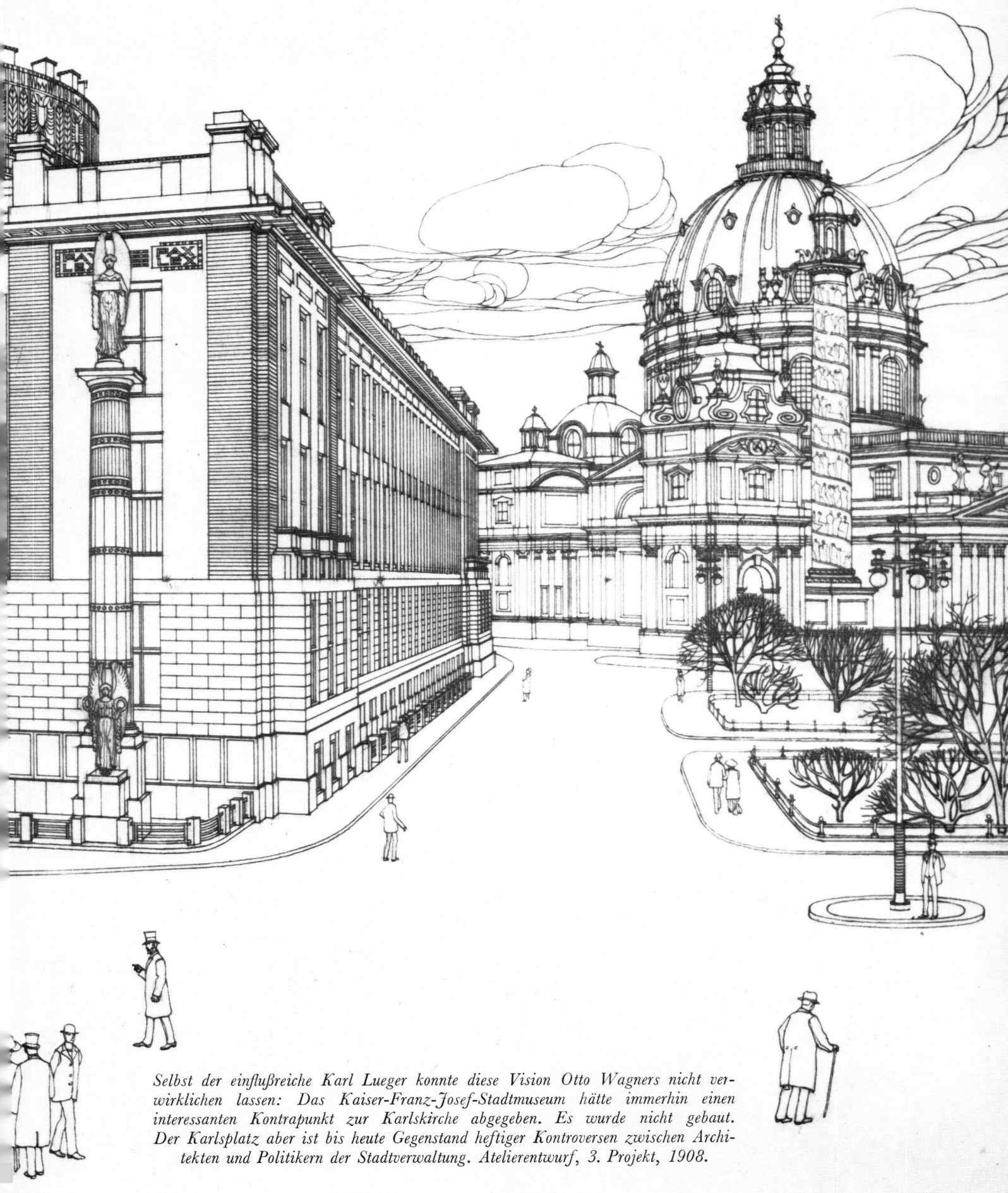

*Selbst der einflußreiche Karl Lueger konnte diese Vision Otto Wagners nicht ver-
wirklichen lassen: Das Kaiser-Franz-Josef-Stadtmuseum hätte immerhin einen
interessanten Kontrapunkt zur Karlskirche abgegeben. Es wurde nicht gebaut.
Der Karlsplatz aber ist bis heute Gegenstand heftiger Kontroversen zwischen Architekten und Politikern der Stadtverwaltung. Atelierentwurf, 3. Projekt, 1908.*

Rudolf von Alt zeichnete die Zentralhalle des Justizpalastes – ein Beispiel des Historismus.

Ein Glasgemälde im Haus Kärntner Ring 4 – als Beispiel für das Bemühen der Ringstraßenbaumeister um Einheitlichkeit bis in Detail.

paläste sind nicht einmal aus dem Material, aus dem sie hergestellt erscheinen. Bald geben sie vor, aus Stein, wie die römischen und toskanischen Paläste, bald aus Stuck, wie die Wiener Barockbauten, gebaut zu sein. Sie sind keines von beiden: ihre ornamentalen Details, ihre Consolen, Fruchtkränze, Cartouchen und Zahnschnitte sind angenagelter Cementguß.« Und Loos meint, daß es die Aufgabe der Architekten gewesen wäre, »für das neue Material eine neue Formensprache zu finden«. Und ist damit in Übereinstimmung mit dem Baumeister, der Wien um die Jahrhundertwende teilweise tatsächlich neu formte, aber doch noch in viel großartigerem Stil hätte formen können, wäre er mit allen seinen Plänen zum Zug gekommen: Otto Wagner.

Wagner, der das Gesicht der Stadt entscheidend veränderte, als er die neue Stadtbahn und ihre Stationsgebäude entwarf und bis ins Detail nach seinen Plänen verwirklichte, hatte den genialischen Bürgermeister Lueger zum Schutzherrn. Lueger gab ihm Aufträge und ließ ihn trotz des spürbaren Widerstandes im Gemeinderat und in der breiten Öffentlichkeit bauen. Luegers Popularität allerdings, die es immer wieder notwendig machte, die Volksmeinung zu respektieren, war daran schuld, daß eines der wichtigsten Projekte Wagners nicht gebaut werden konnte: ein Platz in Wien, der so weitläufig und daher neuralgisch ist wie der Heldenplatz; der Platz vor der Karlskirche. Um ihn zu gestalten und ein Historisches Museum der Stadt Wien in unmittelbarer Nachbarschaft der Karlskirche zu errichten, wurden mehrere Wettbewerbe ausgeschrieben, die trotz internationaler Beteiligung und internationaler Jury immer wieder Otto Wagner gewann. Sein Plan erinnert in der Konzeption an Sempers Kaiser-Forum und wäre wohl als eine Art Lueger-Forum gedacht gewesen, hätte die Karlskirche in ein Ensemble einbezogen und die Weite des Platzes für eine monumentale architektonische Lösung genutzt.

Richard Neutra erzählt in seinen Lebenserinnerungen, daß der Kampf Wagners um diesen Plan und die Ablehnung desselben zu seinen großen Jugenderinnerungen gehörte. Im Gemeinderat bewilligte man eine erhebliche Geldsumme, um einen vier Stockwerke hohen Prospekt des geplanten Museums direkt neben der Karlskirche aufstellen zu lassen. Und entfachte damit einen Volkszorn, der sogar Lueger erzittern ließ. Der Bürgermeister, der die zweite Hochquellenleitung initiiert, das Gasnetz und die elektrische Straßenbahn als Gemeindegaben an die Wiener deklariert hatte und seine Volksanwaltschaft stets virtuos ausspielte, mußte darauf verzichten, Otto Wagner bauen zu lassen.

»Der Mittelmäßigkeit ein Schlag ins Gesicht, stand das Modell da auf dem vertrauten Platz dieser konservativen, kultivierten Stadt im Mittelpunkt Europas, gleich neben den berühmten Zeugen der Vergangenheit. Und der Bourgeois, der Universitätsprofessor schrieen es, unterstützt vom lärmenden Gassenpöbel, nieder.«

Neutra meint, ein kühnes Unternehmen brauche stets einen Bauherrn, der gänzlich unabhängig sei oder entscheiden könne – oft müsse man ein oder zwei Generationen warten, bis eine schöpferische Epoche als solche erkannt sei, und dies werde erst dadurch wirklich deutlich, daß allerorten »verdünnte Nachahmungen« in Mode kommen. Der k. k. Oberbaurath Otto Wagner, im Gegensatz zu den vorhin erwähnten Ringstraßenarchitekten ein geborener Wiener, lebt in seinen Bauten, aber auch in den Plänen fort, von denen man heute einige so gut kennt, als wären sie Wirklichkeit geworden.

Es mag ihm trotz seiner unbestrittenen Meisterschaft geschadet haben, daß er im »Deutschösterreichischen Künstler- und Schriftsteller-Lexikon« als »Führer der Secessionistischen Richtung« charakterisiert werden konnte. Die ganze Richtung hatte zwar eine unerhörte stilbildende Kraft, jedoch auch die Volksmeinung gegen sich. Der in Wien beliebte Sprachwitz erfand für die Kuppel der Secession sofort den Ausdruck »goldenes Krauthappel«, und jedermann wußte, was es bedeutete, wenn eine Ausstellung oder ein Haus abwertend als »die reine Secession« klassifiziert wurde.

Hermann Bahr, nicht nur Vorkämpfer für literarisch Neues, schrieb in der »Zeit« jedoch gegen die Volksmeinung an. Hier seine Meinung, wodurch der Ringstraßenstil sich abwertete und die

Otto Wagners Bauwerke der Wiener Stadtbahn – er entwarf die Stationen ebenso wie die Bögen und Brücken am Gürtel – bestimmten den Charakter der ganzen Stadt. Danach gab es nur mehr Versuche oder bruchstückweise Ansätze zu Gesamtlösungen.

WIENER STADTBAHN

HALTESTELLE G.
AKADEMIESTRASSE.
RECHTSSEITIGER
PAVILLON· TRAN·
PARENTER· UHR
AD·KREUZUNG·D·
KK·POLYTECHNI·
CHEN·INSTITVT

OTTO WAGNER
K·K·OBERBAVRATH

WIENER
STADTBAHN
HALTESTELLE
AKADEMIESTR·
RECHTSSEITIGER
PAVILLON MIT·
TRANSPAREN·
TER UHR AN· D·
KREVZVNG· V·
D· POLYTECH=
NISCHEN· IN=
STITVTE

Die Votivkirche nach einem Aquarell von Rudolf von Alt, zum Andenken an ein mißlungenes Attentat auf den Kaiser erbaut.

Der Architekt Adolf Loos, der seinen Beruf in Amerika erlernte, trat in seiner Heimatstadt gegen das überflüssige Ornament an. Oskar Kokoschka, heute einziger lebender österreichischer Maler von Weltruhm, zeichnete ihn.

Secession auf den Plan rief: »Der Ruin der Wohnung und der Ruin der Facade – die Wohnungen wurden schlecht, weil sie sich nach der Facade bequemen mußten. Aber die Facade hatte keinen Sinn mehr, weil im Haus nicht gehalten wurde, was sie versprach. Man fieng an, der Facade nicht mehr zu trauen.«

Die Zeugnisse der »secessionistischen Richtung« sind erhalten geblieben, sie sind sogar wieder in Mode gekommen. Sie sind gerade jetzt so in Mode, daß äußerst kluge Kunsthändler bereits nach etwas Neuem Ausschau halten, die kleineren Geschäfte aber sich wiederum mit »Secession«, mit »Jugendstil« eingedeckt haben und ihre Kundschaft sogar mit Fälschungen erfreuen. Die Beispiele der secessionistischen Architektur in Wien sind in eher gutem Zustand oder werden mit Sorgfalt renoviert. Und Otto Wagners Scheitern auf dem Karlsplatz wird gedacht, indem man seine beiden Stadtbahnstationen als Pavillons in eine Landschaft stellt, die immer noch keine endgültige Formung gefunden hat, mit gewissen Abstrichen immer noch als das Problem bezeichnet werden darf, das es zu Luegers Zeiten war.

Neben den Ringstraßenarchitekten, die trotz aller Angriffe der folgenden Generation große Baumeister waren, und den Secessionisten Otto Wagner und Adolf Loos dürfen wir nicht auf die tapferen Vielerbauer vom Schlage Helmer & Fellner vergessen, die man heutzutage nicht ihrer Werke wegen bewundert, deren Arbeiten aber dank ihrer schablonenhaften Wiederkehr im ganzen Raum der Monarchie beinahe wiederum Charakter haben. Man muß nur einmal nachlesen, was diese beiden bis zur Jahrhundertwende bereits alles gebaut hatten, um zu begreifen, daß ihr Geschmack, der offensichtlich ganz der Geschmack ihrer Bauherren war, sich im Grunde als am nachhaltigsten und standhaftesten erwies. Das mehrfach erwähnte Lexikon 1902 erwähnt: »1871

CRUSS aus WIEN.

Das Architektenduo Fellner & Helmer entwarf nach einem Standardplan Theater überall in der Monarchie – und war dank seiner Allgegenwärtigkeit auch stilbildend. Die Postkarte oben zeigt das Etablissement Ronacher, dessen Fassade erhalten geblieben ist. Das Gebäude wird gegenwärtig nicht genützt; sein weiteres Schicksal ist ungewiß.

vereinigten sich diese beiden Baukünstler zu ihrem Erstlingswerke, dem Wiener Stadttheater, welchem eine große Reihe ähnlicher Schöpfungen folgte, die Fellner und Helmer zu Specialisten im Theaterbaufache machten. Im Verein mit Helmer hat F. bisher 40 Theater erbaut, darunter die Theater zu Wiesbaden, Jassy, Berlin (Unter den Linden), das Schauspielhaus zu Hamburg, die Stadttheater zu Odessa, Reichenberg, Augsburg, Karlsbad, Pressburg, Szegedin, Temesvar, das Deutsche Volkstheater in Wien, die Tonhalle in Zürich, die Concerthalle in Ravensburg, das neue deutsche Theater in Prag, die Etablissements Ronacher (Wien) und Somossy (Budapest), das Lustspieltheater und Volkstheater (Budapest), ferner die k.k. Sternwarte (Wien), die Sprudelcolonnade, das Stadtparkrestaurant und Kaiserbad (Karlsbad) etc.«

Heute noch kennen sich Theaterbesucher, die irgendeines der angeführten Häuser – es gibt auch welche in Agram und Graz und Salzburg, die später von der Firma gebaut wurden – besuchen, überall sofort gut aus. Sie wissen in den Foyers und hinter den Kulissen Bescheid, sie finden sich zurecht, als seien sie immer in diese Häuser gegangen, und sie können nur an der Ausgestaltung der Logen, des Plafonds und der stets besonders raren Rauchfoyers ermessen,

Das Deutsche Volkstheater, gleichfalls von Fellner & Helmer, ist immer noch in Betrieb. Dem Zweiten Weltkrieg ist allerdings die einstige Fassade zum Opfer gefallen. Die oben abgebildete Zeichnung der Architekten zeigt noch den Zierrat, den heute schmucklose glatte Flächen ersetzen.

wie reich oder splendid die jeweiligen Auftraggeber gewesen sein müssen. Auch das kann man, wenn man nicht zu streng ist, Stil nennen, zumindest aber muß man, ob man will oder nicht, von einer Schule sprechen – vor so viel Erfolg haben sich auch die Kritiker zu beugen.

Erst in der jüngsten Vergangenheit haben Theater begonnen, die Bauweise von Helmer und Fellner zugunsten einer anderen, in Deutschland propagierten Flächeneinteilung zu ändern. Und

schon ist auch die Reaktion auf diese »Revolution« im Theaterbau da: Aktionen, die sich für die Erhaltung der Etablissements Ronacher und die Renovierung der Landestheater einsetzen und wiederum große Geldmittel aufbringen, um nicht uns, sondern unserer Nachwelt etwas zu erhalten, was zu seiner Zeit nur Mittelmaß war.

Theodor Billroth, der Chirurg der Gründerzeit, in einem Brief 1891: »Ich sehe eine Zeit, wo Kunst und Wissenschaft gleich der Religion als etwas Veraltetes, historisch wohl Interessantes, doch Totes, nicht mehr Erweckbares betrachtet werden; eine Republik des Verstandes und des materiell Praktischen, die nichts übers Mittelmaß duldet und jeden, der klüger oder besser als der andere scheint, sofort köpft. Ich bin froh, das nicht mehr zu erleben. Wir lebten in einem großen Zeitalter, in einem goldenen Zeitalter.«

Drei Ringstraßen-Ansichten von Petrowitsch: Oben eine Ansicht des Parkrings mit der Gartenbaugesellschaft, der provisorischen Unterkunft der Secession; unten links der Opernring mit dem Heinrichshof gegenüber der Oper; unten rechts der Franz-Josephs-Quai.

Ein überaus ernsthaftes Buch zieht den Schluß aus all der Bautätigkeit, dem Eifer einer ganzen Stadt, der vergleichsweise in kaum einer Generation davor erdachten und entstandenen Vielfalt von Palästen der Musik, der Kunst, des Adels und des Bürgertums. Und wenn dieser Schluß nicht sehr optimistisch ist, so läßt sich dies mit dem Er-

scheinungsdatum 1888 erklären, zu welchem ein
weiteres Aufblühen der Monarchie wohl nicht
mehr erwartet wurde.

»Was immer die Zukunft in ihrem dunklen
Schoße bergen mag, dieses Bild der baulichen
Neugestaltung wird unserer Stadt bis in die fern-
sten Zeiten erhalten bleiben. Ungetrübt durch die

Schatten der Gegenwart, wird es den kommenden
Geschlechtern zeigen, was das Wohlwollen und
die Liebe des Kaisers für seine Vaterstadt, was
staatsmännische Einsicht, patriotischer Geist und
gemeinsames Schaffen und Wirken im Dienste
großer und edler Ziele zu leisten vermochte.«
Tatsächlich hat sich seither in der Stadt keine

grundlegende Erneuerung mehr durchführen lassen. Zwar sind in der Zeit nach dem Ersten Weltkrieg einige bedeutende Bauten entstanden, und der bis in den innersten Stadtkern getragene Zweite Weltkrieg hat Wunden geschlagen, von denen im Sommer 1945 Architekten behaupteten, sie seien zwar nahezu tödlich gewesen, wären aber auch als größte Herausforderung an Planer und Baumeister seit der Zeit der Stadterweiterung anzusehen. Schon jetzt aber läßt sich absehen, daß diese Herausforderung nicht ihrer Größe entsprechend angenommen wurde. Dem Groß-Wien Kaiser Franz Josephs sind wir längst noch nicht entwachsen.

Ein Überblick über die in knapper Zeit entstandenen Gebäude entlang der Ringstraße oder in allernächster Nähe von ihr und über all die anderen, die in natürlicher Folge der Stadterneuerung zu bauen waren, ist kaum zu geben. Die Denkschrift »Wien« gibt 1888 auf sechsundzwanzig engbedruckten Seiten nur die wesentlichsten an, aber auch ein Exzerpt aus diesen scheint bereits geeignet, die Fülle anzudeuten; in etwas euphorischer Übertreibung ließe sich sagen, daß damals die halbe Stadt gebaut wurde.

Die beiden Hofmuseen entstanden nach Plänen von Hasenauer und Semper zwischen 1871 und 1888 und die Erweiterung der Hofburg, die der Kaiser immerhin gestattete, von 1882 an. Für die gemeinsamen Ministerien wurden ein Zubau des Ministeriums des Auswärtigen und des kaiserlichen Hauses am Ballhausplatz, das Landes-Generalcommando, die Kriegsschule, ein wesentlicher Umbau der Stiftskaserne, das Garnisonsspital Nr. 1 in der Alservorstadt und die Infanteriekaserne am Rennweg erbaut. Im dritten Bezirk entstanden zwei neue Palais für die großbritannische Botschaft und die deutsche Botschaft. Unter der Gruppe »Staatsgebäude für Zwecke der Verwaltung der österreichischen Reichshälfte« werden das Parlament (1883 von Hansen), der Justizpalast (1881 von Wielemans), das Ackerbauministerium (1883 von Trojan), die Staats-Telegraphen-Direktion (1874 von Winterhalder), die Polizeidirektion am Schottenring (1873), das Schwurgerichtsgebäude als Zubau zum Landesgericht (1878), eine Filiale des k. k. Versatzamtes – heute Dorotheum – in der Feldgasse (1885) und das Hauptzollamt (1884) angeführt. Und weiter: Neues Rathaus (erste Sitzung im

unvollendeten Haus 1885, Architekt Friedrich Schmidt), die Universität (1884 erbaut von Ferstel und Köchlin), die Akademie der bildenden Künste (1877 von Hansen), die Sternwarte der Universität (1883 von Fellner und Helmer), das Österreichische Museum für Kunst und Industrie und Kunstgewerbeschule (1871 von Ferstel), die Theater, die Brücken – drei über die Donau, drei über den Donaukanal, die Banken und Warenhäuser, die Hotels, die Bäder, die Krankenhäuser. Die im Verzeichnis schließlich unter »Einzelne Paläste, Wohnhäuser und Höfe« zusammengefaßten Bauten sind nicht mehr anzuführen; die meisten ihrer Besitzer, nach denen sie ursprünglich benannt waren, sind nicht mehr ihre Besitzer; einige sind den Bomben zum Opfer gefallen, einige der Bauwut in der neuesten Zeit, die allerdings nicht an die der Ringstraßenzeit heranreicht.

Im journalistischen Alltag einer Großstadt gibt es immer auch einen Beobachter, Kommentator, Glossator, der seine Popularität vorwiegend dadurch erringt, daß er die Ansichten der sehr einfachen Gemüter als die seinen ausgibt. Je primitiver seine Argumentation ist, um so erfreuter nehmen seine Leser zur Kenntnis, ihr eigenes abschätziges Urteil über Neuerungen sei wahrscheinlich richtig, weil es ja nun auch in der Zeitung stehe.

Eduard Pötzl, dessen »Gesammelte Skizzen« sich eines netten Vorwortes von Peter Rosegger rühmen durften, kommentierte die Stimmung angesichts der Abbrucharbeiten und Neubauten in der inneren Stadt in einem Feuilleton unter dem Titel »Der Herr von Demolierer«:

»Unter den ziemlich zahlreichen Übeltaten des Herrn von Demolierer braucht nur auf eine hingewiesen werden, die seine Art hinlänglich kennzeichnet. Es ist der Umbau des Neuen Marktes. Was sich jetzt auf diesem Platze mit allerlei bummeligem Zierat, vielfenstrig, protzig, in hohler Hoffart erhebt, das könnte einen veranlassen, auf den Trümmern der ehemaligen Paläste zu weinen. Da stehen die neuen Gebilder aus dem Anker-Steinbaukasten und schreien aus hundert Mäulern zum Himmel.«

Und wenig später findet er auch gleich sein ganz gewiß nicht einzeln dastehende Urteil zur Secession, das er in boshafte, uns heute wirklich nicht mehr begreifbare Sätze verpackt:

DER·ZEIT·IHRE·KVNST
DER·KVNST·IHRE·FREIHEIT

Weniger als ein Jahr nach ihrer Gründung hatte die Künstlergruppe, die zur Jahrhundertwende »ausbrach«, ihr eigenes Heim und ihre eigene Zeitschrift: das Gebäude der »Secession«, nach einer Zeichnung ihres Architekten Olbrich für »Ver Sacrum«, die Zeitschrift der Bewegung. Die Wiener nannten das Gebäude einfach das »goldene Krauthappel«.

»Dabei ist es noch ein wahres Glück, daß die gewaltige Bauperiode von Wien in eine Zeit gefallen ist, da die junge Architektenschule von heute noch ungeboren war. Was wäre uns da an Stelle der Monumentalbauten auf dem ehemaligen Glacis hingesetzt worden! Ich bin kein Fachmann, bin ein Laie und maße mir daher kein Urteil über die konstructiven Elemente der jüngsten Stilübungen an. Doch in Sachen des Geschmacks darf wohl jeder mitreden, dem die Mutter Natur ein bißchen Schönheitsgefühl eingepflanzt hat und der auch anderwärts die Augen aufgesperrt hielt, um zu schauen, wie sie dort Ideen der Zeit künstlerisch zum Ausdruck bringen wollen. Von diesem bescheidenen Gesichtspunkte aus dürfte man es wohl auf ein Plebiscit über das tolle Ausstellungsgebäude der Secession (Ver Sacrum) nächst dem ehemaligen Schikanedersteig an der Wien ankommen lassen. Es würde vernichtend lauten. Wenn sich ein Fellachendorf, das durch Handel mit falschen Mumien zu einigem Wohlstand gekommen, einen solchen Tempel gebaut hätte, so wäre gar nichts dagegen einzuwenden. Allein, was, zum Kuckuck, hat unser gegenständlich so entwickelter Sinn mit einem Bauwerk zu schaffen, das allenfalls alte Götterbilder mit Sperberköpfen, nicht aber moderne Freilichtgemälde in seinem Innern erwarten läßt?

Wenn das der moderne Baustil sein soll, dann hat das pomphaft angekündigte Unternehmen bankrott gemacht, ehe es noch Zeit hatte, sich recht zu etablieren.«

Der Dichter

Wer in der Monarchie in einem Kaffeehaus saß und schrieb,
der mußte deshalb noch nicht in Wien sitzen.
Er saß aber auf eine vertrackte Weise doch wieder in Wien,
denn alle Kaffeehäuser waren denen in Wien nachempfunden,
und die Geisteshaltung aller Kaffeehausbesucher
war diejenige, die man sich von den Wienern erwartete.

icht ungestraft ist man Journalist. Ich bemühe mich, dieses Metier, das der kleine reizende Hofmannsthal verachtet, so unpanamistisch wie möglich zu betreiben und schaue der Politik zu. Manchmal komme ich mir vor, wie David Copperfield, der Stenograph.«

Theodor Herzl, der am 2. Januar 1893 dies in einem Brief an Dr. Arthur Schnitzler schreibt, ist in Wien als Feuilletonist angesehen, leidet offenbar ein wenig darunter, daß er als Schriftsteller und Bühnenautor nicht ersten Ranges ist, und wird aus ganz anderen Beweggründen, die seither in die Geschichte der Literatur, der Journalistik und auch in die der Politik eingegangen sind, zum Bannerträger des Zionismus.

Fügt man diesem Zitat noch einige aus jenen Briefen hinzu, die in diesem Jahr Dr. Arthur Schnitzler an den »kleinen reizenden Hofmannsthal« schreibt, und Antworten, die er von diesem erhält, dann hat man mit den darin genannten Namen bereits das gesamte Dichterarsenal des »Jungen Wien« beisammen, das unter der aufmerksamen Beobachtung Hermann Bahrs gegen die literarische Situation Wiens zu Beginn der Ringstraßenzeit auftrat und seither als der Inbegriff des literarischen Wien der Jahrhundertwende gilt.

Die Namen vorweg? Man kann sie sich aus jedem beliebigen Dokument holen, aus dem Gästeverzeichnis des Cafés Griensteidl, aus den Angriffen des Karl Kraus, den man allerdings, wenn auch nicht unwidersprochen, selbst mit zum literarischen – und journalistischen – Wien der Jahrhundertwende zählen darf.

Es beginnt mit Theodor Herzl einfach deshalb, weil diese epochale Persönlichkeit, die auch etwas von einem Schriftsteller an sich hatte, ganz gut auch die Zeit repräsentiert, gegen die Literatur gemacht wurde. Herzl war Journalist, und das waren zugleich mit ihm und auch vor ihm die besten und wirkungsvollsten Schriftsteller dieser Zeit.

Von Männern, die sich ausschließlich der Literatur hingaben und mit ihren Werken die Zeiten überdauerten, ist kaum zu berichten. Grillparzer war gestorben und beinahe schon ein Denkmal; Ferdinand von Saar dichtete elegisch und im Bewußtsein, mit den »Novellen aus Österreich« eigentlich »Nachklänge« zu schreiben; Adalbert Stifter hatte sich nach Linz zurückgezogen; und Peter Rosegger sprach ausdrücklich von der »Entdeckung der Provinz«: »Das geistige Durchschnittsleben großer Städte steht auf einer niedrigeren Stufe als das kleinerer Culturcentren der Provinz. Es wird denn auch nirgends so viel über Schriftthum und Kunst gesprochen, geschrieben, als in großen Städten. Die Ansichten und Meinungen, wie schlecht es die Schaffenden gemacht haben und wie sie es hätten machen sollen, bilden also auch den Hauptgesprächsstoff der geistigen Kreise. Kurz und gut: In der Provinz wird mehr geschaffen, in der Großstadt mehr kritisiert.«

Saar, Stifter, Rosegger, die Ebner-Eschenbach – diese Repräsentanten einer zu Ende gehenden

Theodor Herzl, Feuilletonchef der »Neuen Freien Presse«, Burgtheaterautor und wohl der einzige Wiener Journalist, dessen Porträt auf einem Geldschein zu finden ist: auf der 100-Pfund-Note des von ihm erdachten Staates Israel.

Vorhergehende Seite: Das legendäre Café Griensteidl, wegen seiner günstigen Lage im Zentrum der Stadt bevorzugter Treffpunkt von Wiens Literaten, hat in unzähligen Biographien großer Männer Erwähnung gefunden.

Zeit allein hätten das Recht gehabt, zu protestieren, daß selbst offizielle Handbücher ihrer Zeit behaupteten, es gäbe derzeit keine wesentliche Literatur in Österreich. Sie waren sich aber in diesem abfälligen Urteil ziemlich einig, sahen sich nicht als hervorragende Dichter und spürten wohl, daß ihre Epoche eher die des Feuilletonismus, der kleinen, der diskreten Form war: Der Zeitungshunger des Österreichers, vornehmlich des Wieners, hatte von 1848 an derartige Ausmaße angenommen, daß es ganz selbstverständlich war, daß auch die besten Schriftsteller der folgenden Jahrzehnte sich in den Zeitungen und Journalen niederließen – und daß somit die Prachtwerke, die aus der Zeit vor dem »Jungen Wien« auf uns hätten kommen müssen, allesamt Sammelbände von Feuilletons geworden sind. Es ist ganz einfach und durchaus einleuchtend, daß die Zeitungsleser langsam, aber sicher völlig die Fähigkeit verloren, sich mit Literatur auseinanderzusetzen, weil sie nicht mehr den breiten Atem dazu hatten. Es ist nicht weniger verständlich, daß den in Zeitungen, jedoch nicht ausschließlich für den Tag schreibenden Männern von Format sowohl die Zeit wie auch die Begabung abhanden kam, sich nebstbei auch noch in breiterer Form auszudrücken.

Ein Beispiel dafür: Daniel Spitzer, von seinen Zeitgenossen als »Wiener Spaziergänger« geschätzt und gefürchtet, von seinem Publikum über alle Maßen geschätzt, von seinem potentiellen Nachfahren Karl Kraus hoch geachtet, war wie sein Zeit- und Berufsgenosse Ferdinand Kürnberger ein satirischer Zeitbeobachter und Schriftsteller, der mit unerhörtem Fleiß Woche für Woche seine Betrachtungen schrieb: in Formulierungen, die mitunter allzu ätzend, aber stets originell und aufregend waren. Er war, was man heute einen engagierten Schriftsteller nennen würde, dabei aber einer mit viel Sinn für Humor und Disziplin: seine Arbeiten waren stets für ein befreiendes Gelächter gut und doch zur rechten Zeit in der Setzerei.

Mit »Loris« zeichnete der Gymnasiast Hugo von Hofmannsthal seine ersten dichterischen Arbeiten, um der Schulbehörde nicht unangenehm aufzufallen. Auf dem Klassenphoto aus dem Jahre 1890 steht er in der zweiten Reihe ganz links.

Oben: Ferdinand Kürnberger, nach einer Xylographie von Johann Vinzenz Weixlgärtner, geißelte die Mißstände seiner Zeit scharf und unnachsichtig, seine Glossen und Feuilletons haben ihren literarischen Wert behalten, wohl wegen des niemals gefälligen Tones, den er im Kampf gegen geistige Trägheit einsetzte.

Oben rechts: Daniel Spitzer, der ähnlich wie Kürnberger seine Anmerkungen nicht nur zur kulturellen Situation, sondern auch zu jeglichem politischen Geschehen notierte, war durch Jahrzehnte mit seinen »Wiener Spaziergängen« der Glossator wienerischer Zustände und dabei, im Gegensatz zu Kürnberger, stets auch um Pointen und humoristische Wendungen – wenn auch auf hohem Niveau – besorgt. Die »Neue Freie Presse« »mutete« Karl Kraus als einzigem zu, die Nachfolge Daniel Spitzers anzutreten. Kraus schlug das Angebot aus.

Vorhergehende Doppelseite: Rudolf Völkels berühmt gewordenes Aquarell »Im Café Griensteidl«. Rechts im Vordergrund ein Kaffeehausbesucher, der auch dem Literaturfreund der Gegenwart noch auf den ersten Blick erkennbar ist: Peter Altenberg beim Disput.

Seine Kollegen fanden ihn eher humorlos im Alltag und sagten ihm nach, er hebe sich seine Pointen ausschließlich für seine Feuilletons auf. Sie alle aber bewunderten seinen Fleiß, schrieb er doch, nach Zeugnissen aller Beobachter, wo immer er sich befand, auf jegliches Papier, das ihm unter die Hände kam. Und in kleinster, engster Handschrift. Man war überzeugt, wenigstens in seinem Nachlaß die Romane zu finden, die er der Öffentlichkeit vorenthalten hatte. Man fand nichts. Was er notiert hatte, waren stets nur Vorstudien zu seiner siebenundzwanzig Jahre währenden Hauptarbeit gewesen, dem Feuilleton, dem Kondensat aller seiner Gedanken. »Es erfordert viel Arbeit, damit man der Arbeit die Arbeit nicht anmerke«, schrieb er einmal. Und dies war auch die Antwort auf die falschen Vermutungen.

Ferdinand Kürnberger, der strenger und entsprechend unpopulärer schrieb, brachte es neben seinen Beiträgen für den Tag auch auf »Romane«, ließ jedoch, als es ans Sammeln ging, vorerst einmal in den ersten Bänden seine Aufsätze erscheinen, weil sie ihm der Buchform wert schienen, was sowohl die Schriftsteller wie auch die Leser als durchaus selbstverständlich ansahen. Eduard Hanslick sammelte seine Kritiken und fand dafür nicht nur einen Verlag, sondern auch begeisterte Leser. Und auch die Feuilletons Ludwig Speidels und die von Theodor Herzl – dem Journalisten – und vieler anderer wurden zu Büchern vereinigt, die uns suggerieren, es sei in Wien auch zu einer Zeit viel geschrieben worden, als eigentlich sehr wenige Bücher erschienen.

Der Journalist als Taglöhner unter den Schreibenden erträumt sich stets ein Buch und meint, mit diesem überdauere er doch ein wenig. Doch sind das Überlegungen, die wohl erst angestellt werden, seit im Journalismus nicht mehr so viel geschrieben wird, was überlebenswert, in Buchform übernehmenswert ist.

Die erhoffte Wendung aber trat mit den »Jung-Wienern« nicht ein. Es war keineswegs so, daß nun Speidel und Spitzer, Hanslick und Wittmann von »Dichtern« abgelöst wurden, die die Nachfolge von Grillparzer und Stifter antraten. Die Garde des »Jungen Wien« hielt sich, nimmt man es genau, noch lange an die Formen, die ihr vorgegeben waren. Eine der reichhaltigsten und mit großem Gewinn zu lesenden Sammlungen, »Das Junge Wien 1887–1902«, verbraucht 1 300 Seiten und noch ein paar mehr, um nur einen Bruchteil der Artikel anzuführen und die wichtigsten zu zitieren, die von den Nachfolgern der Männer geschrieben wurden, die das Ringstraßen-Wien noch sehr bewußt und aktiv erlebt hatten.

Stefan Zweig, der als Nachgeborener selbst so dachte, als sei er Gründungsmitglied jenes »Jungen Wien« gewesen – und immerhin war er noch allen Mitgliedern der ersten Stunde freundschaftlich verbunden und hatte die Geschichte ihres Entstehens aus berufenem Munde –, behauptete immer, die neue Literatur sei »über Nacht« in Erscheinung getreten. Und er charakterisierte ihre Vertreter alle einfach als Schriftsteller, »in denen die spezifisch österreichische Kultur durch eine Verfeinerung der Kunstmittel zum erstenmal europäischen Ausdruck fand«.

Vom eigentlichen Gründer dieser jungen Literatur weiß heute niemand mehr. Eduard Michael Kafka, ein jung verstorbener Wiener Literat, gründete 1890 gemeinsam mit Julius Kulka in Brünn eine Zeitschrift »Moderne Dichtung«, die rasch als wesentlichsten Mitarbeiter Hermann Bahr gewann und 1891 nach Wien übersiedelte.

Hermann Bahr, in späten Jahren von Dolbin gezeichnet: Er entdeckte literarische Talente und wurde geistiger Animator einer ganzen Epoche.

Bahr, der von Anfang an die Aufgabe übernahm, Programme entweder vorzuschreiben oder zu deuten oder wenigstens hymnisch nachzusingen, begann mit dem Aufsatz »Die Alten und die Jungen« und entdeckte, um es knapp zu sagen, die jungen Schriftsteller, die er im Kaffeehaus und in der Zeitschrift um sich versammelte, denen er die Wege ebnete und widerwillig zugestehen mußte, daß sie ihn ziemlich rasch alle überholten.

Das Stichwort Kaffeehaus ist nun schon gefallen. Was diese Institution gerade für Wien bedeutet, sei an anderer Stelle berichtet; doch hier muß sie erwähnt werden, weil die gesamte junge Literatur tatsächlich aus dem Kaffeehaus kam, und zwar vornehmlich aus einem, dem 1874 im gräflich Herbersteinschen Palais am Michaelerplatz eröffneten Café des Heinrich Griensteidl. Es war für damalige Begriffe luxuriös ausgestattet, wegen der zentralen Lage und Nachbarschaft zum Burgtheater a tempo Treff-

»Große Herbstparade zur Eröffnung der Theatersaison«. Auf der Karikatur von W. A. Wellner marschieren Opernkomponisten, Operettenkomponisten, Literaten und Librettisten in friedlicher Eintracht.

punkt auch von Schauspielern und Literaten, in den Tagen der Revolution kurz umbenannt in »National-Café«, bald aber wieder das Café Griensteidl, das erst in den neunziger Jahren wieder einen Spitznamen erhielt: »Café Größenwahn«. Eine seriöse wissenschaftliche Arbeit nennt eine lange Liste von ständigen Besuchern dieses Lokals, das aus niedrigen, gewölbten Zimmern mit Ausblick auf den Michaelerplatz bestand: »Um Hermann Bahr als Wortführer schlossen sie sich zusammen. Bei kaum merklichen Altersunterschieden richteten sie ihr Stürmen und Drängen auch gegen die gleichen Widerstände und auf die gleichen Ziele. Zu der engeren Tischgemeinschaft Bahrs zählten: Schnitzler, der knabenhafte Hofmannsthal, Andrian, Beer-Hofmann, Baumgartner, Salten, Specht, Leo Feld, Körmann, Ferry Beraton und Karl Kraus, später Peter

Altenberg. (Weiters sind als ständige Besucher noch die Brüder Robert und Georg Fischer zu nennen, Julius Bauer, Wilhelm Stekel, Otto Sachs und der scharfsinnige, den Gesprächen immer eine neue Richtung gebende Leo Van-Jung, auch die sozialistischen Politiker und Redakteure der »Arbeiter-Zeitung«, Viktor Adler, Engelbert Pernerstorfer, Friedrich Austerlitz und Karl Leuthner, die aber noch vor der Schließung in das Café Central abwanderten.) Andere, zum Teil bereits Arrivierte, wie Gustav Schwarzkopf, Torresani, Dr. Jacques Joachim Fels, Ebermann, Julius Kulka, Viktor Leon, Karlweis, Emil Mark, der Schauspieler Max Pollandt, vor allem aber Karl Maria Heidt, der Schriftführer der Literaturgesellschaft Iduna, finden gelegentlich Berührungspunkte und Übergänge zu der recht exklusiven Tischgesellschaft der Älteren, die sich

Noch einmal das Café Griensteidl – von Zamboni für die illustrierte Wochenschrift »Die vornehme Welt« photographiert. Am Tisch zeitunglesend Hugo von Hofmannsthal.

Gestaltetes Titelblatt zu einem Hofmannsthal-Märchen, publiziert in der Monatsschrift »Die Insel«.

Deckblatt zu Schnitzlers aufsehenerregendem, von Skandalen umgebenem »Reigen«.

von den revolutionären, traditionslosen Elementen der neuen Generation streng absondern, sie verneinen und zu übersehen suchen.«

Auch die Schließung des Café Griensteidl ist hier bereits erwähnt, die allerdings weit über die sonst üblichen Normen des simplen Endes eines Lokals hinauswuchs. Karl Kraus, ursprünglich durchaus dieser Kaffeehausgesellschaft zugehörig, publizierte sein Gesellenstück »Die demolirte Literatur« im November 1896 und schuf mit der Charakteristik der Literaten, denen er fortan nicht mehr zugehören wollte, die wohl schärfsten Abbilder, die es je von ihnen gegeben hat:

»Die Thatsache, das Einer noch ins Gymnasium gieng, begeisterte den Entdecker zu dem Ausruf: ›Goethe auf der Schulbank!‹ Man beeilte sich, den Jüngling für das Kaffeehaus zu gewinnen, und seine Eltern selbst führten ihn ein; sollte doch gezeigt werden, daß er vom Vater die Statur, des Lebens ernstes Fühlen, von Mütterchen die Frohnatur, die Lust zum Fabuliren habe. Seine

Bewegungen nahmen bald den Charakter des Ewigen, seine Correspondenzen den des ›Briefwechsels‹ an. Er gieng daran, ein Fragment zu schreiben und war es seiner Abgeklärtheit schuldig, seine Manuscripte für den Nachlass vorzubereiten. In hoheitsvollen Versen ließ er noch den Erben an Adler, Lamm und Pfau das Salböl aus den Händen der todten alten Frau verschwenden – dann studirte er sich seine ›Letzten Worte‹ ein.«

Hugo von Hofmannsthal, dessen Auftreten im kaum gegründeten Kreis des »Jungen Wien« nun tatsächlich als Sensation gewertet wurde und von Hermann Bahr, aber auch von den anderen Schriftstellern für immer zur schönen Geschichte des dichtenden und altersweise kritisierenden Gymnasiasten Loris stilisiert wurde, muß sich ebenso getroffen gefühlt haben wie der »Herr aus Linz«, als den Kraus fortan Bahr bezeichnete. Doch in den tatsächlich vorhandenen Korrespondenzen gerade Hofmannsthals kommt Kraus nur selten vor, und wenn, dann nie als der große Widersacher, sondern als der längst gewohnte Stachel im Fleisch.

Das »Junge Wien«, das sich im Café Griensteidl formierte und gegen eine resignierende Literatur sowie gegen die noch angesehenen, aber langsam alternden, langlebigen Feuilletonisten aus den Tagen des Jahres 1848 antrat, hat einige Charakteristika, die man schon auch einmal aufzeigen darf – vor allem deshalb, weil es Zeiten gegeben hat, in denen sie totgeschwiegen wurden, und das gerade dieser Charakteristika wegen.

Es bestand in seiner Kerntruppe aus den Söhnen des liberalen jüdischen Bürgertums oder der Verbindung dieses Bürgertums mit dem Adel. Es entstand aus der Sehnsucht dieses Bürgertums, außer dem Geldverdienen sich auch anderswo Ruhm zu erwerben. In der jüdischen Welt wurde allgemein Hochachtung vor dem Gelehrten und dem Künstler gezeigt, und auch die assimilierten Wiener Juden hielten sich an diese Tradition und waren bereit, selbst ihre Erstgeborenen an die Literatur abzutreten. »Es war der Stolz, der Ehrgeiz gerade des jüdischen Bürgertums, daß sie hier in der ersten Reihe mittun konnten, den Ruhm der Wiener Kultur in altem Glanze aufrechtzuerhalten«, erklärte Zweig und ließ nie Zweifel daran, daß es sich ausschließlich um eine wienerische Bewegung handelte: »Sie liebten von je diese Stadt und hatten sich mit innerster Seele hier eingewohnt, aber erst durch ihre Liebe zur Wiener Kunst fühlten sie sich voll heimatberechtigt und wahrhaft Wiener geworden.«

Die Söhne, die ausgesetzt, die freigegeben waren,

Titelblatt des ersten Heftes der »Fackel«, mit der Karl Kraus auf Anhieb Wien in seinen Bann schlug.

Titelblatt eines Buches von Hermann Bahr – den Karl Kraus in verächtlicher Umschreibung den »Herrn aus Linz« nannte.

*Wiener Kaffeehauskellner waren Persönlichkeiten. Den Ober Gustav aus dem Café
Griensteidl hat sogar Künstlerhand verewigt.*

um der Literatur zu dienen, kamen also aus dem gleichen Milieu und hatten eine gemeinsame Sprache. Sie waren zudem überzeugt, daß man sich allein nicht durchsetzen konnte, daß man der Freunde und der gegenseitigen Unterstützung bedurfte, um zu Ansehen und Ruhm zu gelangen. Der Herold Bahr allein hätte ihnen nicht genügt, sie halfen einander durch ihre Verbindungen zu den großen Zeitungen, zu den Theaterdirektoren, auch zu den Verlagen, die für sie in Deutschland warteten. Sie unterstützten einander durch lobende Erwähnung, und sie waren bereit, um der Sache willen manchmal auch einen aus ihren Kreisen zu unterstützen, der es nicht verdiente.

An zwei Persönlichkeiten kann man das Werden des »Jungen Wien« demonstrieren: an Hermann Bahr und Hugo von Hofmannsthal.

Bahr, dessen eigene Produktion selbst von seinen Protegés nicht überschätzt wurde, ist als Kritiker ein Leben lang unersetzlich geblieben. Was Karl Kraus alles an ihm auszusetzen hatte, kann heute jeder aus Bahrs Essays und Kritiken herauslesen – die beinahe krankhafte Lust, ausgefallene Zitate kaum bekannter Autoren anzubringen; die oft wirklich wilde Reihe von Assoziationen, die nicht immer nachvollziehbar ist; eine Unbekümmertheit der Sprache, die man auch »journalistisch« nennt, und diesmal leider im abwertenden Sinn. Doch ebenso gilt auch in positiver Hinsicht, was sein Mitherausgeber Kafka 1891 über ihn schrieb: »Hermann Bahr ist der Geist, der stets verblüfft. Er mag machen, was er will, es wird immer eine Ueberraschung daraus. Es gibt Viele, die auf Bahrs Bücher achten und seinen Verkündigungen lauschen. Und manch Einer erblickt in ihm den Herold der literarischen Zukunft.« Und in Fragen des Stils: »Es ist etwas Herrliches um diesen Styl, dessen Wohllaut und Farbenpracht, dessen ausgelassene Geistigkeit immer entzücken, mag er nun seine Schnurren mit uns treiben, lachen, und Muthwillen oder kleine Schrotkörner fröhlicher Bosheit auf uns verschießen oder mit schwülem Duft sich auf uns legen, wie schwere Wolken von Corylopsis.«

Man liest zwischen diesen Zeilen, daß auch die besten Mitstreiter Bahrs Schreibeschwall begriffen und nicht überschätzten. Doch sahen sie in dem Mann, der bis weit ins zwanzigste Jahrhundert wirkte, den unermüdlichen Rufer in

einer ihrer Ansicht nach doch geistigen Wüste und waren sich darüber einig, daß man ihn brauchte.

Hofmannsthal dagegen band seine Freunde durch Korrespondenzen an sich und war, wie es scheint, ein Animator im stillen. Es gibt heute längst die Bände seiner gesammelten Briefwechsel mit Beer-Hofmann, mit Adrian, mit Redlich, dem Historiker, mit Schnitzler, mit Henry Graf Kessler, mit Helene von Nostitz.

Die ausführlichen Werkstättenbriefe an Richard Strauss, dem Hofmannsthal 1900 zum ersten Male schreibt, sind allein schon ein Dokument, von dem für ein Leben zu lernen wäre.

Hofmannsthal, der tatsächlich zuerst mit einem Fragment, mit Gedichten und mit von Belesenheit und Geschmack zeugenden Besprechungen an die Öffentlichkeit trat – als Gymnasiast durfte er unter seinem Namen noch nicht publizieren, deshalb zuerst das Pseudonym Loris – und später erst seine Aktivitäten auf die positive Intrige lenkte, war gleichfalls ein Propagandist nach

Karl Kraus im Jahre 1908 – als »Fackel«-Kraus längst berühmt-berüchtigt.

Der Zeichner Dolbin nannte seine Karikatur Hugo von Hofmannsthals ». . . die Mischung von Fin- und Fadessee . . .«.

Oben: eine andere wichtige literarische Wiener Adresse: das Café Central in der Herrengasse. Photo aus den achtziger Jahren. Rechts: der Innenraum des Café Central, wie Gause ihn zeichnerisch festgehalten hat.

dem Schlage Bahrs. Nur blieb er mit vielen seiner Aktionen als Initiator entweder im Hintergrund oder in esoterischen Bereichen, daß man bis heute davon wenig Kenntnis genommen hat. Daß er sich stets sorgte, wer in Wien Burgtheaterdirektor und Direktor der Hofoper war, weiß man gerade noch. Daß er Reihen von vaterländischer Literatur im Weltkrieg herausgab, hat ihm vor allem einen Platz in dem Gemälde von Karl Kraus eingetragen. Daß er aber nebstbei auch die Salzburger Festspiele erfand und dem Österreichischen Weltgeltung zu verschaffen suchte, als mit dem Ende der Monarchie seine eigene Welt bereits untergegangen war, ist viel zuwenig bekanntgeworden. Und doch hatte er wie seine Briefpartner Zeit und Muße, sich um Verleger zu kümmern, bei Aktionen jeglicher Art mitzuhalten und dafür zu sorgen, daß die Kaffeehausrunden vollständig und die Leseabende bei befreundeten Schriftstellern gut besucht waren: In einer Zeit, in der das Telephon dem schriftlichen Gedankenaustausch den Platz verwehrt, kann man sich kaum mehr vorstellen, wieviel im Wien um 1900 geschrieben wurde. Daß die Verständigung über ein Treffen bei Freunden, aber auch die einfache Nachfrage, wenn einer Fieber hatte, einiger Zeilen bedurfte und Gesprächspartner auch allemal Briefpartner waren – das prägte den Schreibstil der Zeit mindestens ebenso wie die Mitarbeit fast aller dieser Briefpartner an Zeitungen und Zeitschriften, die so gelesen wurden, als seien sie die jeweiligen Vorboten von Büchern, die nicht mehr geschrieben zu werden brauchten, sondern aus diesen Beiträgen zusammengestellt wurden.

Ein weiteres gemeinsames Charakteristikum war die Sprache – sie war Hermann Bahr ebenso eigen wie einem Künstler vom Format Hofmannsthals, auch den Feuilletonisten, von denen heute nur noch wenige allgemein bekannt sind –, die Sprache der letzten Wiener Generation sozusagen, wie Felix Salten, Raoul Auernheimer und andere. Sie schrieben alle ein, wenn man so will, etwas schwärmerisches, doch in den besten Momenten stets anregendes Deutsch. Sie schrieben es in Aufsätzen für die »Neue Freie Presse«, in Beiträgen für »Ver Sacrum« oder Zeitschriften in Deutschland – es war stets ein wienerisches Deutsch, das Karl Kraus zu grausamen Exzessen reizte und mitunter tatsächlich zu ironisieren war.

Und diese Sprache setzten, um bei den beiden zu bleiben, Bahr wie Hofmannsthal auch ein, wenn es galt, politisch im guten, richtigen Sinn zu wirken: Bahr als unermüdlicher Vorkämpfer sich permanent ändernder Tagesrichtungen in Literatur und bildender Kunst, Hofmannsthal als feinsinniger Betrachter der Vergangenheit und des unvermeidlichen Untergangs einer Welt, deren allerletzten Glanz er eben noch miterlebt hatte.

Wozu – nicht nur bei Bahr und Hofmannsthal, sondern auch bei ihren Korrespondenzpartnern und bei den Chefredakteuren, für deren Blätter sie schrieben – neben dem Wunsch nach Wirkung stets auch der große Stolz auf Bildung kam, nach damals allgemeingültiger Ansicht höchstes Gut des Menschen und daher von Journalisten wie Schriftstellern hervorzukehren. Daraus resultierten bei Leitartikeln Stilblüten, an denen nicht nur Kraus seine grausame Freude hatte, in Aufsätzen der Wiener Schriftsteller aber anregende Passagen, die wohl bis heute mit Genuß zu lesen sind.

Man würde es sich allerdings zu einfach machen, setzte man die bewußt sich »Journalisten« bezeichnenden Schriftsteller des »Jungen Wien« einfach mit den Journalisten ihrer Zeit gleich und gäbe der Versuchung nach, die scharfen Angriffe eines Karl Kraus auf den Journalismus seiner Zeit als unwiderlegbar hinzunehmen und die von Karl Kraus nicht minder zerzausten Literaten, die immer wieder auch für den Tag schrieben, nicht anders zu sehen als durch die Brille dieses Mannes, für den Kompromisse nicht nur im Gedanklichen undenkbar waren: Wo einer einmal wider Kraus gesündigt hatte, da wuchsen keine Blumen mehr auf dem Grab, das er sich damit geschaufelt hatte. Wo einmal jemand Abfälliges über Kraus gesagt oder mit einem Achselzucken auch nur angedeutet hatte, da war für alle Zeiten der Haß am Werk – und Kraus fand über kurz oder lang Makel jeder erdenklichen Größenordnung am Gegner.

Kraus, der bis in unsere Zeit weiterwirkt und an dem zu messen immer noch gefährlich ist, hat für die Schriftsteller des »Jungen Wien« ungefähr so viel getan wie ihr erklärter Förderer Hermann Bahr. Diejenigen unter den Karl-Kraus-Bewunderern, die es nicht über sich bringen, die Werke des »Herrn aus Linz« nachzulesen oder ernst zu nehmen, sind dennoch gute Kenner aller Bahr-

Eine Silhouette von W. Bithorn aus dem Jahre 1914 zeigt in treffender Charakterisierung die Zusammenarbeit des feinsinnigen Schriftstellers Hofmannsthal und des zupackenden Musikers Richard Strauss, aus der damals schon der »Rosenkavalier« entstanden war.

schen Protegés, denn diese sind ja die Zielscheiben des Spottes von Karl Kraus gewesen. Einige haben heute noch darunter zu leiden, daß dankbare Krausianer sich nicht entscheiden können, ob sie ihrem Vorbild oder ihrer Zuneigung folgen sollen. So hatte, um nur ein Beispiel zu nennen, Franz Werfel es sich arg verscherzt mit Karl Kraus und findet bis auf den heutigen Tag nicht den Zulauf wenigstens der Literaturwissenschaftler, weil diese sich vor allem einmal gemerkt haben, was Kraus an Werfel alles auszusetzen hatte, und über diesen Fakten ganz vergessen, was ihnen eigentlich an Werfel erwähnenswert erscheinen müßte. Und auch Hofmannsthal hat es immer noch recht schwer, gerechte Richter zu finden, geistert doch durch die gebildete Wiener Gesellschaft immer noch das eine oder andere Kraussche Spottwort oder eine seiner Abwandlungen, die einer der in neuerer Zeit Kraus vertretenden Literaturpäpste in die Welt gesetzt hat. Von den

Journalisten, die sich des »Jungen Wien« annahmen, ganz zu schweigen. Der Wiener Journalismus, bis zum Auftreten von Karl Kraus ein durchaus geachteter Stand, der sich immerhin seit 1848 nicht nur aus Speichelleckern oder Reportern des Satans rekrutierte, sondern auch aus politisch wirklich klugen Männern, anerkannten Kapazitäten der verschiedensten Gebiete und auch aus Schreibern von Format – dieser Wiener Journalismus hatte seine böseste Stunde, als Karl Kraus nach eingehenden Gesprächen mit den Herausgebern und Chefredakteuren der »Neuen Freien Presse« sich entschloß, nicht als Nachfolger Daniel Spitzers in die Redaktion dieses Blattes einzutreten, sondern eine eigene Zeitschrift zu gründen und fortan gegen die Redaktion dieses Blattes – und am Rande auch gegen nahezu alle anderen Wiener Zeitungen – zu polemisieren. Die gesammelten Nummern der »Fackel« lesen sich wie eine permanente Diskussion mit dem Berufsstand, der doch eigentlich in Kraus seinen begabtesten und wesentlichsten Vertreter entdeckt zu haben glaubte. Immerhin war die »Neue Freie Presse« vor der Jahrhundertwende das angesehenste Blatt der Monarchie, und eine Position in ihr als wöchentlicher Glossator des Weltgeschehens wie der inneren Ereignisse hätte gewiß bedeutet, daß deren Inhaber in den Augen des Berufstandes wie der Leser schier übermenschliche Macht in sich vereinigte. Kraus aber meinte, in dem an ihn ergangenen Angebot bereits so etwas wie einen Bestechungsversuch zu entdecken, und suchte sich die einzige andere denkbare Funktion: die des Einzelgängers und Bekämpfers nicht nur von Übelständen, sondern auch gleich der »Neuen Freien Presse«. Er geißelte – was ein Krausianer gewiß nie widerspruchslos lesen wird – in seinen Polemiken gegen »das Blatt« wohl doch auch immer seine eigenen journalistischen Fähigkeiten, die er in sich selbst als eine Art eigener Schwäche fühlte und nicht zur Kenntnis nehmen wollte.

Dabei kamen ihm nicht nur die Herausgeber und Chefredakteure der »Neuen Freien Presse«, vor allem Moritz Benedikt, vor den Lauf, sondern selbstverständlich auch alle diejenigen, die an der ihm zugedachten Stelle schrieben, wiederum also die Protagonisten des »Jungen Wien«, aber auch der Feuilletonchef dieser Zeitung, der im allerersten Absatz dieses Kapitels erwähnte Theodor Herzl, der nun zugleich Schriftsteller, Journalist und auch noch Politiker war: Kraus, der ihm eine eigene bissige Broschüre widmete, fand an Herzl nicht nur dessen Tätigkeit für eine Zeitung, nicht nur dessen Liebe zum Theater obsolet, sondern selbstverständlich auch dessen rege Werbetätigkeit für die Zionistische Bewegung, die allerdings auch von Herzls Zeitung nicht unterstützt wurde: Die Besitzer der »NFP« gehörten voll Überzeugung der entweder bereits tatsächlich assimilierten oder totale Assimilation suchenden Judenschaft Wiens an und fanden die Ideen ihres Feuilletonchefs zwar aufsehenerregend, jedoch keineswegs populär oder gar ihrem Leserkreis entsprechend. Sie reagierten auf die bedrohlichen Ideen Herzls, wie sie auf die Angriffe des Karl Kraus reagierten. »Nicht genannt soll er werden«, hatte nach Kraus die Parole ihm gegenüber zu lauten. Und »Nicht diskutiert soll sie werden« war die Devise der »Neuen Freien Presse«, wenn es um die Judenfrage, um den Judenstaat, die Vision Herzls, ging.

Im politischen wie im literarischen Wien waren, wie man sich unschwer vorstellen kann, die Lager nur ganz selten als feste und in sich geschlossene Blöcke zu erkennen. Nur die hervorstechendsten Fragen, die erbittertsten Widersacher wurden so behandelt, wie man bis zum heutigen Tag in aller Welt Grundsatzfragen zu Leibe rückt, nämlich mit einer Art Fraktionszwang. Doch wenn es um alltägliche Probleme der Stadt ging, dann war Einigkeit nicht zustande zu bringen, wenn literarische Diskussionen ausbrachen, gab es ständig neue Formierungen. Arthur Schnitzler war, obgleich noch keineswegs ein alter Mann, sehr bald eine anerkannte Größe und neben dem heftigen Bahr ein ruhiger, besonnener Mann, dessen Urteil man anerkannte. Trotzdem hatte er es mit seinen Werken nicht leicht. »Lieutenant Gustl«, eine totale Abrechnung mit dem Ehrenkodex der Armee, der das Duell forderte und die Satisfaktionsfähigkeit eines Soldaten weit über anderes stellte, kostete ihn seine Charge im Heer und brachte ihm erbitterte Feinde. »Professor Bernhardi«, ein Drama über die Schwierigkeiten, denen sich ein jüdischer Arzt in Wien gegenübersah, brachte Schnitzler in Konflikt mit der katholischen Kirche und mit den bedeutenden Vertretern der Medizin. In beiden Fällen hatte Schnitzler mit dem klaren Auge des Arztes Übel erkannt und deren Erreger gebrandmarkt. In beiden Fällen kämpfte er gegen Übermächte an und unterlag – wenigstens im Moment seines Kampfes. Seine Rehabilitation ließ lange auf sich warten und ist im Falle »Professor Bernhardi« immer noch nicht zur Gänze erteilt worden; denn vor wenigen Jahren noch konnte es in Wien geschehen, daß der angesehene Kritiker Piero Rismondo, als er in einer Rezension über dieses Stück schrieb, dergleichen Zustände seien wohl an hohen Schulen mitunter noch vorzufinden, eine Rüge der Universität Wien einheimste und auf diese Weise gemeinsam mit Schnitzler auf eine ehrenvolle schwarze Liste kam.

Eine kaum weniger anerkannte Kapazität war Richard Beer-Hofmann, der bis zum heutigen Tag zuwenig bekannte, jedoch in Kreisen Eingeweihter als Lyriker und lyrischer Dramatiker hochgeschätzte Dichter. Wenn Kraus von ihm

Arthur Schnitzler, karikiert von Dolbin. Bezeichnender Text darunter: »Alles hängt wie Künstlerlocke aus den Achtziger-jahren«.

schrieb, er komme über wenige Verse nicht hinaus und feile an dem Prolog zu einem Vorspiel länger als andere an Weltdichtungen, so ist dies eine statthafte, jedoch auch kabarettistisch an-mutende Übertreibung, die Beer-Hofmann aller-dings zu ertragen wußte. Seine dunkel glühenden Verse haben Bestand und sind bis in die Gegen-wart nicht eben von Breitenwirkung gewesen, jedoch geliebt von Freunden der Sprache.

Hugo von Hofmannsthal dagegen war, nach seinem so oft geschilderten sensationellen ersten Auftreten, sehr bald Gegenstand von Polemiken, auch von Angriffen von jeder Seite. Der sprach-gewandte, gar nicht weltfremde Mann, der sich auch als geheimer Impresario verstand, der mit Theaterleuten paktierte und zugunsten von großen Projekten auch die Gesellschaft von Journalisten zu ertragen wußte, wurde aus vielen Gründen unterschätzt oder zur Zielscheibe billigen Spotts. Er schrieb Torsi, und was Wunder, wenn man sich darüber lustig machte, daß er fragmentarisch zu sein wünschte. Er schrieb zärtlich klingende Verse, und schon waren Kritiker da, die das

»jüdelnden Singsang« nannten. Er wurde zum Librettisten der populärsten Opern von Richard Strauss, und sogar die Musikkritik war bereit, ihn anzugreifen und vieles von den Vorbehalten, die sie dem Neuerer Strauss entgegensetzen wollte, seinen Texten anzulasten.

Die Namen der sogenannten zweiten Garnitur sind nicht vergessen, doch nur dem Kenner noch ein Begriff: Felix Salten, Raoul Auernhei-mer, Hans Müller, Ernst Lothar. Sie schrieben für den Tag und waren doch von größerer Be-deutung als die Schriftsteller ihres Ranges heute. Sie hatten raschen Erfolg, und diesen wiederum nahm ihnen eine gewisse Clique von Beobachtern übel. Die Fronten waren, wie gesagt, keineswegs starr, ihr Aufbrechen hatte oft auch mit dem Hinüberwechseln einer Gruppe zu anderen Kaffeehäusern zu tun, ihre Neubildung mit dem Zustandekommen von gemeinsamen Ferien oder

Moritz Benedikt, allmächtiger Herausgeber der »Neuen Freien Presse«, war einflußreich und hatte dementsprechend viele Widersacher. Karikatur von Dolbin.

147

Alma Mahler, die Tochter des Malers Schindler, im Alter von 30 Jahren. Sie wurde später die Gefährtin anderer berühmter Zeitgenossen. Und sie schrieb darüber zuletzt indiskrete Erinnerungen.

Überlandpartien oder mit der Gunst einer Frau – der Schauspielerin Adele Sandrock zum Beispiel. Diese war auf ihre Art für kurze Zeit, was im größeren Stil Alma Mahler-Werfel war, nämlich Freundin von mehr als einem schöpferischen Menschen.

Und immer wieder spielten Journalisten mit in diesem Kreis, spielte der Journalismus eine Rolle: nach Kraus eine die Sprache wie die geistige Haltung entwürdigende, nach Ansicht anderer eine befruchtende. Denn immerhin war man in der Hauptstadt der Monarchie von 1848 an gewohnt, das Zeitunglesen auch als eine geistige Haltung anzusehen – die Revolution hatte Preßfreiheit auf ihre Fahnen geschrieben, der später aufkeimende Liberalismus war dem Journalismus günstig, aber auch die im Entstehen begriffene Sozialdemokratie hatte ein gutes Verhältnis zu der Zeitungssprache, die verständlich und belehrend, witzig und aufreizend sein sollte.

Die Geschichte des Journalismus in Wien ist mehrfach geschrieben worden, das schon erwähnte Jubiläumsbuch der Stadt nahm sich die »Neue Freie Presse« als Beispiel. Man ging von der Überlegung aus, daß andere Zeitungen entweder durch ihre Lokalberichterstattung oder ihre starke politische Ausrichtung oder ihre extreme Gesinnung von sich reden machten, daß aber nur dieses eine Blatt tatsächlich eine permanent wichtige Rolle in der Geschichte des Landes und seiner Hauptstadt spiele. Das wurde 1873 zum erstenmal deutlich, als auf dem Weltausstellungsgelände ein eigener Pavillon der »Neuen Freien Presse« zur Verfügung stand, wo täglich eine eigene Weltausstellungszeitung redigiert, gesetzt und ausgedruckt wurde. Für die Besucher der Weltausstellung war die Technik das eigentlich Erregende, sie war auch der Grund, warum dem Blatt eine goldene Medaille der Weltausstellung verliehen wurde. Sonst aber waren es doch wieder die Mitarbeiter, die dem Blatt die besondere Geltung einbrachten. Kürnberger, Spitzer, Speidel, Wittmann, Hanslick, Herzl und in der Folge auch die meisten Mitglieder des »Jungen Wien« waren im Feuilleton tätig, und zu den hohen Festen war es üblich, die angesehensten Autoren der Welt einzuladen, Arbeiten gegen beliebiges Honorar – in Form eines Blankoschecks – der »Neuen Freien Presse« zur Erstveröffentlichung zur Verfügung zu stellen.

Mit dem Ansehen der Zeitungen aber wuchs auch das gesellschaftliche Ansehen der Journalisten, die in der »Concordia« gemeinsam mit allen anderen Schreibern Wiens saßen und sich zu ihren Festen Walzer von Johann Strauß Sohn bestellen konnten und bei allen nur erdenkbaren Gelegenheiten Gäste von internationalem Format begrüßten – den PEN-Club gab es damals noch nicht, durchreisende Schriftsteller aber wurden von der »Concordia« bewirtet und geehrt, und wenngleich Karl Kraus nachweist, daß die »Concordia« auch ein Verein zur gegenseitigen, wechselseitigen Lobhudelei war, so soll man nicht übersehen, daß es stets erklärtes oder wenigstens stillschweigendes Ziel einer Vereinigung ist, den Mitgliedern möglichst viele Vorteile zu bieten,

Die Vereinigung »Concordia«, eine Wiener Institution von großer Bedeutung, durfte sich rühmen, von allen bedeutenden Zeitgenossen mit Huldigungen überhäuft zu werden. Zu ihren Ballfesten komponierten auch die Mitglieder der Dynastie Strauß Widmungswalzer.

wozu wohl auch gegenseitiges Einverständnis und gegenseitige Hilfestellung zählen.

Das allgemeine Ansehen aber, das die »Concordia« und Schriftsteller und Journalisten genossen, war auch die Reputation des geschriebenen und gedruckten Wortes, das von den bürgerlichen Kreisen als Bildungsinstrument, von der arbeitenden Schicht als Kampfmittel geschätzt wurde, das imstande war, staatenbildend zu wirken und ganz allgemein ein Klima zu schaffen, in dem auch die anderen Künste gedeihen konnten. Die Musiker profitierten davon, daß ein Mann vom Gewicht Hanslicks oder der Qualität Speidels über ihr Metier schrieben: und wenn ein Daniel Spitzer über mehrere Spalten sich ausschließlich über ein neues Bild Makarts verbreitete, so machte das wiederum für die bildende Kunst

Stimmung und vermählte auf schönste Weise alle Künste. Sie waren eben auch Künstler und auf ihre Art von einem Ernst und Standesbewußtsein, daß man sie ruhigen Gewissens denjenigen gleichsetzen kann, die nicht für den Tag, nicht für ein nur einen Tag aufliegendes Journal schrieben.

Hierin liegt vielleicht die Erklärung für die Haßtiraden eines Karl Kraus sowohl gegen seine unmittelbaren Kollegen in den Zeitungen wie gegen alle die Schriftsteller, die mit diesen gemeinsame Sache machten. Sie alle schrieben für den Tag und stets mit dem Wunsch, sofort und nachhaltig auf ihr Publikum zu wirken. Von denen, die für das Theater schrieben – Arthur Schnitzler, Hugo von Hofmannsthal, Hermann Bahr – ist das selbstverständlich anzunehmen.

149

Von denen, die in Journalen einer neuen Kunst zum notwendigen Echo verhelfen wollten – wieder wären die drei Namen einzusetzen –, ist es erst recht zu erwarten. Und von denjenigen, die ihr Brot in der Zeitung verdienten und nebenbei ins Schauspiel oder, wie Theodor Herzl, in gänzlich neue Ideen flüchteten, durfte man erst recht nicht hoffen, daß ihnen erst die Nachwelt interessant erschien. Kraus aber wollte nicht nur seine Mitmenschen aufrütteln, sondern auch Zeugnis ablegen für spätere Generationen. Der Spötter Anton Kuh beschrieb dies einmal so, daß Kraus als ein Fanatiker des letzten Wortes jeden nur denkbaren Einwand noch entkräften und jede einmal mögliche Entgegnung im vorhinein ad absurdum führen wolle, weshalb er es nicht darauf ankommen ließe, einmal nur kräftig und unbekümmert seine Meinung zu sagen, sondern endlose Satzketten dieser hinzufüge.

Die allgemeine Aufbruchstimmung unter den Wiener Künstlern galt einer besseren Zukunft, doch die großen literarischen Taten, die das Schauspiel revolutionierten oder dem Roman sein Ansehen wiedergaben, geschahen nicht in Wien. Was Ibsen für das Drama wurde, hat Wien durch die Aufführung seiner Stücke, durch die Reaktionen der in Wien Schreibenden erfahren. Daß in Deutschland die Brüder Thomas und Heinrich Mann dem Roman noch einmal Würde und kunstfertiges Ansehen zu geben im Begriffe waren, fand in Wien Echo und Bewunderung, jedoch nur eben dies und kaum eine spontane Wirkung. Was an Literatur im heutigen Sinn in der Monarchie geschrieben wurde, das entstand in Prag, in Budapest, in Jugoslawien, auch im schon fernen Italien. Wien, das Herz und Zentrum des Vielvölkerstaates, wollte es sich anscheinend leisten, in der Hauptsache geistreiche Kommentare abzugeben.

Claudio Magris spricht in seinem Buch »Der habsburgische Mythos in der Österreichischen Literatur« über die Wechselwirkungen von Literatur und Musik in Wien. Er ist von der Idee besessen, die »Fledermaus« von Johann Strauß habe den Ausklang und Untergang der Donaumonarchie – auch den in der Literatur – ganz hervorragend charakterisiert. Eine Verteidigung der Operettenlibrettisten Wiens wagt er nicht – wie könnte man das auch angesichts der Meinungen, die in der Öffentlichkeit heute wie damals

herrschen: Eine Operette hat zündende oder einschmeichelnde Melodien; wenn sie von Strauß ist, ist sie in Wahrheit nur ein verkappter Walzer; die Handlung aber ist schon peinlich, und was die Texte anlangt, so kennt man sie am besten gar nicht.

Diesem kann man einiges entgegenhalten. Wie jedermann weiß, sind die großen Erfolge des Musiktheaters nicht nur auf die Musik zurückzuführen: Alles muß stimmen und in Ordnung sein, sonst gibt es einen Mißerfolg wie bei der »Nacht in Venedig«, die eines wirklich schlimmen Librettos wegen trotz Strauß-Musik durchfiel. Was den Librettisten der »Fledermaus«, des »Zigeunerbarons«, von Heubergers »Opernball« oder etwas später auch von Lehárs »Lustiger Witwe« und vom »Walzertraum« des Oscar Straus eingefallen ist, das ist nicht nur Unsinn und Versgeklingel, sondern bisweilen kluger, manchmal sehr witziger Text, den man veralbern oder aber auch als eine Art von Literatur ansehen kann.

Magris nennt keinen der Librettisten mit Namen; sie stehen somit weiterhin in keinem Werk über Literatur in Österreich. Doch zu ihrer Zeit galten sie als erfolgreich und ließen sich wie Literaten feiern, und wenn sie Gelegenheitsdichter genannt wurden, dann immerhin »Dichter«, die zu Gelegenheiten und auf Auftrag hin zu schreiben wußten. Sie lebten ganz so wie Hofmannsthal und Schnitzler, sie waren in ihren Stammkaffeehäusern anzutreffen, sie hatten Freunde in den besseren Gesellschaftskreisen – und sie waren, wenn erfolgreich, auch sehr reich. Einige von ihnen konnten es sich durchaus leisten, sich für ihre Libretti, die man nachher als Machwerke abtat, die Komponisten auszusuchen. Nicht nur dem Libretto zur »Lustigen Witwe« ist widerfahren, daß es einem angesehenen Musiker angeboten, dann aber wieder entzogen wurde, weil ein anderer, erfolgversprechenderer auf den Plan trat. Was an den Operettenfabrikanten abstieß, war ihr rasches Reagieren auf die Tagesmode, ihre pragmatische Haltung der Pointe gegenüber, ihre schier charakterlose Haltung Auftraggebern gegenüber: Wenn ein Theaterdirektor sich an einer bestimmten Stelle eine Gelegenheit für ein Duett der Diva mit dem Tenor wünschte, dann empfanden sie das nicht als Zumutung. Und daß sie immer eine Möglichkeit fanden, dieses Duett auch zustande kommen zu lassen, ist als Fixigkeit zu bewundern und im Grunde gleichzusetzen mit Dapontes Gefälligkeit einem Mozart gegenüber oder mit der Nachgiebigkeit Hugo von Hofmannsthals, der für Richard Strauss aus seinem »Rosenkavalier« etwas ganz anderes machte, als es ursprünglich gewesen war, und aus einer seiner schönsten Novellen, »Lucidor oder die Figuren zu einer Komödie«, eine viel einfachere, derbere »Arabella«.

Aber wie ließe sich doch über das Genialische im Text der »Fledermaus« schwärmen, wo die Herren Zell und Genée zwischen eine ausgedehnte Exposition und einem nur eben lässig ans Ende gestellten dritten Akt ein großes Fest des trunkenen Übermuts, der Verkleidung, der Maskerade, der Erotik, auch der betrunkenen und nicht ganz aufrichtigen Brüderlichkeit auf die Bühne bringen, das die Zeiten so überdauert hat wie die große Literatur.

Die Schriftsteller Wiens, denen man Wirkung auf den Tag und die Tagespolitik nachsagen konnte, »hielten« sich einige Poeten. Das ist beinahe wörtlich zu nehmen. Ein Mann wie Peter Altenberg war ein Poet und existierte als solcher nur, weil die Wiener Freunde ihn ernst nahmen und seinen Ruhm »machten«. Und es gab auch noch andere, längst vergessene Dichter, die in den Kaffeehäusern dahinvegetierten und noch sehr viel wörtlicher vom Wohlwollen, nämlich von den Einladungen der »besseren« Kollegen auf ein paar Würstel, lebten. Franz Werfel hat dem berühmtesten von ihnen, der allerdings heute nicht mehr bekannt ist, in seinem Zeitroman »Barbara oder Die Frömmigkeit« ein Denkmal gesetzt. Er nennt ihn Gottfried Krasny und erzählt – am Rande, versteht sich – sein eigentlich makabres Schicksal. Er war in Wien in zwei Kaffeehäusern als Stammgast und ständiger Schnorrer bekannt. War er nicht in dem einen, dann vermutete man ihn eben im anderen. Und so vergaß man, sich um ihn zu sorgen, als er eine Zeitlang in keinem der beiden erschien. Bis man erfuhr, daß er gestorben war, und eben noch zurechtkam, um ihn zum Grabe zu geleiten und eine Art literarisches Treffen am Wiener Zentralfriedhof abzuhalten.

Dies allerdings geschah in den Kriegstagen, gegen Ende des Ersten Weltkriegs, und gehört nicht mehr ganz zum Bild der heiteren Wiener Epoche. Doch der wahre Gottfried Krasny hatte auch schon in den Jahren vor dem Krieg vom Hunger gelebt. Und Peter Altenberg, den sowohl die Dichter des »Jungen Wien« wie auch Karl Kraus liebten und verehrten, wurde seiner Skizzen wie seines Auftretens und seiner außer aller Norm angesiedelten Erscheinung wegen hochgeschätzt. Egon Friedell: »Am meisten aber erbitterte eine Anzahl von konfusen Skizzen, mit denen ein Autor debütierte, der sich als ebenso unverständlich wie albern erwies. Man forschte nach ihm und eruierte, daß er mit einem exaltierten Sonderling identisch sei, der sich auch schon vorher, ohne zu schreiben, lästig gemacht hatte, indem er in Café-Häusern aufrührerische Reden gegen den Philister und für die Frau hielt, nie einen steifen Kragen trug, dagegen lederne Reitgamaschen, ohne jedoch jemals zu Pferde erblickt zu werden, außerdem die Nacht zum Tage machte, gemeinen Straßendirnen in zartester Weise hofierte, nicht selten mit Kellnern, Fiakern und Zuhältern in angestrengter Konversation getroffen wurde und sämtlichen Frauen von der Probiermamsell bis zur Doktorin der Philosophie durch lächerliches und widersinniges Geschwätz den Kopf verdrehte.«

Als Peter Altenberg seine Bücher – bei S. Fischer, dank der heftigen Freundschaftsdienste aller längst arrivierten Wiener Schriftsteller – veröffentlichte, entfachte er keineswegs das Aufsehen, das sich bei anderen großen künstlerischen Ereignissen auch in Wien zu erheben pflegte. Doch er war imstande, weiter zu schreiben und sein aufregendes Leben zu führen. Als er starb, hielt ihm Karl Kraus die Grabrede, und die Gemeinde Wien widmete ihm ein Ehrengrab.

Es ist ein typisch wienerischer Refrain, daß die Gemeinde Wien einem Musiker, Schriftsteller, Volkssänger oder sogar Maler ein Ehrengrab widmet. Das hat sehr viel mit der besonderen Beziehung des Wieners zum Tod und zu den Riten, die nach diesem einzuhalten sind, zu tun. Und zeigt zugleich, daß die offiziellen Stellen, denen die Förderung von Originalen bei Lebzeiten kaum in den Amtsweg paßt, doch einen Ausweg kennen: den letzten nämlich, dessen in Wien meist horrende Kosten sie dann auf sich nehmen. Die »schöne Leich'« wenigstens bezahlen sie dann. Daran hat sich bis auf den heutigen Tag nichts geändert.

Wien wimmelte von Schriftstellern und Menschen, die schreiben konnten und daher als Schriftsteller ernst genommen wurden oder abgelehnt wurden oder bezahlt wurden oder hungern mußten. Der eben erst erwähnte Egon Friedell gehört zu ihnen. Er war ein Lebenskünstler, der sich einerseits als Kabarettist, später auch als Schauspieler versuchte, zum anderen eine feuilletonistische Weltgeschichte schrieb, die ihrer originellen Ansichten und ihrer Sprachbeherschung wegen als eine Art Ehrenrettung aller Feuilletonisten auch von diesen gelobt wurde. Der eine oder andere »Volksschriftsteller«, wie Vincenz Chiavacci oder Eduard Pötzl, müßte genannt werden, weil sie eine Art Schriftstellerei betrieben, die in Wien eine große Tradition hatte. Auch die Revolution des Jahres 1848 hat es nicht zuwege gebracht, die behäbig zwinkernden, stets konservativ und kalmierend wirkenden Humoristen ihres Publikums zu berauben. Liest man bei Pötzl nach, dann wird allerdings das Wien der Jahrhundertwende plötzlich zu einer Stadt, in der es hoch hergeht, wo jedoch auch üble modische Erscheinungen ihr Unwesen treiben, »Revoluzzer« und »Scharlatane«, die den Sittenverfall vorantreiben und die gute alte Zeit nicht mehr zurückholen wollen. Und das sind dann alle jene, die wir Nachgeborenen als die Persönlichkeiten kennen, denen Wien seine vorletzte Blütezeit verdankt.

Und mit zur Wiener Szene gehörten, immer nur für Gastspiele zwar, die Schriftsteller aus Prag, die dort in deutscher Sprache schrieben und ihre eigenen Kaffeehäuser hatten. Sie bilden eine eigene »Schule« und haben große Namen, die in der Literaturgeschichte zählen: Kafka, Brod, Werfel und Urzidil. Manchmal verwirren sich in der Rückschau die geographischen Verhältnisse, denn wer in der Monarchie in einem Kaffeehaus saß und schrieb, der mußte deshalb noch nicht in Wien sitzen. Er saß aber auf eine vertrackte Weise doch wieder in Wien, denn alle Kaffeehäuser waren denen in Wien nachempfunden, und die Geisteshaltung aller Kaffeehausbesucher war diejenige, die man sich von den Wienern erwartete. Die Stadt des Kaisers wurde liebevoll imitiert, und die wichtigsten Institutionen und deren Benützer gab es eben auch in den Städten der ganzen Monarchie: das Militär also, die Beamtenschaft, dann aber auch die Gesellschaft der Musiker und der Herren Journalisten – und schließlich auch die der schreibenden, die Welt aus der Sicht ihrer besonderen Welt erlebenden Kaffeehausbesucher.

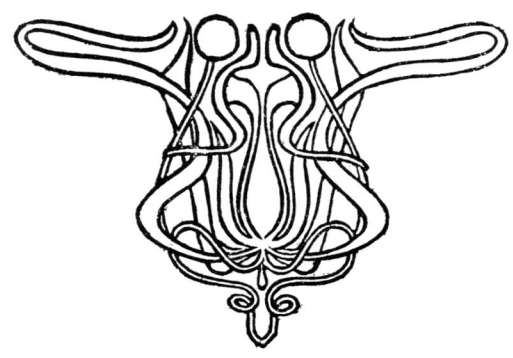

Der Kalafati

»Im Osten der Stadt liegt eine bedeutende Donauinsel,
ursprünglich ein Auland...
Aber im Laufe der Zeit zu einem reizenden Gemische geworden
von Wiese und Wald, von Park und Tummelplatz,
von menschenwimmelndem Spazierplan und stiller Einsamkeit...«

Adalbert Stifter über den Prater

Wenn man vom Prater erzählt, möchte man immer mit Arthur Schnitzler beginnen, der die allerschönste Szene seines »Reigens« dort angesiedelt hat. Die eine Passage aus dieser Szene ist schon so oft zitiert worden, Hans Weigel hat sie besonders hervorgehoben, und seither zieht es einem den Blick immer wieder gerade auf die paar Sätze.

Stubenmädchen.

. . . Ich kann dein G'sicht gar nicht sehn.

Soldat.

A was – G'sicht . . .

– –

Die Szene also spielt im Prater, Schnitzler gibt den Ort ganz genau an. »Ein Weg, der vom Wurstelprater aus in die dunklen Alleen führt. Hier hört man noch die wirre Musik aus dem Wurstelprater; auch die Klänge vom Fünf-Kreuzer-Tanz, eine ordinäre Polka, von Bläsern gespielt.« Den Fünf-Kreuzer-Tanz hat nicht Schnitzler erfunden, sondern geradewegs aus der Wirklichkeit in die Literatur eingeführt. Er wurde nicht nur beim Swoboda, einem Lokal, das Schnitzler seinen Ruf in alle Ewigkeit zu danken hat, gespielt. Er hieß so, weil man gegen den Erlag von fünf Kreuzern auf den Tanzboden treten und dann so lange mit seiner Partnerin Walzer oder Polka tanzen durfte, bis man von einem gespannten Seil, das zwei Burschen hielten, wieder vom Platz gedrängt wurde. Mit wieder fünf Kreuzern durfte man gleich zurück zum Vergnügen, das billig war, dafür aber auch nur eine kurze Weile währte.
Wie die Gedankenstriche am Ende der zitierten Passage aus dem »Reigen« allemal das Glück andeuten, das auch nicht ewig ist, sondern eigentlich nur sehr kurze Zeit dauert, so ist der Fünf-Kreuzer-Tanz ein gutes Beispiel für die Freuden, die der Wurstelprater oder Volksprater, wie man ihn auch nennt, gewährt. Sie sind allemal in kleine Scheiben geschnitten und kosten nicht viel, wenn man sich mit nur einer kleinen Scheibe be-

gnügt. Wenn man aber unersättlich ist und seinen Hunger wirklich stillen will, dann muß man viel Geld in der Tasche haben. Beinahe soviel wie anderswo. Man merkt's nur nicht sofort, man gibt es in den verlangten kleinen Portionen leichter aus. Weil man es ja auch so verdient hat.
Das ungefähr ist die Philosophie jedes Vergnügungsparks, nicht nur die des Praters. Das aber, was den Wiener Prater von den Rummelplätzen anderswo unterscheidet, hat Dichter und lokale Schriftsteller zu Büchern angeregt; nebstbei auch Historiker beschäftigt und uns ein für allemal den Eindruck vermittelt, wir hätten mit unserem Prater doch etwas mehr als alle anderen Großstädte mit ihren Vergnügungsparks.
Erst der Generation, die nach dem Zweiten Weltkrieg aufgewachsen ist, muß man ein wenig ausführlicher erzählen, was die Besonderheit des Wurstelpraters ausmachte. Sie hat durch viele Generationen bestanden und war jedem Wiener so selbstverständlich, daß er sich gewehrt hätte, davon auch noch zu lesen. Erst dieser furchtbare Krieg hat eine Zäsur in der Geschichte des Praters hinterlassen; bis zu diesem Weltkrieg blieb der Prater unverändert immer so, wie er von Anfang an war.
Und zwar schon lange vor der Zeit, von der hier erzählt wird: Ringelspiele und Wirtshäuser, in deren Windschatten musiziert wurde, gibt es seit gut zwei Jahrhunderten im Prater, der eigentlich nichts weiter ist als eine Aulandschaft und ein großer Wald in unmittelbarer Nähe der Stadt. Kaiser Joseph II., der den Augarten freigab, bestimmte auch den Prater zum Erholungs- und Vergnügungsgebiet der Wiener und erklärte ganz genau, nach welchen Regeln man sich im Prater ergehen dürfe.
Die große Zeit des Praters allerdings begann erst, als die Zeit der großen Feste und Ausstellungen anhob, als Wien nach dem Willen Kaiser Franz Josephs glanzvolles Zentrum eines Reiches werden sollte. Die Feste und Ausstellungen gaben dem Prater jeweils ihr Gepräge, andererseits orientierten sie sich an seiner Lage und seinem Charakter. Wichtig war immer, daß es sich um eine Landschaft »in unmittelbarer Nähe« der Stadt handelte, daß der Besuch des Praters rasch und selbstverständlich war, daß man wegen der ständig in Betrieb befindlichen Buden und Wirtshäuser den Weg über den Donaukanal in Richtung Prater

Vorhergehende Seite: Das Aquarell von K. Feiertag »Kasperltheater im Prater« zeigt nebstbei auch ein immer noch existierendes Ringelspiel – die »lebendigen Pferderln«.

Franz Joseph I. war Schirmherr und auffallend wortkarger Eröffner des Dritten Deutschen Bundesschießens, das 1868 in einer eigenen Festhalle im Prater stattfand. Zeichnung von J. N. Schönberg.

einfach gewohnt war und nicht nur antrat, wenn ein Fest von besonderen Dimensionen angesetzt war.

Durch die Chroniken geistert als eines der besonderen Feste in der frühen Glanzzeit des Praters das Deutsche Bundesschießen 1868. Es war ein Treffen von gigantischen Ausmaßen, und der einzige wortkarge Mensch dabei war der Kaiser, der die Schützen aus ganz Europa mit einem einzigen Satz begrüßte. Aber schon anläßlich der Weltausstellung 1873 sprach der Kaiser sehr viel

mehr, war er der pflichtbewußte Monarch, der keineswegs nur zur Ausstellungseröffnung kam, sondern den ganzen Sommer über immer wieder offizielle Besuche machte, um den Ansturm des Publikums immer wieder neu zu entfachen. Das nächst dem Wurstelprater gelegene enorme Ausstellungsgelände mit der Rotunde Hasenauers und den ungezählten Pavillons war immer wieder in Gefahr, doch nicht ganz den erhofften Erfolg zu bringen. Der Kaiser lud Fürstlichkeiten aus aller Welt ein, begrüßte den Schah von Persien und

Unmittelbar nach der Eröffnung der Weltausstellung 1873 ereignete sich der große Zusammenbruch aller finanziellen Luftgeschäfte – der legendäre »Schwarze Freitag«, an dem es in Wien lebhaft zuging. Die Szene vor der alten Börse hat J. E. Hörwarter skizziert.

bewunderte, was immer man ihm vor die Augen brachte, mit der legendär gewordenen stereotypen Formel, es sei sehr schön und freue ihn sehr.

Die Weltausstellung – während der sich auch der berühmt gewordene Schwarze Freitag, ein Börsenkrach von großem Ausmaß und einer offenbar notwendig gewesenen reinigenden Wirkung, ereignete – belebte auch die Geschäftswelt der Stadt, in der man neue Hotels zu bauen hatte, und das sogenannte kulturelle Leben, das vorwiegend von Offenbach und Johann Strauß beherrscht war. Sie gab jedoch auch dem Journalismus Auftrieb, denn in einem eigenen Pavillon der »Neuen Freien Presse« ließ man täglich vor den Augen der Besucher eine eigene Weltausstellungszeitung ent-

stehen und zeigte dabei die neuesten Errungenschaften auf drucktechnischem Gebiet.

Der Börsenkrach, durch die Spekulationen mit Grundstücken und durch das wuchernde Bauwesen noch gefördert, drückte auf den Besuch der Ausstellung. Die Ausstellung gab dem Prater nicht nur ein neues Gesicht – beispielsweise entstand der Konstantinhügel aus frei gewordenem Erdreich und auf ihm ein Restaurant, das dann als Dependance des Hotels Sacher geführt wurde –, sondern brachte ihm mehr Publikum als bisher.

1879 war das Jahr des berühmt gewordenen Festzuges über den Ring anläßlich der silbernen Hochzeit des Kaiserpaares. Makart komponierte ihn als die farbenprächtigste und aufwendigste Huldigung, die Wien je einem Herrscherpaar dargebracht hatte. Der Festzug formierte sich in der Ausstellungsstraße im Prater, wo die Teilnehmer des Zuges zusammentrafen und die ersten Schaulustigen warteten, die sich auch hier schon ansehen konnten, was Stunden später an dem

Vorhergehende Doppelseite: Das traditionelle Erholungsgebiet des Wieners war und ist der Prater mit seinen Wiesen, Wäldern und der anschließenden Aulandschaft. Das Aquarell von Tina Blau ist zumindest in Wien berühmt.

Das Wahrzeichen der Weltausstellung, deren Besuch nur zäh anlief und durch viele offizielle Besuche des Kaisers angekurbelt werden mußte, war die Rotunde. Hasenauers Bauwerk blieb über Jahrzehnte die Dominante des Praters.

Kaiserpavillon auf dem Ring vorbeiziehen würde. Von einem Fest, das Wien im Prater veranstalten wollte, erzählt man deshalb weniger, weil es groß geplant wurde, dann aber nicht wunschgemäß ablief. Anläßlich der Vermählung des Thronfolgers sollte eine Wagenfahrt des jungen Paares durch ein Spalier von Wienern durch die Praterhauptallee stattfinden. Im Gegensatz zum pflichtbewußten Kaiser verspätete sich der Thronfolger allerdings, und weil es leicht regnete, wollte man die Fahrt ganz abbrechen. Die Wiener aber standen kaisertreu zwei Stunden lang, warteten und erfanden zwischendurch einen Namen für die auf dem Praterstern hochschießende Fontäne eines Springbrunnens, der nicht ganz funktionierte, wie er sollte: »patscherter Pilsling«.

Der 8. Mai 1881: Wieder sollte das kaiserliche Brautpaar durchs Spalier fahren: der Thronfolger und seine ihm Angetraute. Daß es eine standesgemäße, den Hausgesetzen entsprechende Ehe war, er jedoch nicht seine eigene Wahl ge-

troffen hatte, blieb dem scharfen Auge und Ohr der Wiener nicht verborgen. Rudolf selbst wäre durchaus bereit gewesen, durchs Spalier zu fahren, seine Vermählte aber war wetterscheu und hielt auch sonst von zuviel Huldigungen des Volkes nichts, wie sie dann später von den Neigungen ihres Mannes zu seinen selbstgewählten liberalen Freunden wenig hielt.

Ein Fest nach dem Gusto der Wiener fand am 24. und 25. Mai 1885 statt; es wurde von der Wiener Freiwilligen Rettungsgesellschaft veranstaltet und ging in die Lokalgeschichte Wiens ein, weil am ersten der beiden Festtage Alexander Girardi bei der Rotunde vorfuhr und das Fiakerlied von Gustav Pick vortrug. »I führ' zwa harbe Rappen . . .« beginnt es, und den Memoiren des Sohnes des Komponisten ist zu entnehmen, daß Girardi keineswegs an den Erfolg dieses Liedes glaubte. In der Wohnung des Komponisten kam es zu einer Generalprobe, zu der Experten geladen waren, echte Wiener Fiaker, damals auch ihrer

Ein historisches Wiener Dokument: Alexander Girardi, als Fiaker verkleidet, vor der Rotunde im Prater, wo er anläßlich eines Festes zugunsten der Wiener Freiwilligen Rettungsgesellschaft ein Lied aus der Taufe hob, das noch immer gesungen wird: »I führ' zwa harbe Rappen . . .«

musikalischen Fähigkeiten wegen gerühmt, und deren nobelste Kundschaft, als Kenner immerhin zugelassen, weil sie die Lieder ihrer Leibfiaker gut genug kannten: die Fiaker Hirschmann, Bratfisch und Rohrer sowie Baron Mundy und die Grafen Rudolf Kinsky und Canon. »Das Lied fand geteilte Aufnahme. Girardi prognostizierte ihm keine besondere Lebensdauer. Als er dies sagte, kniete Mundy vor allen Leuten hin und betete ganz laut und ernst, daß Gott Girardi erleuchten möge, denn das Lied sei großartig.«

Diese Szene mag manchen unglaubwürdig erscheinen. Aber Girardi war es durchaus gewohnt, daß man vor ihm auf die Knie fiel. Johann Strauß konnte seine Erfolge auf dem Operettentheater nur erringen, wenn er Girardi auf die Bühne brachte, und viele Stücke, die nur dieses Künstlers wegen in Serie gespielt wurden, sind vergessen, seit es Girardi nicht mehr gibt. Eine

Vorhergehende Doppelseite: Die Fürstin Pauline Metternich erfand – neben vielen anderen aufregenden Wohltätigkeitsveranstaltungen – auch den Blumenkorso durch die Praterhauptallee. Von Gause stammt das berühmte Bild mit Bürgermeister Lueger, dem »schönen Karl« im Fiaker.

Generation von Theaterkennern erzählt in ihren Erinnerungen, es habe damals eigentlich nicht den Typus des Wieners, sondern eben Alexander Girardi gegeben, der von allen Wienern nachgeahmt wurde: sowohl als Typus wie auch in seiner Kleidung und schon gar in seiner Sprechweise.

Die Szene dann im Prater, die fast jedem Wiener geläufig ist, ist gewiß äußerst wirkungsvoll gewesen: Alexander Girardi fuhr im Fiaker vor und sang das Lied, das sich seither im Repertoire aller Wiener Sänger hält und das, wie es sich für ein Wiener Lied gehört, in der letzten Strophe auch noch den Tod hereinnimmt und ganz unsentimental um eine schöne Leich' für den Fiaker bittet. Hier sei gleich vorweggenommen: Ein gutes Wiener Lied erkennt man stets daran, daß es nicht einfach Stimmung macht, sondern auch das Ende des Menschen einbezieht. Der Tod, er wird nicht verborgen, nicht überwunden, denn er kommt ja auf jeden Fall. Auch zu Fiakern.

Das nächste grandiose Praterfest war dann die Internationale Ausstellung für Musik- und Theaterwesen im Jahre 1892, die ein Schicksal auch ganz wienerischer Art hatte. Ursprünglich sollte zum 100. Todestag von Wolfgang Amadeus Mozart eine Ausstellung von Instrumenten, Autographen, Drucken und Porträts ausgerichtet werden. Die Fürstin Pauline Metternich machte etwas ganz anderes aus ihr. Sie ließ eine Jury und ein Komitee etwas länger nachdenken und eine Ausstellung inszenieren, für die ein eigenes Theater und ein eigener Konzertsaal gebaut wurden, ein Platz »Alt-Wien« entstand, bei der es dann zwar auch die ursprünglich vorgesehene Schau von Instrumenten und Noten gab, vor allem aber lebendiges Theater: Aus ganz Europa kamen Truppen und gaben kurze Gastspiele; aus der ganzen Monarchie kamen die gerade erst entstandenen nationalen Ensembles und bekamen hier eine Chance, sich der Welt zu präsentieren.

Zwei Beispiele nur: Mit den Italienern kam Pietro Mascagni nach Wien und ließ sich dafür feiern, daß in der Hofoper »Cavalleria rusticana« bereits über hundertmal gegeben worden war. Aus Prag kam Friedrich Smetana und erlebte, daß seine »Verkaufte Braut« etwas ganz anderes wurde, als man bis dahin gedacht hatte. Sie war als nationale Oper geschrieben worden; aber nach der Wiener Ausstellung war sie ganz einfach Allgemeinbesitz der Opernfreunde, die sich um Folklore nur sehr am Rande kümmerten.

Noch ein Fest gab es im Prater, das der Fürstin Pauline Metternich zu verdanken war – und vor allem eine modische Sensation wurde: das Frühlingsfest am 1. und 2. Juni 1899, für das man in der Rotunde ein secessionistisches Dorf baute, absurde und als Karikatur gedachte Häuser nach Entwürfen, die sich an die soeben entstandene Secession anlehnten. In diesen Häusern verkauften Damen der Gesellschaft – auch Katharina Schratt wird genannt – Kram, waren sie aber vor allem in secessionistischen Kostümen zu bewundern, die Kolo Moser, Engelhart und der Zeichner Zasche entworfen hatten. So rasch reagierte

Die Praterhauptallee war nicht nur an hohen Festtagen prachtvoll anzusehen; an jedem sonnigen Tag fuhren Equipagen durch den Prater, und jeder Sonntagnachmittag war eigentlich ein Korso.

Im Wurstlprater (oben: das Aquarell von K. Feiertag) fand der »kleine Mann« sein billiges Vergnügen; auf dem Konstantinhügel (das Bild von Carl Duxa auf der rechten Seite) hatte Eduard Sacher eine Dependance seines Betriebs in der inneren Stadt errichtet. Sie war freilich nur in der warmen Jahreszeit geöffnet – wie bis vor ganz kurzer Zeit.

damals ganz Wien auf einen Stil, eine Mode, die sich ausdrücklich als »Secession«, also als Trennung von den angestammten künstlerischen Vorstellungen der Stadt und ihrer Bewohner verstanden wissen wollte.

Das allerletzte große Fest im Prater war wohl das Sängerbundesfest 1928 zum 100. Todestag von Franz Schubert. Im Pratergelände formierte sich wiederum ein Festzug, der dann seinen Weg über die Ringstraße nahm. 150 000 Sänger nahmen an ihm teil, die an einem Spalier von mehr als einer Million Zuschauern vorbeizogen. Auf der Jesuitenwiese wurde eine Sängerhalle errichtet, in der 40 000 Sänger und noch einmal 40 000 Zuhörer Platz fanden – der sogenannte Festplatz im Prater aber war 300 000 Quadratmeter groß. Wer immer damals an diesem Sängerbundesfest teilnahm, der schwärmt noch heute davon. Der Wahrheitsgehalt der Gerüchte, daß als Folge gerade dieses Festes sich mehrere Wiener Anwaltskanzleien durch Vaterschaftsprozesse ein kleines Vermögen erwarben, ist nicht nachzuprüfen. Das

Gerücht hält sich allerdings sehr hartnäckig auch in Musikerkreisen, und was es an Anekdoten darüber gibt, die 1928 und in den folgenden Jahren über die fruchtbare Tätigkeit der Schubert-Verehrer kursierten, das ist immer noch hörenswert. Es erinnert, rundheraus gesagt, an die Szene von Arthur Schnitzler, aus der eingangs zwei Sätze und einige Gedankenstriche zitiert worden sind.

Das zuletzt angeführte Fest allerdings war schon eines, das nicht mehr Pauline Metternich gestaltete. Metternich? Sie war tatsächlich eine Verwandte des berühmten Staatskanzlers, ging 1859 als die Frau des österreichischen Botschafters nach Paris und wurde dort die Gönnerin von Richard Wagner und Johann Strauß. Dann kam sie nach Wien zurück und arrangierte Feste. Felix Salten schrieb über sie zu ihren Lebzeiten und angesichts der Tatsache, daß sie das auch zu lesen bekam: »Selten hat eine häßliche Frau bei den Wienern so rasendes Glück gehabt. Neben ihr wüßte ich überhaupt nur noch eine: die Gallmeyer.« Pauline Metternich ist die Erfinderin des Blumenkorsos,

der Redouten, aller Wohltätigkeitsfeste ihrer Zeit. »Die Metternich mischt auf und sorgt dafür, daß Wien ein nobles Haus führt«, schreibt Salten, und in allen Erinnerungen ist nachzulesen, daß bei ihr einziger Treffpunkt der Aristokratie mit dem spendenden Bürgertum war.

Der Blumenkorso gehört zu den Erfindungen, die sie dem Prater schenkte: eine Wagenfahrt, an der jeder teilnehmen konnte, der einen eigenen Wagen hatte oder es sich leisten konnte, einen zu mieten. Er mußte nur Sinn für etwas Prunk haben, gute Laune verbreiten und mit Pferden umgehen können.

Auch um den Blumenkorso in der Praterhauptallee ranken sich Geschichten und Legenden; so auch die von dem Bauern, der vom Blumenkorso gehört hatte und sich mit einem durchaus unpassenden Gefährt in die Menge mischte, beinahe lächerlich auffiel und zum Gespött geworden wäre, hätte sich nicht der Thronfolger selbst mit seinem Zeugl neben die Bauernfamilie lenken lassen, um ein Gespräch von Mann zu Mann zu führen.

Ein Restbestand dieses Blumenkorsos ist geblieben. Die Fiaker, die heute noch zur Firmungszeit geschmückt in den Prater fahren, vermitteln uns eine Ahnung davon, wie es einmal gewesen sein muß. Und eines der berühmtesten Aquarelle von Gause zeigt uns nicht nur die Popularität des Volkskaisers Lueger, der selbstverständlich im offenen Fiaker am Blumenkorso teilnahm, sondern zudem die Menge in der Allee und die allgemeine gute Laune, die bei diesem Fest herrschte.

Es muß hier auch sehr nachdrücklich erwähnt werden, daß auch die Arbeiterschaft Wiens ihre ersten Maiaufmärsche in der Praterhauptallee formierte – das war dann freilich kein Blumenkorso, ergab aber im Endeffekt, wie jeder Aufmarsch in Wien, der nicht ausdrücklich einer Revolution gilt, eine Art Volksfest – immerhin fanden sie in unmittelbarer Nähe des Wurstelpraters und jener Lokalitäten statt, in denen traditionsgemäß auch der sogenannte »kleine Mann« sich als Gast und Kenner von Küche und Kunst beweisen konnte.

Denn auch dies ist der Prater, wo Musik von Beet-

Der Stolz des Wieners auf ein »fesches Zeugl« konnte sich im Prater austoben; nicht nur der Adel, vor allem auch die gut verdienenden Bürger wollten und konnten sich eines leisten. »Praterfahrt« heißt das Aquarell von H. G. Wilda.

hoven erklang und Johann Strauß unzählige Male konzertierte: Sowohl die berühmten drei Kaffeehäuser wie auch die vielen Gastwirte mit berühmten Namen hatten für eine dem Wiener Standard angemessene musikalische Unterhaltung zu sorgen, und die Volkssänger, die im Prater auftraten, hatten zweierlei Publikum: das an den Tischen ringsum und das nicht zahlende außen an den Zäunen, das freilich nicht weniger aufmerksam war und gleichfalls applaudierte, wenn ihm die Musik gefiel.

Es mag am Prater liegen, daß eine Koryphäe vom Range Friedrich Schlögls, den niemand in Wien anders als mit Hochachtung einen Chronisten vor allem des Volkstums nannte, einen Beitrag über den Heurigen mit der frappierenden Feststellung beginnen konnte, die Wiener seien bekanntlich vorwiegend ein biertrinkendes Volk. Denn wenn sich heute auch allgemein die Sage vom den Wein »beißenden« Wiener durchgesetzt hat, so war im ausgehenden neunzehnten Jahrhundert außerhalb der Heurigengehergemeinschaft tatsächlich das Bier aus Schwechat populärer als jedes andere Ge-

tränk. Schlögl: »Seitdem vor einigen Decennien die beiden Gerstensaftapostel Held und Dreher in Liesing und Schwechat ihre gloriose, reformatorische Thätigkeit begannen. Seit dieser neuen Bieraera trinkt eben Alles Bier, von der zarten Primadonna der Hofoper bis zur minderzarten Amme, vom Unterstaatssecretär bis zum Magistratspracticanten, vom protzigsten Börsenparvenu bis zum Feuilletonisten eines Volksblattes, von Frl. Geistinger bis zu Frl. Stubel – und nur in den Zwischenpausen, wenn Wien kein Bier trinkt, trinkt es Wein.« Im Prater und in den kleinen Beiseln der Vorstädte war das Faßbier en vogue und wurde mit Kennerschaft in puncto Temperatur und Grädigkeit beobachtet; bei den Wirten des Praters mußte an Sommertagen ununterbrochen frisch angeschlagen werden, und alle Versuche, den Wiener durch fremdländische Spezialitäten – bei der Weltausstellung oder sehr viel später im berühmten eigenen Vergnügungsviertel »Venedig in Wien« – zu anderen Getränken zu bekehren, hatten keinen Erfolg. Es gibt Bilder aus der Zeit und Lieder, die dem Bier ge-

Die dichterischen wie die bildnerischen Zeugnisse von der Idylle und dem Erholungswert des Wiener Praters sind unzählbar. Daß Kinder mit dem Begriff Prater auch mehr als nur Ringelspiel und Kasperl verbinden, vergißt man manchmal.

»Venedig in Wien« hieß ein eigener Prater im Prater, ein Vergnügungsviertel, wo man gegen Entree in echten Gondeln fahren und italienisch speisen konnte, wo große Ensembles auftraten – und Karl Kraus umging, um Stoff für seine bitteren Porträts des »echten Wieners« zu sammeln.

widmet sind: Und wie bei jedem anderen Vergnügen, das sozusagen kleinweis, aber deshalb doch nicht zu billig angeboten wurde, wurde der Prater zu dessen Hauptumschlagplatz. Nebstbei allerdings auch der zweite Wiener Vergnügungspark, der »böhmische Prater« am Laaerberg, so genannt, weil er nahezu ausschließlich der aus Böhmen, Mähren und der Slowakei eingewanderten Wiener Bevölkerung diente: Es gab sie damals besonders in den neuen Bezirken am Stadtrand, vor allem in Favoriten, in großer Zahl. Heute noch gibt es, muß man zur Kenntnis nehmen, von 737 350 gemeldeten Hauptmietern in Wien eine »mit Sorgfalt ermittelte Zahl« von 198 110 mit tschechischem Namen. Ein Fachbuch erwähnt nur beiläufig, dies wären somit rund 27 Prozent der Wiener Bevölkerung – und dies ein Dreivierteljahrhundert nachher, in einer Zeit, die längst nicht mehr den permanenten Zuzug aus dem Norden nach Wien begünstigt. Der »böhmische Prater« also diente dem Vergnügen und

dem Bier ebenso wie der echte; sein Name war eine Verbeugung vor dem Wurstelprater.

Bisher war eigentlich nur von diesem die Rede, nicht aber vom Nobelprater, der sich an Ausdehnung sehr viel weiter erstreckte und ganz allmählich in die Landschaft um Wien überging – nur unterbrochen durch die Freudenau, wo 1868 endlich ein Rennplatz angelegt wurde, aristokratisches Gegenstück zum Trabrennplatz hinter der Rotunde. Man unterschied damals sehr genau zwischen dem aristokratischen Vergnügen in der Freudenau und dem Trabersport, der auch ein Bürgersport genannt wurde. Nach Abschluß der Rennsaison in der Freudenau gab es den Derbykorso, und es gab natürlich auch die Heimfahrt vom Trabrennen. An Bedeutung und Popularität kamen diese natürlich dem Blumenkorso nicht gleich: »Die Zuschauer zu beiden Seiten der Straße warfen, angeregt vom Blütenbombardement der vorbeifahrenden Wagen, Tausende Wurfbukette in die Blumenschlacht. Hie und da

Eine der ungezählten Zeichnungen von Fritz Schönpflug zeigt sehr deutlich, was man heute kaum mehr weiß: Wien war eine Stadt, in der vor allem Bier getrunken wurde. Die Brauereien waren besser dran als die Weinhauer.

gibt es in der Menge der Pferdewagen auch schon Anhänger des aufstrebenden Radsports zu sehen«, heißt es in der Beschreibung zu einem Bild von Gause 1897.

Natürlich aber ist vor allem der weniger noble, dafür aber um so beliebtere Wurstelprater gemeint, wenn man vom Prater als einem wienerischen Areal redet. Ein vor nicht langer Zeit überarbeitetes, in der Zwischenkriegszeit erstmals herausgegebenes Standardwerk »Der Wiener Prater einst und jetzt« läßt einem bei der Lektüre das Wasser im Mund zusammenlaufen über all den Herrlichkeiten, die es da einst gegeben hat. 181 Nummern werden da aufgezählt, wobei diese mit schöner Regelmäßigkeit entweder eine Gastwirtschaft oder ein Kaffeehaus oder ein Ringelspiel oder aber auch eine Polizeiwachstube bedeuten.

Ein Beispiel nur: Das Zweite Kaffeehaus (Nr. 9, alt Nr. 18) wird 1786 erstmals erwähnt, findet sich in alten Aufzeichnungen wieder 1808 als Lokal mit einigen 100 Tischen und einer Musikbühne, ge-

hört dem Vater Antonie Wagners, der Freundin Ferdinand Raimunds; später gehören dazu auch Lokale rundum, die selbst Berühmtheit erlangen. 1846 konzertiert dort das Fahrbachsche Orchester – Fahrbach war ein ziemlich berühmter Gegenspieler der Familie Strauß –, und nach einem Besitzerwechsel scheinen auch die dort musizierenden Komponisten zu wechseln, denn 1866 wird von einem nächtlichen Korsofest im Prater berichtet, bei dem Josef und Eduard Strauß mit einer 60 Mann starken Kapelle im Zweiten Kaffeehaus auftreten. Zur Weltausstellung ist der Betrieb entsprechend groß; 1878 gibt die Gesellschaft der Musikfreunde ein Kostümfest dort, und in den neunziger Jahren ist es Uraufführungsstätte von C. M. Ziehrers Tongemälde »Der Traum eines österreichischen Reservisten«, einer Komposition, über die allein eine Abhandlung zu schreiben wäre, hätte nicht ein Wiener Dirigent und Musikschriftsteller sämtliche Arbeiten über Ziehrer und dessen Musik vorweggeschrieben.

Basilio Calafati, der Ahnherr eines großen Pratergeschlechtes –
und Namengeber der berühmtesten Ringelspielfigur.

Der große Chineser, Calafatis wichtigstes Ringelspiel. Erst
später nannten die Wiener die Figur den »Kalafati«.

»Zum Sonntagstanz im Zweiten Kaffeehaus stellten in der Vorkriegszeit die Burggendarmen ein starkes Kontingent, die hier mit Herrschaftsstubenmädeln ihr Rendez-vous hatten«, wird als Mitteilung von Hofrat Dr. Joh. Bermann in der Pratergeschichte ernsthaft aufgezeichnet. Die Kundschaft also war die nobelste, die man sich nur denken kann.

Nach ungezählten Wirtshäusern, die alle aufzuzählen in diesem Rahmen gar nicht möglich wäre, ist erst mit Nr. 111 (alt Nr. 37) das Karussell »Zum großen Chineser« angeführt, das offiziell eigentlich »Zum schwarzen Roß« heißt, in Wahrheit aber mißverständlich als »Der Kalafati« angegeben wird, wenn man von ihm heute spricht. Auch hier die Geschichte nur in Auszügen: Es hieß ursprünglich tatsächlich »Zum schwarzen

Vorhergehende Doppelseite: noch ein Aquarell, das eine Pra-
terszene zeigt. Ferdinand Laufberger nannte sie »abendlich« –
man merkt es, das Dienstmädchen links ist dem Soldaten schon
sehr nahe.

Roß« und wird in einem Gedicht 1802 erwähnt – das Gedicht ist einst auf dem Ringelspielschild selbst nachzulesen gewesen. 1840 kommt es in den Besitz des Basilius Calafati, der vordem als Taschenspieler und nachher als einer der erfolgreichsten Praterunternehmer bekannt und beliebt war: Er ist der erste, der die Dampfeisenbahn nicht als Teufelswerk fürchtet, sondern Lokomotiven auch vor seine Ringelspiele spannt und so den Praterbesuchern eine Ahnung von der Kraft, die diese Maschine hat, vermittelt. Erst 1854 stellt Calafati als neues Wahrzeichen seines ersten eigenen Ringelspiels den »großen Chinesen« auf und nennt nur noch das zum Ringelspiel gehörige Restaurant nebenan »Schwarzes Rössel«. Aus selbst in den ausführlichsten Büchern über den Prater nicht erläuterten Gründen wird gerade der Chinese zum Wahrzeichen aller Ringelspiele – selbstverständlich ist erwiesen, daß beim ersten Blumenkorso 1886 Pauline Metternich auf diesem Karussell gefahren ist und nach ihr alle wesentlichen und attraktiven Praterbesucher. Aller-

Fritz Schönpflug zeichnete für das Titelblatt der humoristischen Wochenschrift »Die Muskete« diesen »Walzer«. Nicht viel anders tanzte man im Prater den von Arthur Schnitzler im »Reigen« verewigten Fünf-Kreuzer-Tanz.

dings: die Legende, die sich um den Kalafati ge-bildet hat, ist neuerer Machart; noch in der Feuilletonreihe Felix Saltens über den Wurstel-prater wird der große Chineser keineswegs als besondere Ringelspielattraktion erwähnt, und Ca-lafati mag für den Schriftsteller einfach der Name eines Schaustellers im Prater gewesen sein. Die Dynastie der Calafatis gehörte zu den nobleren im Prater und verkaufte 1919 ihr Ringelspiel an eine Helene Pichler, die es wiederum später in den Besitz des berühmten Alexander Kobelkoff übergehen ließ. Dessen Sohn Albert Kobelkoff schließlich dürfte, als er 1932 die Halle rund um den damals schon recht ramponierten Chinesen renovieren und feierlich neu eröffnen ließ, erst so recht den Grundstein dazu gelegt haben, daß heute noch jedermann zu wissen meint, wer eigent-lich der Kalafati war.

Aber nur echte Kenner der Geschichte des Wurstelpraters werden wohl Näheres über den großen Chineser und seinen ersten Besitzer, den Stammherrn der Familie Calafati, wissen. Und noch kleiner dürfte die Zahl derjenigen sein, die wissen, daß eine Maria Calafati, Tochter eines Generalamtskonsulenten, zeitweilige Geliebte des Humoristen Moritz G. Saphir, verehelicht mit einem britischen Kapitän, unter dem Schrift-stellernamen Alexander Bergen Volksstücke schrieb, die im Dritten Kaffeehaus im Prater auf-geführt wurden. Sie ist für die Wiener Geschichte deshalb interessant, weil sie auch die Über-setzerin des französischen Kassenschlagers »Der Gesandtschaftsattaché« war, aus dem in der Folge und ganz ohne ihr Zutun – die Dame aus dem Geschlecht der Calafati starb 1863 – die Vorlage zu Franz Lehárs »Lustiger Witwe« wurde.

Zwangsläufig muß jetzt die Geschichte des Drit-ten Kaffeehauses folgen, in dem gleichfalls alle Größen der Wiener Unterhaltungsmusik konzer-tiert haben, zudem von 1873 an Vorführungen des »k. k. konz. Hirschberger-Theaters« stattfanden; ein Saal, für die Weltausstellung eigens aufge-führt, faßte 5 000 Menschen und wurde seiner besonders prächtigen Illumination wegen be-rühmt. 1877 wird Anton Ronacher, Besitzer des nach ihm benannten Etablissements in der Inne-ren Stadt, Herr über das Dritte Kaffeehaus, in dem dann ungezählte Attraktionen zu sehen sind, die auch in sein Varieté passen würden, in dem aber auch alle Volkssänger bis zum berühmten

Guschelbauer, dem »Alten Drahrer«, auftreten. Ronacher hat den Ehrgeiz, die Lokalität auch zum Operettentheater zu machen; Offenbach wird ge-spielt, eine Novität des jüngeren Hellmesberger – sein Vater ist Hofkapellmeister und Direktor des Konservatoriums, er selbst Professor an der Hohen Schule – kommt heraus, die Wiener Posse wird gepflegt. Das Programm wechselt immer wieder zwischen Operette, Volkssängertruppen, Varietéattraktionen. Bis 1908 die »Budapester« – wiederum eine Truppe, der ein eigenes Kapitel in einer Wien-Geschichte zu widmen wäre: eine Vereinigung vorwiegend jüdischer Komiker, de-ren Schwänke mit ihren besten Witzen bis heute nachwirken – ins Dritte Kaffeehaus einziehen, gibt es Spielzeiten, die wert wären, beschrieben zu werden. Für 1907 sind als Künstler im Dritten Kaffeehaus angegeben: die Vortragssoubrette Pepi Milton mit pikanten Chansons, Gisi Cherry, Emmy Dornelly, die Opernsängerin Nana de Verviers, Pepi Steidler mit Klapphornversen und Anny Wilkens mit Chansons.

Zu den Attraktionen des Praters gehörten auch Bauchredner, der Wurstl, die Schießstätten, das Hippodrom, Schaustellerbuden jeglichen Niveaus, die Grottenbahn – ob sich außer einem Wiener jemand unter dieser ganz besonderen Volksbe-lustigung etwas vorstellen kann? –, ein einst welt-berühmtes Automatentheater, aus dem dann in der Zeit des aufkommenden Radsportes – 1897 – ein Gasthaus »Zum Radfahrer« wurde, eine »Weltschau«, die von 1873 an »Kunst- und Na-turseltenheiten« – abgerichtete Hunde, Wachs-figuren, Nebelbilder, Briefschreibmaschinen und anderes – zeigte, Präuschers Panoptikum und Anatomisches Museum, dem zeitweise ein Affen-theater, ein ganzer Circus, dann wieder eine Schau von lebendigen und dann später ausge-stopften Abstrusitäten angegliedert waren; zu den Attraktionen gehörten schließlich auch die »lebenden Pferderln«, ein Karussell, das seit 1891 seinen Platz im Wurstelprater nicht gewech-selt und seine Anziehungskraft bis heute nicht eingebüßt hat.

Und über dem ganzen Territorium ist viel Musik: sie kommt von den Volkssängertruppen, aber auch von den Ausrufern, die ihr Publikum melodiös anlocken – mit Ausnahme des unsterblichen Liliom, der nur leider aus Budapest stammt und nicht im Wiener Prater aufgewachsen ist; weiter

Der technische Fortschritt fand auch im Prater seinen Niederschlag. Photographie eines Ringelspiels mit Flugzeugen um 1910.

von den mechanischen Musikautomaten jeglicher Art, wie sie vor dem Zeitalter der Elektrizität en masse erfunden wurden und in ihrer aufregendsten Spielart als Praterorgel überall anzutreffen waren. Von ihnen gibt es heute noch einige rare Exemplare zu bewundern. Die schönsten Melodien sind freilich längst auf Schallplatten festgehalten, klingen aber dennoch am überzeugendsten, wenn man sie mitten im Gedränge unter freiem Himmel von der Musikorgel eines Ringelspiels vernimmt.

Die schönsten Sätze über den Prater und damit über den wahren Lustort der Wiener stammen von einem stillen, gerade in der beschriebenen Epoche wenig zur Kenntnis genommenen Dichter:

»Im Osten der Stadt liegt eine bedeutende Donauinsel, ursprünglich ein Auland, wie so viele Inseln der Donau, wo sie Flachland durchströmt, aber im Laufe der Zeit zu einem reizenden Gemische geworden von Wiese und Wald, von Park und Tummelplatz, von menschenwimmelndem Spazierplan und stillster Einsamkeit, von lär-

mendem Kneipegarten und ruhigem Haine. Viele Wiener mag es geben, die die Reize und Schönheiten ihres Praters nicht kennen, wenn er auch noch so besucht ist; denn so betäubend das Gewimmel an einigen Stellen, besonders zu gewissen Zeiten ist, so einsam, wie in der größten Einöde, ist es an andern, so daß man wähnen sollte, wenn man diese Wiesen und Gehölze entlang schritte, müsse man eher zu einer artigen Meierei gelangen als zu der riesenhaften Residenz – aber gerade die riesenhafte Residenz braucht einen riesenhaften Garten, in den sie ihre Bevölkerung ausgießt und doch noch Teile genug leer läßt für den einsamen Wanderer und Beobachter – und wohl uns, daß wir den Prater haben.«

Und Adalbert Stifter, Schreiber dieser Praterhuldigungen, hat auch für den Wurstelprater Worte übrig, die ihn als aufmerksamen Beobachter ausweisen. Daß er, ansonsten ein von Wien Enttäuschter, freundlich und wohlwollend urteilt, ist nicht anders zu erklären, als daß er ein Feuilleton zu schreiben hatte und keine Zeitkritik.

»Du befindest dich, fremder Leser, wie es hier beschrieben, mitten in dem sogenannten Wurstelprater, der seinen Namen von dem Hanswurst hat, der aber schon längst gestorben ist. War der Glanz und Prunk in der Hauptallee, der sich doch vergleichsweise ruhig vor deinen Augen entfaltet, schon dieselben betäubend, so ist es zwar hier nichts weniger als auf Glänzen und Prunken abgesehen, aber wenn du dieses Elementes nicht gewohnt bist oder mächtig werden kannst, so zerrüttet es dir die Vernunft, und ich kannte einen ernsthaften Herren mit schwachen Nerven, der hielt sich den Kopf, weil er behauptete, er fühle es, wie ihm die Knochen auseinandergehen – aber sieh! das ist echte, gesunde Volkslust, die sich das Volk selber gibt, und die ihm wohl bekommt; laß sie drollen und jubeln, und mitunter derb; denn diese da brauchen den Wein der Freude etwas stark und sauer, weil er die ganze folgende Arbeitszeit nachhalten muß, die sie zu überstehen haben, bis wieder ein Fest kommt wie das heutige – darum freut sich auch der Arbeiter wochenlang darauf und er ließe es nicht aus, er läge denn auf dem Sterbebette – und ich denke, da schon ein guter Teil der Menschen dazu verurteilt ist, namentlich in der Stadt, seine meiste Lebenszeit in engen Werkstätten zuzubringen mit einem dumpfen Geiste, so darf man ès ihm wohl gönnen, ja, man soll ihn dazu ermuntern, daß er auch einmal seine Augen auftue, seine Seele erweitere und Lust und Freude walten lasse. – Ein lustiges Volk ist auch ein gutes Volk, und das wissen wir hier am Donaustrande recht wohl, und es freut uns, daß es gerade bei uns so ist, und Arbeit und Lust, und Lust und Arbeit, das mischt sich so bei dem Wiener, daß du nicht weißt, ist das eine oder das andere die Hauptsache – es mögen's wohl beide sein –, du kennst es ja, das lustige Volk der Fajaken, immer ist Sonntag, es dreht sich der Braten am Spieß.«

Der Arzt

»Ich bin eigentlich gar kein Wissenschaftler,
kein Beobachter, Experimentator oder Denker.
Dem Temperament nach bin ich nichts als ein Konquistador,
ein Abenteurer, mit der Neugier, Kühnheit und Hartnäckigkeit,
die diesem Menschentyp eigen.«

Sigmund Freud

Verehrter Herr Doktor,
Seit vielen Jahren bin ich mir der weitreichenden Übereinstimmung bewußt, die zwischen Ihren und meinen Auffassungen mancher psychologischer und erotischer Probleme besteht, und kürzlich habe ich den Mut gefunden, eine solche ausdrücklich hervorzuheben [Bruchstücke einer Hysterieanalyse, 1905]. Ich habe mich oft verwundert gefragt, woher Sie diese oder jene geheime Kenntnis nehmen konnten, die ich mir durch mühselige Erforschung des Objektes erworben, und endlich kam ich dazu, den Dichter zu beneiden, den ich sonst bewundert. Nun mögen Sie erraten, wie sehr mich die Zeilen erfreut und erhoben, in denen Sie mir sagten, daß auch Sie aus meinen Schriften Anregung geschöpft haben. Es kränkt mich fast, daß ich fünfzig Jahre alt werden mußte, um so etwas Ehrenvolles zu erfahren.«

Solche Briefe wurden einst in Wien geschrieben. Sigmund Freud, bereits als Vater einer neuen »Schule« etabliert, war zwar ein strenger und Abweichlern gegenüber unerbittlicher Vater, doch gleichzeitig ein sensibler Mensch und dankbar dafür, wenn ein Schriftsteller vom Format Arthur Schnitzlers ihm zum Geburtstag schrieb. Und dankte im Mai 1906 mit den eben zitierten Zeilen, die allerdings nicht nur zeigen, wie höflich selbst ein hart um Anerkennung seiner Erkenntnisse ringender Wissenschaftler in Wien sein konnte; sie geben außerdem Zeugnis ab, daß in der Stadt gewisse Probleme und deren Lösung »latent« waren und daß ein Wissenschaftler und ein Dichter – der gelernter Mediziner war – gleichzeitig diese Probleme richtig erkannten.

Sigmund Freud, wahrlich die Denkmalsfigur in einem Kapitel, in dessen Mittelpunkt der Wiener Arzt steht, weicht vom Idealbild des bedeutenden Wiener Arztes eigentlich nur in einem einzigen Punkt ab: er war unmusikalisch und gab dies auch zu. Er stellte sich aber auch wieder nicht aus der erlauchten Reihe der großen Wiener Ärzte, denn er leugnete sein Interesse für die schönen Künste nicht, dilettierte vielmehr als Schriftsteller und suchte den Kontakt mit von ihm geschätzten Literaten – mit Arthur Schnitzler eher um des gemeinsamen Interesses willen, mit Stefan Zweig jedoch vor allem, weil er ihn wegen seiner sprachlichen Virtuosität bewunderte und weil dieser ihm Schriftsteller ins Haus brachte.

Auch Sigmund Freud also, den zuerst die Welt und in der Folge erst Wien schätzen und als wesentlich begreifen lernte, paßt somit ins Bild des Arztes, des Forschers, des Entdeckers in Wien, der allemal vielseitig und »musisch« ist, der auf die eine oder andere Art gesellig zu sein hat oder wenigstens einige bevorzugte Freunde um sich zu einem »Kreis« versammelt, der beinahe immer ein Nebenfach ernsthaft betreibt und wahrscheinlich meint, er hätte es auch in diesem zu etwas bringen können – er ist entweder Geiger oder Musikkritiker oder Schriftsteller oder Soziologe –, kurz: beweist als guter Arzt immer, daß er tatsächlich etwas von Musik oder Literatur oder bildender Kunst versteht.

Einige Beispiele hierfür aus der Zeit vor Freud, die für das medizinische Wien von großer Bedeutung war: Karl Freiherr von Rokitansky, vom Kaiser in den Adelsstand erhoben, mit dem Commandeurkreuz des kaiserlich-österreichischen Leopold-Ordens ausgezeichnet, von der Stadt Wien zum Ehrenbürger gewählt, von seinen Kollegen als »die Seele des medizinischen Wien« charakterisiert, wird als ein Mann beschrieben, der für ein gutes Gespräch über Musik oder Literatur durchaus immer Zeit fand, in dessen Haus man ordentlich musizierte, wo Franz Grillparzer verkehrte. Rokitansky selbst schreibt: »Eine melodiöse Musik versetzt mich in eine Stimmung, die ich kurz nicht besser als ein Gefühl der Befreiung bezeichnen möchte; aufgerichtet, versöhnt, vergessen fühle ich, wie die Phantasie ungebunden webt, in alle Werkstätten des Geistes dringt, sich selbst an tiefernstem Stoff versucht, wie sich Widerstreit und Dissonanz im Innern lösen, und damit die Individualität zerfließt.« Man möchte staunen darüber, wie poetisch und doch verständlich ein Arzt, dessen »Handbuch der pathologischen Anatomie« zum allgemeingültigen Lehrbuch für Generationen von Ärzten wurde, über die Wirkung von Musik zu schreiben versteht. Was aber sagt man dann, wenn man außerdem erfährt, daß Rokitansky in seinen Mußestunden auch noch an einer Monographie zum Thema »Gibt es die Möglichkeit, alle Nationalitäts- und Konfessionsfragen im

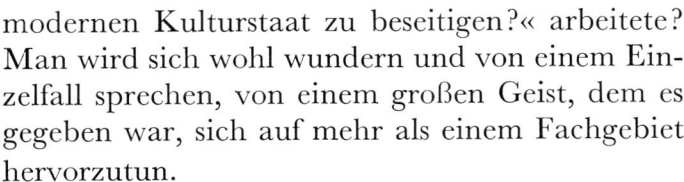

Karl Freiherr von Rokitansky, Arzt, Forscher und, nach bester Wiener Tradition, auch ein Freund der schönen Künste. Nach einer Lithographie von Kriehuber.

Theodor Billroth, die überragende Persönlichkeit des medizinischen und musikalischen Wien der zweiten Hälfte des 19. Jahrhunderts.

modernen Kulturstaat zu beseitigen?« arbeitete? Man wird sich wohl wundern und von einem Einzelfall sprechen, von einem großen Geist, dem es gegeben war, sich auf mehr als einem Fachgebiet hervorzutun.

Doch man wird sofort dementiert, denn Karl von Rokitansky war kein Wiener Einzelfall, keine Ausnahme, sondern die Regel unter seinesgleichen: Theodor Billroth, um einen anderen großen Namen zu nennen, wurde vom Kaiser als Professor für Chirurgie aus Zürich nach Wien berufen; in Zürich aber war er nebstbei auch als scharfer Musikkritiker gefürchtet gewesen und veredelte seine Kenntnisse auf diesem Gebiet nur insofern, als er hier keine Kritiken mehr für Jour-

nale schrieb, dafür aber einen lebhaften Meinungsaustausch (und auch Briefwechsel) mit Johannes Brahms begann und mit seinen Ansichten (gleichfalls in Briefen festgehalten) auch so gefürchtete Kritiker wie Eduard Hanslick beschäftigte, die es als besondere Anerkennung ihrer Thesen ansahen, daß ein Theodor Billroth sie bestätigte.

Auch hier ein Zitat; 1892 beschäftigte sich Billroth in einem Brief an Hanslick mit dem Liedgesang: »Ich habe die Empfindung gehabt, daß

Folgende Seite: Gustav Klimts Entwurf einer Allegorie für das neue Universitätsgebäude. »Die Medizin« wurde von den Universitätsprofessoren abgelehnt und fiel im Zweiten Weltkrieg einem Brand zum Opfer.

Von Sigmund Freud, dem Vater der Traumdeutung und der Psychoanalyse, existieren viele Zeichnungen und Photographien. Das einzige Ölbild, das in Wien verwahrt ist, hat H. Frank gemalt.

man gerade so zu Schuberts Zeit sang: in erster Linie rein musikalisch, nur um zu singen und singen zu hören. Brahms vermißte: tiefere Auffassung, Seele, künstlerische Noblesse. Ich weiß nicht, ob das wirklich so besonders vorwiegend von Schubert intendiert war; ich meine immer, wir modernen Menschen verbinden viel zu viel allerlei Dinge und Gedankenbilder und Gefühlsextreme mit der Musik vor 1848. Die Musik allein genügt den meisten nicht, sie soll jetzt immer mit anderen Dingen verquickt sein, und wo dies nicht sein kann, sucht der Spieler oder Sänger durch besondere Vortragsart unsere Aufmerksamkeit von der Musik auf sich, auf seine sogenannte Auffassung zu lenken. Das Hören und Empfinden des einfach musikalisch Schönen und die abstrakte Lust daran scheint mir sehr in Abnahme begriffen. Das Interessante ist der Feind des Schönen. Das Schöne und Schönste kann nicht wohl interessant sein, ebensowenig wie das Gute und Beste. Das absolut Schönste und Beste wird wie Gold immer langweilig sein, weil es eben das Schönste und Beste ist, das Interessante aber den Wechsel von Schön und weniger Schön involviert.«

Um zu staunen über solche Gedankengänge, muß man gleich noch einmal bedenken, wer es war, der sie hatte: Theodor Billroth, zu dieser Zeit längst der wichtigste Mediziner Wiens, Universitätsprofessor, in aller Welt geehrt und von mehr als einem anderen Institut außerhalb Österreichs umworben – ein Mann somit, der sowohl durch seine praktischen Neuerungen auf dem Gebiet der Medizin wie auch durch seinen gesellschaftlichen Status berechtigt gewesen wäre, sich auf sein Ansehen zurückziehen und keinerlei Diskussion außerhalb seines Fachgebietes mehr zu entfachen. Billroth blieb selbstverständlich nicht im Zwiespalt Medizin – Musik stecken, sondern befaßte sich besonders intensiv damit, seine Arbeit in den Dienst der Allgemeinheit zu stellen. Er mobilisierte reiche und hochgeborene Männer Wiens zur Gründung des Rudolfinums, eines Krankenhauses, das vor allem Pflegepersonal ausbilden sollte: Bis zu diesem Augenblick, da sich eine Kapazität wie Billroth mit diesem Übel befaßte, gab es nämlich in Wien zwar ausgezeichnete Ärzte und erfolgreiche Forscher, doch auch ein Standesbewußtsein besonderer Art, das die Schwestern und Pfleger in den Krankenhäusern

noch weit niedriger einstufte als Fabriksarbeiterinnen und Hauspersonal. Der Zustand der Spitäler war, wie man sich unschwer ausmalen kann, entsprechend.

Weitere Beispiele aus der Zeit Freuds wären unschwer anzuführen, doch möchte man annehmen, daß zumindest der Wiener Leser es als selbstverständlich ansieht, daß Ärzte nicht erst in der Gegenwart wichtiger Bestandteil des Konzert- und Theaterpublikums sind, bei Hausmusiken mitwirken, eigene Orchester bilden, die sich bei öffentlichen Konzerten einige Mitglieder der Wiener Philharmoniker »ausleihen« und dann sehr hübsch zu spielen in der Lage sind. Tatsächlich ist der Zusammenhang zwischen Heilkunst und Musik in Wien stets gegeben gewesen und wird nur noch registriert, wenn man einmal versucht, auch das Selbstverständliche zu erwähnen. Blättert man eine der populären Geschichten des medizinischen Wien durch, so findet man die besonderen Taten der Protagonisten beschrieben und will sie nicht nacherzählen, da sie dem Laien nicht eben verständlich sind. Gleichzeitig aber findet man die Hinweise auf die musische Begabung aller dieser berühmten Professoren und erfreut sich daran, weil man es in Wien stets als ein gutes Zeichen genommen hat, wenn einer wenigstens seine Mußestunden der Musik widmete.

Versucht man, die hier als »Zeit vor Freud« beschriebene Periode zu charakterisieren, so fällt einem a tempo das böse Zitat vom »therapeutischen Nihilismus« ein, das aus der Zeit Josef Skodas stammt und auch noch in zeitgenössischen Geschichtswerken ernsthaft diskutiert wird. Wenngleich bereits vor der Jahrhundertwende ein Wiener Arzt vom Format Johann von Oppolzers für ein Gegenzitat sorgte, hat man in Wien das Negativum nicht vergessen. Oppolzer, Chef der Zweiten Universitätsklinik, entkräftete das Mißtrauen gegen die physiologisch-pathologische Richtung und sprach zugunsten der Ethik des medizinischen Standes: »Heilen ist das letzte Ziel aller ärztlichen Forschungen. Der Arzt, welcher sich auf den physiologischen Standpunkt in der Medizin erhoben hat, sucht mit den einfachsten Mitteln

Wiens medizinische Schule bewies ihre Weltgeltung vor allem dadurch, daß sie die größten Anreger und Lehrer aufzuweisen hatte. Theodor Billroths Ruhm verschaffte seinen Schülern Zugang zu allen Universitäten Europas.

seinen Kranken zu helfen. Er untersucht, bevor er zur Behandlung schreitet, ob nicht äußere oder innere und welche Momente die krankhaften Veränderungen unterhalten. Diese sucht er womöglich zu entfernen. Er wird es sich zum Grundsatz machen, vorzugsweise im Beginne der Erkrankung, wenn er so glücklich ist, in dieser Zeit berufen zu werden, tätig einzugreifen.«

Immerhin, solche Sätze, in denen ein Laie ein korrektes, nicht eben aufregendes Bekenntnis vermuten würde, galten einmal in Wien als sensationelle Erklärung. Zu einer Zeit, die der Forschung und der Diagnose hingegeben war und den großen Ärzten in noch höherem Maße als heute zusätzliche Pflichten als Institutsvorstände auferlegte – sie mußten in den entsprechenden Kommissionen um Arbeitsraum und um Krankenbetten kämpfen, teilweise ihre Institute und die dafür notwendigen Gebäude erst gründen –, sah man im Arzt immer noch entweder den Wunderheiler oder aber den medizinischen Vertreter des technischen Fortschrittes. Das Arztbild der Gegenwart, selbstverständlich ein in Wahrheit auch wieder extrem subjektives, wäre dem Menschen des ausgehenden neunzehnten Jahrhunderts fremd und unverständlich gewesen. Der moderne Wohlfahrtsstaat wäre selbst den fortschrittlichst denkenden Ärzten jener Zeit nicht in den Sinn gekommen. Krankenpflege war ein Dienst, der entweder dem geistlichen Stand überlassen oder in großer Herablassung gegeben wurde. Das Recht auf ärztliche Versorgung hatte niemand.

Stefan Zweig, der die Zeit vor Freud eindringlich beschreibt, der uns ein Sittengemälde dieser Zeit hinterlassen hat, läßt uns darin erkennen, worin die Bedeutung Freuds für unser Jahrhundert zu suchen ist: »Ein Jahrhundert lang wird innerhalb Europas die sexuelle Frage unter Quarantäne gesetzt. Sie wird weder verneint noch bejaht, weder aufgeworfen noch gelöst, sondern ganz im stillen hinter eine spanische Wand geschoben. Eine ungeheure Armee von Wächtern, uniformiert als Lehrer, Erzieher, Pastoren, Zensoren und Gouvernanten, wird aufgestellt, um eine Jugend von ihrer Unbefangenheit und Körperfreude abzuzäunen.

Von der »Zeit vor Freud« schreiben Historiker wie Literaten, sie sei eine Zeit absoluter Prüderie gewesen. Die Zeitschriften nahmen sich des verbotenen Themas Erotik in ungezählten Bilderwitzen an: Die drei Kinder sprechen von der Aufklärung, die sie nicht erhalten.

Kein freier Lufthauch darf ihre Leiber, keine offene Rede und Aufklärung ihre keuschen Seelen berühren . . . Konsequenz dieser hundert Jahre beharrlich fortgesetzten Sichverbergens und Sichnichtaussprechens aller gegen alle: ein beispielloser Tiefstand der Psychologie inmitten einer geistig überragenden Kultur. Denn wie könnte sich gründliche Seeleneinsicht entwickeln ohne Offenheit und Ehrlichkeit, wie Klarheit sich verbreiten, wenn gerade diejenigen, die berufen wären, Wissen zu vermitteln, wenn die Lehrer, die Pastoren, die Künstler, die Gelehrten selber Kulturheuchler oder Unbelehrte sind?«

Zweig hat nicht nur einen Essay über Sigmund Freud geschrieben, sondern in seinen Lebenserinnerungen auch sehr einprägsam von der »Moral« dieser Zeit berichtet, in der es zwar in Wien an allen Ecken und Enden Doktoren gab, die für geheime Krankheiten zuständig waren, es jedoch gänzlich undenkbar schien, über den Ursprung dieser Krankheiten – die Prostitution selbstverständlich und die allgemeine Scheu zum Beispiel, Geschlechtskrankheiten einzubekennen – zu sprechen oder gar zu schreiben. Er hat von der Moral berichtet, die es möglich machte, daß Mädchen nicht nur unberührt, sondern auch völlig unerfahren in die Ehe traten und folglich häufig frigid oder hysterisch wurden. Und von jungen Männern, denen angeraten wurde, sich ihr »Vergnügen« irgendwo zu holen, jedoch nicht darüber zu reden. Mit dem Erfolg, daß diese jungen Männer erpreßt wurden, dem Selbstmord nahe waren oder das, was man in Wahrheit als Moral bezeichnen würde, eher verloren. Und hier wäre wieder Arthur Schnitzler als Zeuge anzuführen, dessen rührendste Gestalten solche wenig erfahrenen Wienerinnen sind, die den jungen Männern auf den Leim gehen.

Zweig charakterisierte Sigmund Freud selbstverständlich auf sehr poetische Weise: »Ein ganzes, ein entsetzlich langes Jahrhundert beherrscht diese feige Verschwörung des sittlichen Schweigens Europa. Da plötzlich durchbricht es eine einzelne Stimme. Ohne jede umstürzlerische Absicht erhebt sich eines Tages ein junger Arzt im Kreise seiner Kollegen und spricht, ausgehend von seinen Untersuchungen über das Wesen der Hysterie, von den Störungen und Stauungen der Triebwelt und ihrer möglichen Freilegung. Er gebraucht keine großen pathetischen Gesten, er

185

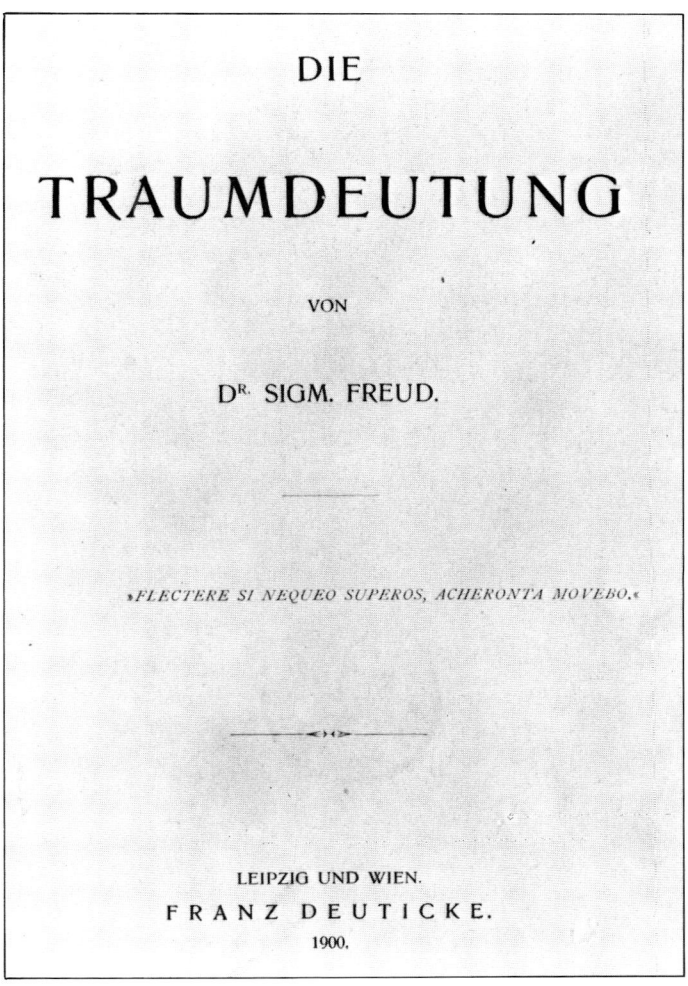

DREI ABHANDLUNGEN ZUR SEXUALTHEORIE

VON

PROF. DR. SIGM. FREUD

IN WIEN

439591-B.

LEIPZIG UND WIEN
FRANZ DEUTICKE
1905

DIE TRAUMDEUTUNG

VON

DR. SIGM. FREUD.

»FLECTERE SI NEQUEO SUPEROS, ACHERONTA MOVEBO.«

LEIPZIG UND WIEN.
FRANZ DEUTICKE.
1900.

Die Titelseiten von zwei der bedeutendsten Schriften Freuds. Sie erschienen immerhin in einem Wiener Verlag, bevor sie von der angelsächsischen Welt als revolutionär erkannt wurden.

verkündet nicht aufgeregt, es sei Zeit, die Moralanschauungen auf eine neue Grundlage zu stellen, die Geschlechtsfrage frei zu erörtern – nein, dieser junge, strengsachliche Arzt spielt keineswegs den Kulturprediger im akademischen Kreise. Er hält ausschließlich einen diagnostischen Vortrag über Psychosen und ihre Ursächlichkeiten. Aber gerade die unbefangene Selbstverständlichkeit, mit der er feststellt, daß viele, ja sogar eigentlich alle Neurosen von Unterdrückungen sexuellen Begehrens ihren Ausgang nehmen, erregt aschgraues Entsetzen im Kreis der Kollegen ... Schon das erste öffentliche Auftreten Sigmund Freuds – die Szene hat sich tatsächlich ereignet –

Linke Seite: Sigmund Freud in seinem Arbeitszimmer in der Berggasse, das nach dem Zweiten Weltkrieg immerhin als Freud-Museum eingerichtet wurde. Aquatintaradierung von Max Pollak.

wirkt im Kreise seiner Fakultätskollegen wie ein Pistolenschuß in der Kirche. Und die Wohlmeinenden unter den Kollegen lassen ihn sofort merken, er täte schon um seiner akademischen Karriere willen gut, von diesen peinlichen und unreinlichen Untersuchungen in Zukunft lieber abzulassen. Das führe zu nichts oder wenigstens zu nichts, was zur öffentlichen Erörterung tauge.«

Freud selbst hat sich in einem Brief an seine Braut 1886 noch etwas vorsichtiger ausgedrückt, als er über sich selbst schrieb: »Es gab eine Zeit, in der ich nichts anderes als wißbegierig und ehrgeizig war und mich Tag für Tag gekränkt habe, daß mir die Natur nicht in gütiger Laune den Gesichtsstempel des Genies, den sie manchmal verschenkt, aufgedrückt hat. Seitdem weiß ich längst, daß ich kein Genie bin, und verstehe nicht mehr, wie ich es zu sein wünschen konnte. Ich bin nicht einmal sehr begabt, meine ganze Befähigung zur Arbeit liegt wahrscheinlich in meinen Charaktereigenschaften und in dem Mangel hervorragender

Sigm. Freud

intellektueller Schwächen. Ich weiß aber, daß diese Mischung eine für den langsamen Erfolg sehr günstige ist, daß ich unter günstigen Bedingungen mehr leisten könnte als Nothnagel, dem ich mich weit überlegen glaube, und daß ich vielleicht Charcot erreichen könnte. Damit ist nicht gesagt, daß ich's werde, denn diese günstigen Bedingungen finde ich nicht mehr, und das Genie, die Kraft, sie zu erzwingen, besitze ich nicht. Aber wie ich schwätze!«

Es gibt aber auch noch eine andere Seite der Selbsteinschätzung Sigmund Freuds, die faßbar macht, daß der Begründer der aufsehenerregendsten medizinischen Schule des zwanzigsten Jahrhunderts seine Stellung nach allen Richtungen zu begreifen verstand: »Ich bin eigentlich gar kein Wissenschaftler, kein Beobachter, Experimentator oder Denker. Dem Temperament nach bin ich nichts als ein Konquistador, ein Abenteurer, mit der Neugier, Kühnheit und Hartnäckigkeit, die diesem Menschentyp eigen.« Dieses Zitat stammt allerdings erst aus dem Jahr 1900 und ist niedergeschrieben worden nach der Veröffentlichung der »Traumdeutung«, des zweiten großen Werkes von Freud, das ihm Gegner schuf und eine neue Wissenschaft begründete. Freud wußte zu diesem Zeitpunkt schon genau, daß er Grundlegendes gefunden hatte, und war – gleich Schönberg – ziemlich sicher, daß ihm die Nachwelt Anerkennung spenden würde. »Glaubst Du eigentlich, daß an dem Hause dereinst auf einer Marmortafel zu lesen sein wird?: Hier enthüllte sich am 24. Juli 1895 dem Dr. Sigm. Freud das Geheimnis

des Traumes. Die Aussichten sind bis jetzt hiefür geringfügig. Wenn ich aber in den neueren psychologischen Büchern lese, was sie über den Traum zu sagen wissen, so freue ich mich doch wie der Zwerg im Märchen, ›daß die Prinzessin es nicht weiß‹.«

Freud, in Freiberg geboren, war 1860 nach Wien gekommen und in der Leopoldstadt, dem jüdischen Bezirk Wiens, aufgewachsen. Er war ein Musterschüler, Klassenprimus im Gymnasium, ein vorerst nicht besonders auffallender Medizinstudent, dann ein hoffnungsvoller junger Arzt, von seinen Lehrern unterstützt und mit einem

Ein Schreiben Freuds, in dem er sich um ein Reisestipendium für das Jahr 1885/86 bewirbt. Freud erhielt das Stipendium und empfing in Paris bei Charcot die entscheidenden Anregungen für seine Forschungen.

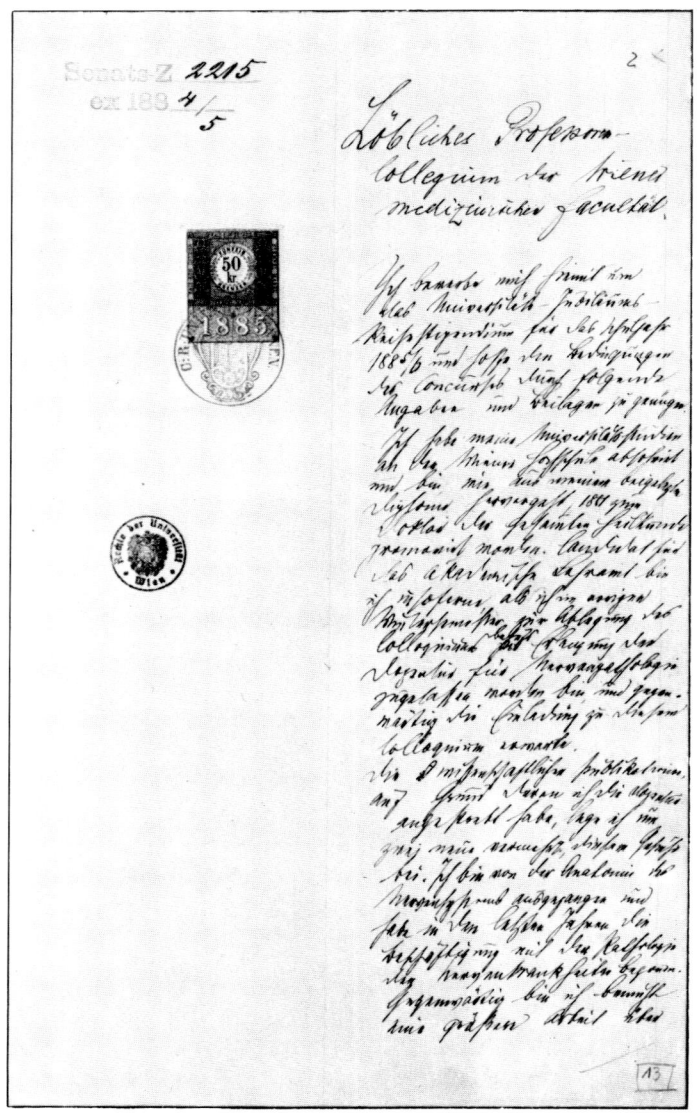

Auch eine »klassische Situation« in der Epoche der »verdrängten Erotik«: der Klavierlehrer mit einer Tochter aus gutem Haus.

Stipendium nach Paris ausgerüstet, wo er weiterstudierte und weitere Erkenntnisse auf dem Gebiet sammelte, das einmal sein ureigenstes werden sollte: die Psychotherapie, die Freud selbst Psychoanalyse nannte.

Noch einmal Stefan Zweig, weil er plastisch formuliert, was populär so schwer darzustellen ist: »Die Philosophie jener Zeit befaßt sich mit seelischen Erscheinungen nur insofern, als sie in den Lichtkreis des Bewußtseins treten . . . Freud nimmt den Terminus technicus ›unbewußt‹ in die Psychoanalyse hinüber, aber er gibt ihm einen völlig anderen Sinn als die Schulphilosophie. Für Freud ist nicht einzig das Bewußte ein seelischer Akt und demzufolge das Unbewußte eine völlig andere oder gar untergeordnete Kategorie, sondern er betont entschlossen: alle seelischen Akte sind zunächst unbewußte Geschehnisse, diejenigen, die bewußt werden, stellen keine andersgeartete noch übergeordnete Gattung dar, sondern ihr Ins-Bewußt-sein-Treten ist nur eine Eigenschaft, die von außen dazukommt wie das Licht auf einen Gegenstand.« Und Zweig sieht Freuds große Leistung in der Tatsache, erstmals überhaupt Tabus gebrochen, die Analyse ernst genommen, die Traumdeutung wissenschaftlich untersucht, die Welt des Sexus durchforscht, die Psychoanalyse als eine Wissenschaft und Heilkunde etabliert zu haben.

Freud, an der Universität bei seinen Arbeiten von äußerstem Mißtrauen und harter Ablehnung begleitet, findet genug Patienten in Wien, wo er eine Privatpraxis unterhält, und Anerkennung in der ganzen Welt – und dies erstaunlich rasch und so gründlich, daß für ihn nicht gilt, was im allgemeinen für typische Wiener Karrieren gilt: Ihm ist zwar in erstaunlichem Ausmaß alle öffentliche Anerkennung bei Lebzeiten verweigert worden, doch seine Position war anerkannt, seine Lehre diskutiert, bevor er selbst sie noch in allen Einzelheiten gefestigt und publiziert hatte. Zu seinen Schülern und Gefolgsleuten zählten rasch die besten Köpfe, zu seinen Widersachern keineswegs nur die Honoratioren der Wiener Universität, sondern Kapazitäten des geistigen Lebens wie Karl Kraus, der sich in prinzipielle Auseinandersetzungen mit Freud einließ und auch auf diesem Sektor manchen Schaden anrichtete. Nicht wenige intellektuelle Jünglinge der Jahrhundertwende nämlich wußten bald nicht mehr, woran sie waren: Ein Lehrer und Genie vom Schlage eines Karl Kraus unterhielt die besten Beziehungen zum Revolutionär Adolf Loos, gestattete den Umgang mit dem Revolutionär Arnold Schönberg, untersagte jedoch mit dem Totalitätsanspruch, den er bei jeder Auseinandersetzung erhob, eine Stellungnahme zugunsten von Sigmund Freud. Und dies zweifellos wegen der besonderen Bedeutung, die das Erotische in Freuds Lehre hatte. Kraus war in vieler Hinsicht sehr viel weniger Revolutionär, als man meinen möchte, und jedenfalls nicht in der Lage, gegen gewisse strenge Ansichten seiner »Moral« Auflehnung zu gestatten.

Ob er prophetisch erkannte, daß Freuds Lehren daran schuld sein würden, daß man später jede menschliche Regung, jeden Wunsch, jede Gebärde als Kundgabe der Sexualität auszulegen versuchte?

. F. POLEDNE .

Ob Kraus vor dieser furchtbaren Verallgemeinerung zurückschreckte, wie man heute mit gutem Gewissen davor zurückschrecken darf, ohne deshalb als rückständig zu gelten?

Gewiß ist, daß sich Freud von mehr als einer bis dahin geltenden Praxis der Wiener medizinischen Schule abwandte. Theodor Billroth, der in seiner Wiener Antrittsvorlesung die Mitarbeit als das Wesen der Forschung pries und erklärte, »die Zukunft einer Schule beruht auf der Arbeit der Schüler, wie die Zukunft eines Staates auf der Arbeit seiner Bürger«, bewies für sich selbst und seine Kollegen die Richtigkeit dieser Theorie, indem er seine Schüler an Universitäten in ganz Europa senden konnte und damit immer auch noch den eigenen Ruhm mehrte. Und die Kollegen Billroths bewiesen, daß sie ähnlich dachten, indem sie den jungen Mediziner Sigmund Freud sogar auf mögliche neue Wege aufmerksam machten; Theodor Meynert, den Freud selbst als »brillantestes Genie« bezeichnete, wandte sich von Freud erst ab, als dieser Experimente mit Kokain an Neurotikern durchführte und erkennen ließ, daß er weit über alle Grenzen gehen wollte, die für seinen Lehrer naturgegeben waren. Freud aber gründete eine Schule, aus der jedermann unweigerlich ausgestoßen wurde, der sich nicht damit begnügte, die von Freud gefundenen Wahrheiten entgegenzunehmen.

Das mag mit der großen Ablehnung zu erklären sein, die Freud zu spüren bekam, damit, daß diese Ablehnung vornehmlich in den medizinischen Kreisen herrschte und Freud Anerkennung eher in den Künstlerkreisen fand, und wenn von einem Arzt, dann von einem, der es vorzog, Schriftsteller zu sein – Arthur Schnitzler, der aus einer Arztfamilie kam und seine Ausbildung schließlich nützte, um als Schriftsteller mehr über den Menschen zu wissen als andere und um ein Theaterstück schreiben zu können, das im Klinikmilieu in Wien im Jahre 1900 spielte und auch gleich die ganzen Probleme der Mediziner im Wien der Jahrhundertwende aufzeigte. »Professor Bernhardi« wuchs sich für Schnitzler selbstverständlich zu einem Skandal aus wie vorher der »Lieutenant Gustl«. Von der Zensur verboten, war es auch gleich bei Karl Kraus in Ungnade. Mit den ersten Sätzen seiner Glosse über Schnitzler hat Kraus allerdings nicht »Professor Bernhardi« zu treffen versucht, sondern prägnant dargelegt, wie er selbst arbeitete: durch

Eduard Albert (1841–1900), Heliogravüre nach einem Gemälde von L. Horovitz.

ständiges Zitat: »Fern sei es von mir, den ›Professor Bernhardi‹ zu lesen, denn läse ich ihn, ich fühlte mich hingerissen, ihn zu zitieren, und zitierte ich ihn, man läse ihn richtig. Denn ihr alle wisset doch schon, daß die Dinge, die ihr andernorts mit Wohlgefallen betrachtet, hier plötzlich ein anderes Gesicht annehmen, indem sie das werden, was sie sind. Denn mir ist ein Engel erschienen, der mir sagte: Gehe hin und zitiere sie. So ging ich hin und zitierte sie. Und kann Existenzen dem Hungertode preisgeben, bloß dadurch, daß ich sie hier noch einmal und wörtlich das sagen lasse, wodurch sie Reichtümer erwerben.«

In Schnitzlers Schauspiel wird ein jüdischer Arzt und Klinikchef gezeigt, der einem katholischen Geistlichen verwehrt, einer Sterbenden das letzte Sakrament zu reichen. Die Folgen dieser Tat sind klar: Die öffentliche Meinung ist gegen ihn, das Wohlgefallen der Protektoren der Anstalt erlischt, die Unterstützung der Kollegen-

Links: Eduard von Hofmann (1837–1897), Photographie. Rechts: Theodor Meynert (1833–1892), Lithographie von Baelz. – Wirkungsstätte der drei Mediziner war das Allgemeine Krankenhaus, dessen 2. Hof Franz Poledne in einem Aquarell 1905 festgehalten hat (vorhergehende Doppelseite).

schaft bleibt aus. Der jüdische Arzt wird verurteilt, obgleich er auch einige Parteigänger findet. Er wird rehabilitiert, erklärt aber selbst, er sei von seiner Tat nicht mehr begeistert; allerdings nicht, weil er von dem Recht des katholischen Geistlichen plötzlich überzeugt wäre, sondern weil er zuletzt in einem Anfall von Pragmatismus erkennt, daß er mit seiner kämpferischen Tat eigentlich niemandem genützt hat.

Der Zensur genügte, daß im Mittelpunkt des Schauspiels die Frage nach dem Sakrament stand, um »Professor Bernhardi« zu verbieten. Ganz offensichtlich aber war der Zensur auch daran gelegen, die Schilderung des Wiener Arztmilieus zu unterbinden: Professoren, die sich nach dem Willen eines Erzherzogs drehten und wendeten, Minister, die aus Opportunismus vergaßen, was sie zur Zeit ihres Studiums als erstrebenswertes Ziel bezeichnet hatten – und selbstverständlich der Antisemitismus, den Schnitzler ungefähr als

so selbstverständlich annahm und aufzeigte wie Sigmund Freud das Vorhandensein von erotischen Wunschvorstellungen. Karl Kraus jedenfalls war 1913 bereits völlig von der literarischen Unzulänglichkeit Arthur Schnitzlers überzeugt und meinte, dieser habe »Professor Bernhardi« nur geschrieben, um einer Mode nachzugeben. Der Antisemitismus, um die Jahrhundertwende in Wien bereits mehr als eine Mode, von vielen aufrichtig begrüßt und nur offiziell nicht geduldet, weil er dem Kaiser als vulgär galt und dem liberalen Großbürgertum als wenig schicklich – hätte dieses dabei doch in erster Linie gegen sich selbst antreten müssen –, war in medizinischen Kreisen durchaus auch en vogue. Rückblickend aber scheint es, daß gerade auf medizinischem Gebiet die Juden Wiens nicht die überragenden Kapazitäten, sondern die guten, fleißigen Ärzte stellten, im besten Fall die würdigen Professoren, und nur im Falle Sigmund Freuds einen richtigen

Josef Skoda, gleichfalls Arzt und Kunstfreund, war außerdem seiner Sparsamkeit wegen berühmt-berüchtigt.

Neuerer und Revolutionär. Dies läßt sich unschwer daraus ableiten, daß ein Standardgeschichtswerk über das medizinische Wien von Leopold Schönbauer, 1944 erschienen, in der überarbeiteten Neuauflage nach dem Zweiten Weltkrieg nur durch die Namen Joseph Breuers und Sigmund Freuds erweitert werden mußte: Die beiden Schöpfer der Psychoanalyse waren Juden und 1944 nicht zu erwähnen. Außer ihnen und ihrer Lehre ereignete sich auf dem Gebiet der Medizin um die Jahrhundertwende nichts mehr, was bahnbrechend oder revolutionär gewesen und nur aus rassischen Gründen zu verheimlichen gewesen wäre.

Und gleich noch ein Kraus-Zitat: »Die Psychoanalyse – dieses neueste Judenleid, denn die älteren Patienten haben noch Zucker – kann von mir nur als ganze betrachtet werden, jedoch, trotz aller Terminologie, nicht als die Wissenschaft, sondern als die Leidenschaft der zu keiner anderen

mehr fähigen Generation.« Was Kraus zu weiteren Angriffen verleitet, ist nur zu erraten. »Die ganze Richtung paßt mir sehr, weil sie dorthin führt, wohin der Mist gehört. Psychoanalytiker sind immer zugleich Ärzte und Patienten, und sie können als Ärzte geheilt werden.« Und noch deutlicher: »In der dem Schöpferwillen zuwiderlebenden Entwicklung, im jüdischen Lauf der Weltdinge, dringt die Schwäche immer sieghafter ins Gebiet der Kraft vor. Sie weiß mit Intelligenz Bescheid, wie man ans Ende aller Tage kommt. Wenns der Journalismus nicht erreicht hat: ihr letzter, bis zur Verzweiflung hoffnungsvoller Aufstand heißt Psychoanalyse. Den unbewußt erliegenden Scheinmächten Staat und Kirche geschieht kein Unrecht.«

Eine Zeit »nach Freud« gibt es in dieser Geschichte des noch imperialen Wien nicht mehr. Denn selbstverständlich war die Wiener medizinische Schule – vorher von Rokitansky, Skoda, Hyrtl, Billroth, Meynert und ungezählten anderen vertreten – auch in der nächsten Generation durchaus international anerkannt und waren die Nachfolger der einst musizierenden Ärzte erst recht wieder musikalische und der Literatur nahestehende Lehrkanzelinhaber. Andererseits aber blieb Sigmund Freud in der Stadt, an die ihn Freundschaften und Affinitäten vieler Art banden, und wurde erst, was aber nicht mehr in dieses Buch gehört, nach dem Einmarsch der Hitler-Truppen aus Österreich nach London geholt, um dort seine letzten Lebensjahre zu verbringen.

Sieht man von der sehr kurzen Periode ab, in der auch in Wien Adolf Hitler an der Macht war, dann ist die Zeit von 1900 an trotz aller äußerlichen Gegenbeweise doch die Zeit nach Freud geblieben. Denn sein Ruhm, vor allem in den anglo-amerikanischen Ländern – vielleicht wiederum erklärbar durch die Prüderie, die gerade dort noch deutlicher herrschte als irgendwo anders –, bezog immer auch die Stadt ein, aus der seine Lehre kam. Und die Jünger, die bis in die Gegenwart nach Wien wallfahren, um die Praxis des Dr. Sigmund Freud zu sehen, lassen sich von der Tatsache, daß bis heute

Rechte Seite: Unter tätiger Mithilfe der Fürstin Pauline Metternich veranstaltete man im Prater ein »Oktoberfest« und andere Spektakel, deren Reinertrag dem Rudolfinerhaus zufloß. Theodor Billroth war darum bemüht, in Wien endlich ein Ausbildungszentrum für Krankenpflege zu schaffen.

195

nicht jedermann in Wien weiß, daß sie in einem Haus in der Berggasse zu besichtigen ist, nicht irritieren.

Vor und nach Freud gab es, darüber besteht kein Zweifel, zahlreiche große Ärzte in Wien, die als bahnbrechende Mediziner galten. Josef Skoda gehörte zu dem Kreis um Rokitansky und wurde für seine Arbeiten auf dem Gebiet der »Perkussion und Auskultation« berühmt, in seinen letzten Lebensjahren aber auch dafür, daß er allen Gesellschaften fernblieb und als »wortkarg« galt, was ein berühmter Mann in Wien kaum sein durfte. Er wird in den Fachbüchern als Begründer der inneren Medizin genannt.

Joseph Hyrtl dagegen wurde gerühmt, weil er ein musischer und amüsanter Arzt, Gelehrter, Vortragender war. »Niemals hat es ein Lehrer der Anatomie verstanden, die trockenen Thatsachen seiner Wissenschaft so anmutig vorzutragen und seine Zuhörer so zu fesseln, wie Hyrtl. Sein Auditorium vermochte die Menge der Schüler kaum zu fassen, die mit Begeisterung seinen Worten lauschten«, ist die offizielle Beschreibung Hyrtls, der als Sohn einer Musikerfamilie eine typische Wiener Laufbahn hatte: er war Sängerknabe der Hofmusikkapelle, wurde Arzt und eine internationale Kapazität, die sich jedoch sehr darum sorgte, auch in Wien anerkannt zu sein. Er hatte daher die heftigsten Auseinandersetzungen mit seinen Kollegen, war darauf bedacht, Titel zu erhalten, und wurde steinreich. Man nannte ihn den »anatomischen Journalisten« und sagte ihm nach, daß er zuletzt mit dem ärztlichen Werkzeug nicht mehr umgehen konnte – er verstümmelte mit einer Säge Mozarts Cranium, als er es untersuchte. Hyrtl ging in die Geschichte Wiens aber auch als ein Kampfgefährte Josef Schöffels, des Bürgermeisters von Mödling und des »Retters des Wienerwaldes«, ein, und er war der einzige Gelehrte, der an der Universität der Enthüllung seines eigenen Ehrenmals beiwohnen konnte. Er wird hier angeführt, weil er nicht nur zu den musikalischen Wiener Ärzten, sondern auch zu den wahrlich Gebildeten zählte – als Achtzigjähriger konnte er eine Dankesrede in klassischem Latein improvisieren, und in den Jahrzehnten vorher nützte er seine Kenntnisse der modernen Sprachen, aber auch des Arabischen und Hebräischen insofern, als er sich mit der Herkunft der anatomischen Nomenklatur befaßte.

»Die Hand, die das anatomische Messer mit Virtuosität führt, greift auch zur Feder, und was sie schreibt, zeigt den Duft der Classizität«, rühmte sein Schüler Albert. Hyrtl gehörte zu den wenigen großen Medizinern, deren Bild uns ohne den imponierenden Vollbart überliefert ist; er muß seine Zeitgenossen dadurch ein wenig an einen Schauspieler erinnert haben.

Die Namen der Mediziner aber, die sich in der Zeit Freuds und beinahe bis in die Gegenwart Klang erworben haben, gehören schon nicht mehr hierher. Sie waren große Männer, zu ihrer Zeit angesehen und populär, wie Mediziner es sein können, doch nie dermaßen im Lichte der Öffentlichkeit wie Musiker oder Literaten. Sie arbeiteten in ihren Kliniken und waren alle noch, wie es in der Monarchie üblich war, vom Kaiser selbst bestellt: der Allgegenwärtige war es, der in letzter Instanz auch Professoren berief, und bei ihm hatte man sich zur Dankaudienz einzufinden, wenn er schließlich einen Vorschlag der vorgesetzten Instanz durch seine Unterschrift bestätigte. Von seinem Schreibtisch in der Hofburg aus lenkte er, wenigstens pro forma, nicht nur den Staat, sondern auch die Hohen Schulen. In seiner Gnade teilte er Orden aus, rief er die berühmtesten, verdientesten Gelehrten auf Lebenszeit in das Herrenhaus und dürfte mit Kapazitäten ebenso ungeniert als »ihr Kaiser« umgegangen sein wie mit allen anderen Untertanen.

Der Gerichtsmediziner Eduard von Hofmann wurde in der Fachwelt durch wichtige Arbeiten (sie hießen so abenteuerlich wie »Mord durch Erwürgen« oder »Bericht über die Kloakenfrage« oder »Das überbrückte Hymen« und lesen sich viel weniger sensationell, als die Titel glauben machen könnten) bekannt, schrieb ein »Lehrbuch der gerichtlichen Medizin«, das als klassisch bezeichnet wurde, ist aber in den Geschichtswerken vor allem mit seinem Gutachten über den Tod des Kronprinzen Rudolf verewigt. In diesem sprach er sich, wie es der Hof wollte, für die Geisteskrankheit Rudolfs aus, die allein zum Selbstmord geführt haben sollte. »Die vorzeitige Verwachsung der Pfeil- und Kranznaht, die auffällige Tiefe der Schädelgrube und der sogenannten fingerförmigen Eindrücke an der inneren Fläche der Schädelknochen . . . sind pathologische Befunde, welche erfahrungsgemäß mit abnormen Geisteszuständen einherzugehen pflegen und daher

Der Haupteingang zum Allgemeinen Krankenhaus in Wien, Alser Straße 4. Die Geschichte dieses weitläufigen Gebäudekomplexes ist eng verknüpft mit der Geschichte des medizinischen Wien.

zur Annahme berechtigen, daß die Tat in einem Zustand von Geistesverwirrung geschehen ist.« Mediziner, die es als Bestandteil ihrer Standesehre ansehen, einander in der Öffentlichkeit Rückendeckung zu geben, haben nichts daran gefunden, daß eine internationale Kapazität wie Hofmann dem Kaiserhaus bestätigte, was der Kaiser in bezug auf den sensationellen Selbstmord seines Sohnes deklariert haben wollte. Wenn sie Hofmanns Gutachten zitieren, so liest man nirgendwo den Kommentar, dies sei wohl die aufregendste Gefälligkeit gewesen, die je ein Mediziner einem Patienten gemacht habe.

Daß sich das Leben der Mediziner aber – und

nebstbei auch das Wirken anderer Kapazitäten, der Staatsrechtler, der Philosophen, der vergleichsweise wenigen Größen auf wissenschaftlichem Gebiet dieser Zeit – nicht im Licht der Öffentlichkeit abspielte und es eines Skandals oder eines verbotenen Schauspiels Arthur Schnitzlers bedurfte, um auf sie aufmerksam zu machen, versteht sich. Einzige bis heute zwar nicht allgemein bekannte, doch evidente Beziehung der Medizin zum gesellschaftlichen Leben der Stadt war: daß die berühmten Feste der Pauline Metternich zumeist gegeben wurden, um der Poliklinik das nötige Betriebskapital sicherzustellen – dieser 1871 gegründeten Arbeits-

197

Franz Poledne, ein Maler, dessen Aquarelle sich in Wiener Bürgerhäusern an Ehrenplätzen finden, zeichnete 1905 das Direktionsgebäude des Allgemeinen Krankenhauses.

gemeinschaft junger Privatdozenten, aus der ein Institut von Weltgeltung hervorging, das die Universitätskliniken vor allem dadurch ergänzte, daß dort dem Studenten »Material« zur Verfügung stand, das er sonst nicht zu sehen bekam: geringfügigere Erkrankungen, Anfänge schwerer Gesundheitsstörungen, Nachbehandlungen. Der Bevölkerung wieder war ein derartiges Institut von großem Nutzen, denn die Krankenpflege Wiens war unsozialer als die anderer Länder, und – zitiert aus einem anerkannten Werk – »langsam gelang es auch, in Österreich, die wohlhabenden Schichten zu gewinnen, die ärztliche Versorgung der Unbemittelten sicherzustellen«. Forscht man als Laie nach, was die Geltung der Wiener medizinischen Schule, die mindestens so sehr zum Ruhm der Stadt beigetragen hat wie etwa die der Musik, ausmacht, so kommt man immer wieder

auf die Tatsachen, die auch wieder für Musiker oder Maler oder Literaten Geltung haben: Die Stadt war als Metropole und als ein Anziehungspunkt für kultivierte Menschen auch geeignet, hervorragende Ärzte an sich zu ziehen und dann, wenn sie einmal Fuß gefaßt hatten, nicht mehr loszulassen. Wie es ihr stets gelang, auch revolutionär denkende Komponisten zu »halten«, so war es ihr stets möglich, die hervorragendsten Mediziner gegen Angebote aus ganz Europa immun zu machen. Wenn Theodor Billroth klagte, daß er zwar nicht schlecht verdiene, jedoch auch sehr viel ausgebe, um ordentlich in Wien leben zu können, so war er doch nicht einen Augenblick bereit, finanziell lohnendere Positionen anderswo in Erwägung zu ziehen. Wenn Freud die Vermittlung der Frau eines wichtigen Patienten in Anspruch nehmen mußte, um den

Sigmund Freud. Bleistiftzeichnung von Emil Orlik.

Titel Professor zu erlangen, so liest sich das selbst in seinen Briefen nicht so tragisch, sondern recht als Wiener Possenspiel: »Da trat eine andere Kraft in Aktion, eine meiner Patientinnen . . . hatte von der Sache gehört und begann auf eigene Faust zu wühlen. Sie ruhte nicht, bis sie die Bekanntschaft des Ministers in einer Gesellschaft gemacht, verstand es, sich ihm zu empfehlen, und ließ ihn dann durch eine gemeinsame Freundin versprechen, daß er ihren Arzt, der sie gesund gemacht, zum Professor ernennen werde. Genügend aufgeklärt darüber, daß ein ernstes Versprechen von ihm soviel wie nichts bedeute, stellte sie ihn dann persönlich, und ich glaube, wenn ein gewisser Böcklin sich in ihrem Besitz befände anstatt in dem ihrer Tante . . . wäre ich drei Monate früher ernannt worden. So wird sich Seine Exzellenz mit einem modernen Bild

für die Galerie begnügen müssen, die er jetzt, natürlich nicht für die eigene Person, schaffen will. Endlich also, als der Minister zu Tische bei meiner Patientin war, machte er ihr gnädigst Mitteilung, der Akt befinde sich schon beim Kaiser, und sie werde die erste sein, der er von dem Vollzug der Ernennung Kunde gebe.«
Und weiter aus dem Brief vom Jahre 1902: »Die Teilnahme der Bevölkerung ist sehr groß. Es regnet auch jetzt schon Glückwünsche und Blumenspenden, als sei die Rolle der Sexualität plötzlich von Seiner Majestät amtlich anerkannt, die Bedeutung des Traums vom Ministerrat bestätigt, und die Notwendigkeit einer psychoanalitschen Therapie der Hysterie mit zwei Drittel Majorität im Parlament durchgedrungen.«
Der sonst ernste Freud beschreibt da eine Ehrung

so aufgeräumt und lebensheiter, wie es nur ein in Wien aufgewachsener und an Wien geschulter Wiener kann. Den Ton aber, der nicht hysterisch und nicht weltenstürzend, sondern einfach gutgelaunt klingt, kennt man aus dieser Zeit sehr wohl. Es ist der Ton all derer, die damals in Wien gegen Tabus oder gegen scheinbar allmächtige Gegner antraten. Im nachhinein hat man sie zu Einzelgängern oder Verfolgten gestempelt. Zu Helden wenigstens. Sie können aber gar so verfolgt nicht gelebt haben. Wie hätte man sonst einen Brief von Arthur Schnitzler zu deuten, der 1901 an Hugo von Hofmannsthal ging und deutlich Bezug nimmt auf alle die Kämpfe rund um sie, aber nicht gerade von ekstatischem Ernst trieft?

»Jüdischer Millionärssohn, auf den Geldsäcken seiner Ahnen herumprotzender Komödiendichter, Freimaurer und Erniedriger des k. u. k. Hofburg-theaters, das hat Ihnen noch gefehlt, daß Sie anonyme Schmähkarten an anständige, sich das Brot mühselig verdienende deutsche Dichter senden, die zeitlebens gegen die Macht des Kapitals, gegen die Überhebung der Großen, gegen den am Mark des Volkes zehrenden Adel und Militarismus gekämpft haben! Aber ich werde mich nicht abhalten lassen. Das nächste Jahr geht es nicht mehr gegen die Infanterieleutenants, sondern gegen die Cavallerieleutenants, insbesondere gegen die in der Reserve!«

Die Mediziner Freud und Schnitzler traten selbstverständlich gegen die Welt an. Kämpften gegen Wienerisches. Sie waren aber aus Wien nicht zu vertreiben. Nicht von Wienern. Um sie wenigstens für einige Zeit mit dieser Stadt zu entzweien, mußte ein ganz anderer kommen und einen Weltkrieg entfachen – den zweiten in diesem Jahrhundert.

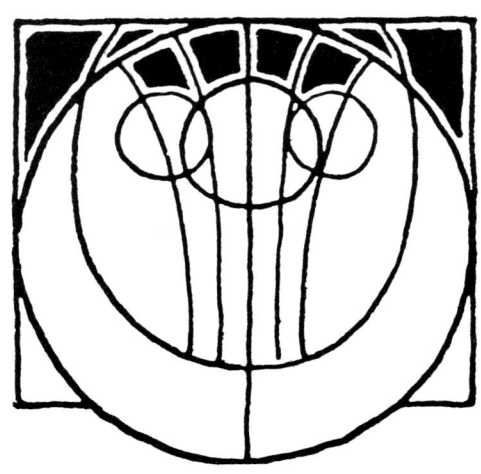

Der Schauspieler

»Der Ministerpräsident, der reichste Magnat
konnte in Wien durch die Straßen gehen,
ohne daß jemand sich umwandte;
aber einen Hofschauspieler, eine Opernsängerin
erkannte jede Verkäuferin und jeder Fiaker.«

Stefan Zweig

Die Schauspielkunst stand in Wien allzeit in besonderem Ansehen, und ohne jede Schwierigkeiten läßt sich nachweisen, daß die Wurzeln für dieses Ansehen in der Freude des Wieners an der Selbstdarstellung zu suchen sind, seinem nie erlahmenden Spaß am Komödiantentum, der unverhohlenen Bewunderung schließlich für diejenigen, die aus der allgemeinen Passion einen Beruf gemacht haben.

Karl Kraus, den man den Thersites seiner Zeit nannte, war nach der Ansicht nicht nur seiner Feinde auch ein genialer Journalist und nur als solcher imstande, alle die Fehler dieses Berufsstandes zu durchschauen und zu kritisieren. Er war jedoch ein nicht minder engagierter Schauspieler und als solcher, und das mit Leidenschaft, ein Darsteller von Faszination. Von seinen Lesungen, bei denen er vor dem Vortrag selbst von Offenbach-Couplets nicht zurückscheute und dabei nicht nur auf die Beherrschung der deutschen Sprache, sondern auch auf die volle Beherrschung seines Publikums durch schauspielerische Leistung stolz war, gibt es die Darstellungen seiner Parteigänger, seiner Widersacher, aber auch ein Filmdokument. Kraus rezitierte aus heutiger Sicht wenigstens so pathetisch wie die Burgschauspieler seiner Zeit.

Der Blumenkorso der Fürstin Metternich war gewiß eine besondere Freude für diejenigen, die ihr gepflegtes »Zeugl« einmal in aller Eleganz durch die Praterhauptallee führen wollten. Vor allem aber war es eine Schaustellung, die sich deshalb niemand entgehen ließ, weil sich hierbei der Thronfolger ebenso über die Bühne bewegte wie Wiens Bürgermeister. Und das Publikum spendete Beifall für besonders gelungene Leistungen.

Der Walzerkönig Johann Strauß war längst ein anerkannter und in seinem Metier ohne Konkurrenz dastehender Mann, als er sich von der Leitung öffentlicher Konzerte bis zu einem gewissen Grad zurückzog. Bei allen wichtigen Anlässen aber stand er wieder dirigierend vor einer Kapelle und legte bis ins hohe Alter Wert auf imponierendes und seinem schaustellerischen

Vorhergehende Seite: Hans Makart, Ausstatter einer nach ihm benannten Zeit, schuf das Gemälde der Charlotte Wolter als Messalina – und nebstbei ungezählte Kostüme für Burgtheaterheroinen.

Beruf entsprechendes Gehaben. Man muß die letzten Bilder von ihm nur einmal ansehen oder die Berichte von Beobachtern studieren und weiß, daß er ein Schauspieler war auf seine Art und daß auch die folgende Generation von Militärkapellmeistern – darunter Carl Michael Ziehrer und Franz Lehár – von ihren zündenden Melodien ebenso lebten wie von ihrem persönlichen Auftreten.

Stefan Zweig schrieb: »Das kaiserliche Theater, das Burgtheater, war für den Wiener, für den Österreicher mehr als eine bloße Bühne, auf der Schauspieler Theaterstücke spielten; es war der Mikrokosmos, der den Makrokosmos spiegelte, der bunte Widerschein, in dem sich die Gesellschaft selbst betrachtete, der einzig richtige ›cortigiano‹ des guten Geschmacks. An dem Hofschauspieler sah der Zuschauer vorbildlich, wie man sich kleidete, wie man in ein Zimmer trat, wie man konversierte, welche Worte man als Mann von gutem Geschmack gebrauchen durfte und welche man zu vermeiden hatte; die Bühne war statt bloß einer Stätte der Unterhaltung ein gesprochener und plastischer Leitfaden des guten Benehmens, der richtigen Aussprache, und ein Nimbus des Respekts umwölkte wie ein Heiligenschein alles, was mit dem Hoftheater auch nur in entferntester Beziehung stand. Der Ministerpräsident, der reichste Magnat konnte in Wien durch die Straßen gehen, ohne daß jemand sich umwandte; aber einen Hofschauspieler, eine Opernsängerin erkannte jede Verkäuferin und jeder Fiaker.«

Wo immer von der Theatromanie des Wieners die Rede ist, sind Beispiele zur Hand: Lange vor der Zeit Groß-Wiens arrangierten die Pamphletisten à la Saphir große Wohltätigkeitsveranstaltungen, um selbst auch auf dem Podium stehen zu können, waren andererseits die Schauspieler zugleich die begnadetsten Schriftsteller, als die sie sich selbst die besten, wirkungsvollsten Stücke schreiben konnten. Und nicht erst seit der Erfindung des Fernsehens muß in Wien einer, der in der Öffentlichkeit Erfolg haben will, mehr mitbringen als Geist oder eine brillante Feder: er muß sozusagen auch als Darsteller seinen Mann stellen, um populär und angesehen zu sein.

Immer schon waren in dieser Stadt die Schauspielerinnen nicht nur Angehörige eines etwas zweifelhaften Berufsstandes, sondern höchst in-

Karl Kraus, schärfster Kritiker Wiens, war nicht nur ein leidenschaftlicher Theaterbesucher, sondern auch ein engagierter – und erfolgreicher – Vortragskünstler. Von seinen berühmten Vorlesungen existiert ein Film – und diese Bleistiftzeichnungen von Alfred Hagel.

teressante und faszinierende Personen, die dann oft in die besten Adelsfamilien heirateten, junge Dichter davon überzeugten, daß sie die Vorbilder für deren Gestalten zu sein hätten. Stets aber wurden sie verehrte alte Damen, zu deren Füßen ganz Wien kniete, wenn sie noch einmal auftraten.

Es gab auch Direktorinnen, die gleichzeitig Schauspielerinnen und Sängerinnen waren und über das Schicksal von Strauß-Operetten entschieden; und es gab Schauspieler, die allein durch ihr Auftreten für einen Premierenerfolg und die nachfolgende Aufführungsserie gut waren.

Alexander Girardi hieß der Zauberer, der mit einem einzigen Couplet einen Abend retten konnte und dessen Wünschen sich Johann Strauß bedingungslos beugte.

Die großen Feste, die man in Wien durch Jahrhunderte feierte, wurden auch im Zeitalter des spartanisch lebenden Franz Joseph nicht abgesagt. Der nüchterne, in seinem persönlichen Lebensstil so trockene Monarch hielt viel auf den Stadtumgang zu Fronleichnam, und, wer immer diesen miterlebt hat, schildert ihn als ein theatralisches Ereignis. Der Kaiser, der zu Fuß allein hinter dem »Himmel« schritt, war für das Publi-

kum eine Erscheinung, die mit ihrem wohlberechneten Auftritt Effekt machte.

Liest man die Szenenanweisungen zu Volks- und Massenszenen in Verdi-Opern, dann fallen einem unwillkürlich ähnlich bunte und dramatische Beschreibungen einer Volksmenge in Wien ein: etwa die des täglichen Ringstraßenkorsos an der Sirk-Ecke, so benannt nach einem exklusiven Schneider, der dort sein Atelier hatte. Die Tageszeiten, zu denen dieser Ringstraßenkorso stattzufinden hatte, waren ebenso allgemein bekannt wie die Persönlichkeiten, die es sich nicht nehmen ließen, dort zu grüßen oder gegrüßt zu werden. Sie allesamt sind verewigt auf Bildern, die kaum mehr jemand in ein Buch aufnehmen will, weil jeder sie bereits kennt, und mit ihren Aussprüchen wörtlich überliefert in den »Letzten Tagen der Menschheit«, dem genialischen Notizbuch eines Hassenden.

Allerdings hängt diese Wiener Freude an der Schaustellung auch mit der Tatsache eng zusammen, daß Wien sich sehr bewußt um eine Position als Weltstadt bewarb. Ferdinand Kürnberger, scharfer Geißler der Zustände und Umstände seiner Zeit, dessen Schläge zwar stets trafen, jedoch auch gern wieder verdrängt wurden, weil niemand über sie lachen konnte, schrieb 1873 unter dem Motto »Krähwinkel und Weltstadt« ziemlich böse: »Im Schatten eines Zepters, das von Donaueschingen bis Smyrna reicht, entwickelt sich Wien unaufhaltsam zur Weltstadt, aber wir werden Weltstädter, ohne Weltmänner zu werden.« Und über den Wiener: »Dieser Kleinstädter nun hat die Mittel einer Weltstadt zur Verfügung. Er soll repräsentieren und er hat auch den besten Willen dazu. Er macht Aufwand mit Lust und Liebe. Er baut z. B. eine Ringstraße, ein Prachtstück einer Weltstadt, aber er versieht sie mit Ruhebänken – indem er zwei Prellsteine nebeneinander einschlägt und einen groben Holzblock darauf nagelt! Es bedurfte erst der Reklame der Privat-Industrie, um der Ringstraße ein Modell zu zeigen, wie ihre Ruhebänke ungefähr aussehen müßten! Die neuen zwischen den alten – . . . wohlan, Krähwinkel und Weltstadt!«

Die Notwendigkeit nun, Kürnberger in Taten zu widersprechen, der stete Versuch, doch mehr als Weltstädter, also Weltmann, zu werden, ist mit ein Grund für die Verehrung der Schauspieler in

Oben: Die Demolierung des alten Burgtheaters auf dem Michaelerplatz gab Anlaß zu lauten Klagen und vielen Zeichnungen, die den Abbruch festhielten. Die »gute alte Zeit« wurde da zerstört.

Links: Theo Zasche zeichnete den »Umzug der Schauspieler« ins neue Haus. Die Gesichter der Wiener Helden blieben dabei durchwegs ernst.

Wien. Denn ihnen wenigstens mußte doch zu eigen sein, was man selbst mehr oder weniger eingestandenermaßen noch nicht hatte: das Leichte, das Sichere, das Überlegene. Und eine Passion hat man allemal für etwas, das man erst erringen will.

Und noch eine Komponente in dem Kräftespiel um die Schauspieler und Sänger darf nicht ver-

Trotz der Allgegenwart des Kritikers Eduard Hanslick liebte das Wiener Publikum die Opern Richard Wagners. Brioschi schuf das berühmt gewordene Bühnenbild zu den »Meistersingern von Nürnberg«.

schwiegen werden: »Ohne das unablässige stimulierende Interesse der jüdischen Bourgeoisie wäre Wien dank der Indolenz des Hofes, der Aristokratie und der christlichen Millionäre, die lieber sich Rennställe und Jagden hielten als die Kunst zu fördern, in gleichem Maße künstlerisch hinter Berlin zurückgeblieben wie Österreich politisch hinter dem deutschen Reich. Wer in Wien etwas Neues durchsetzen wollte, wer als Gast von außen in Wien Verständnis und ein Publikum suchte, war auf diese jüdische Bourgeoisie angewiesen; als ein einzigesmal in der antisemitischen Zeit versucht wurde, ein sogenanntes nationales Theater zu begründen, fanden sich weder die Autoren

Links: Am legendären Ringtheaterbrand am 8. 12. 1881, der ungezählte Menschenleben forderte, orientiert sich die Wiener Theaterpolizei noch heute. Die derzeit geltenden strengen Schutzvorschriften wurden kurz nach der Tragödie erlassen.

ein noch die Schauspieler noch ein Publikum; nach wenigen Monaten brach das nationale Theater jämmerlich zusammen, und gerade an diesem Exempel wurde zum erstenmal offenbar: neun Zehntel von dem, was die Welt als Wiener Kultur des neunzehnten Jahrhunderts feierte, war eine vom Wiener Judentum geförderte, genährte oder sogar schon selbstgeschaffene Kultur.« Nur der Ordnung halber sei angefügt, daß dies wiederum ein Zitat Stefan Zweigs ist.

Ludwig Speidel singt 1888 das Preislied auf zwei Burgschauspieler: »Wieder sind es zwei Schauspieler des Burgtheaters, die ein eigenthümliches Paar bilden: Charlotte Wolter und Adolf Sonnenthal. Manchen gelten sie für das Höchste, was das Burgtheater hervorgebracht hat und in einem gewissen Sinne und nach zwei verschiedenen Seiten hin, die sich schließlich doch wieder begegnen, auch mit Recht . . . Die Stimme ist das vornehmste Organ des Schauspielers. Charlotte Wolters Stimme ist ein schöner Mezzosopran, der in die Altlage reicht und ein schneidiges

Ein Gemälde aus dem Jahr 1890 hält fest, wer an »Prominenz« im Restaurant zur »Linde« speiste: Stehend von links nach rechts Karl Blasel, Alexander Girardi, Emmerich Kálmán; sitzend Adolf von Sonnenthal, Charlotte Wolter, Marie Geistinger, Ferdinand von Saar und Hugo Wolf.

Kopfregister besitzt; sie leiht sich allen Graden der Kraft, vom Flüstertone bis zum Wolterschrei.« Letzterer ist bis in unsere Zeit ein Begriff geblieben.

Man beachte, daß sogar Ludwig Speidel eine Schauspielerin in großer Bewunderung mit ihrer Stimmlage charakterisiert, als sei sie eigentlich Sängerin. Und tatsächlich waren die am Burgtheater engagierten Künstler allemal so etwas wie Sänger, und selbstverständlich gab es immer auch an diesem Sprechtheater so etwas wie eine verbindliche Gesangslinie, einen einheitlichen Ton und Klang, gegen den sich dann die nächste Generation auflehnte – etwa der junge Nervenschauspieler Kainz, dem man allerdings auch die Kunst des Gesangs nachsagte. Kainz war berühmt dafür, daß er bei seinen ersten Auftritten Revolution gegen die Wohllaute machte. Im Burgtheater erzählt man bis heute, daß der sonor tönende Darsteller des Herrn schon beim Prolog des »Faust« erschrak und nicht weiterkonnte,

als auf seine Frage »Kennst du den Faust?« Kainz als Mephisto mit schneidend scharfer Stimme »Den Doktor?« gegenfragte. Dem Burgtheater-Mimen blieb vor Kainzens Angriff sogar das Goethe-Wort im Hals stecken.

Charlotte Wolter war – keineswegs nebstbei, sondern sehr zum Wohle des Burgtheaters – eigentlich Gräfin O. Sullivan und hatte in ihrem Mann auch den Gönner zur Verfügung, der bei Hans Makart die Kostüme seiner Frau bestellte und bezahlte, die mit zu den Erfolgen des Hauses beitrugen, denn es war Makart-Zeit, und das Publikum wollte das auch an seinen Lieblingen erkennen. »Silberner oder mit buntfarbigen Blumen bestickter Seidentüll rieselt über ein Unterzeug mit Perlenstickerei – Goldbrokat mit eingewirkten Tulpen –, die Taille mit einem goldgestickten Latz. Längs des unteren Randes eine in Gold gestickte Tüllbordüre, die hinten auf dem hoch gefalteten Schleppenansatz mit reicher, von Goldtroddeln umrahmter Schleife abschließt, dazu Straußfedern und Marabu um den Ausschnitt, Mascherln auf den Achseln.« Es muß sich um ein eher ungewöhnliches Kleid gehandelt haben, das solchermaßen beschrieben wurde.

Zur gleichen Zeit und in der gleichen Stadt war allerdings auch denkbar, daß an einem Operettentheater ein Erfolg ganz branchenfremder Natur errungen wurde: Ludwig Anzengruber, der selbst lange Jahre auf Schmieren in den kleinsten Rollen gespielt hatte und »auf der Walz« gewesen war, hatte sich in Wien mit einigen Noveletten eben erst eingeführt, als er mit dem »Pfarrer von Kirchfeld« am 5. November 1870 im Theater an der Wien unter der Direktion von Max Steiner Erfolg hatte: Heinrich Laube schrieb eine Woche nach der Premiere in der »Neuen Freien Presse«, der deutschen Bühne sei ein vielverheißender Dramatiker entstanden. Und in den folgenden Stücken Anzengrubers traten »die Geistinger« und »die Gallmeyer« auf, Volksschauspielerinnen von einer Popularität, wie man sie sich selbst in der Gegenwart, die immer noch gern reschen Frauen huldigt, nicht vorstellen kann.

So war es durchaus denkbar, daß sich im theatersüchtigen Wien die Grenzen verwischten und nicht nur die Direktoren in einem Maße ihre Häuser wechselten, wie man es heute kaum mehr begreift, sondern auch die Schauspieler an sehr verschiedenen Häusern und in mehr als einem Genre Furore machten. Was die Direktoren anlangt, mag wohl die Erinnerung an Jauner genügen, der Operetten von Johann Strauß inszenierte, das Hofoperntheater zur vollsten Zufriedenheit führte und seine Karriere nur abbrechen mußte, weil der Ringtheaterbrand 1881 ungezählte Menschenleben kostete und die gesamte dafür mitverantwortliche Theaterpolizei und Feuerwehr eben ihn als einzig Schuldigen anführte: Franz von Jauner wurde nicht nur der eben erst verliehene Adel, sondern auch die Theaterkonzession entzogen; erst nach vielen Jahren konnte er wieder ins Theater an der Wien einziehen, mußte allerdings Alexandrine von Schönerer, die Schwester des deutschnationalen Politikers, als Konzessionärin und somit zeichnungsberechtigte Direktorin neben sich dulden.

Daß andererseits die populären Frauen des Wiener Theaters sich durch luxuriöses Auftreten und die entsprechende Begleitung unschwer von einer Bühne zur anderen schwangen und einige

Josef Kainz – die Skizze von Max Sander zeigt ihn als Richard II. – trat als Charakterheld gegen die alten Burgtheatergrößen an und wurde selbst zu einem vergötterten Star.

von ihnen beinahe auch ins Burgtheater vordrangen, ist unter diesen Umständen wohl begreiflich. Wie hätte es in einer Stadt, in der man ein Stück wie »Feodora« von Sardou allein durch vier ausführlich beschriebene Toiletten der Wolter zu einem rauschenden Erfolg machen konnte, anders geschehen sollen? Die Berichte von diesem Auftreten lesen sich wie Modeberichte: »Wenn die Trägerin ungestüm auf- und niederwandelt oder sich in heftigster Gemütsbewegung auf das Sofa wirft, teilen sich plötzlich die tief gelegten Hohlfalten längs der vorderen und der Seitenbahn und lassen die schreitende schmerz-durchwühlte Goldstickerei des Tüllunterkleides sehen.«

Dergleichen kennt man heute nicht mehr, der Rausch von Kostüm und fraulichem Reiz war zuletzt bei Maria Jeritza zu verspüren, die in der Oper noch Komponisten dazu anspornte, für sie abendfüllende Werke zu schreiben und bei der Partitur darauf zu achten, welche

211

Auf seine Art war auch der Walzerkönig Johann Strauß ein »Kasperl«, wie man in Wien die Schauspieler nannte. Seine Auftritte hatten durchaus theatralischen Zuschnitt: Theo Zasche zeichnete Strauß mit seinen Musikern beim Hofball.

Kostüme und welche effektvollen Gänge ihr den Erfolg für eine oder zwei Spielzeiten garantierten. Wenn eine Turandot heute immer noch einen unbeschreibbar kostbaren Mantel trägt, eine Potiphar durch Luxus allein die halbe Bühne füllt, dann sind dies leichte Nachbeben einer Epoche, die von Hans Makart erfunden und kaum eine Generation später von der allgemeinen Depression zu Grabe getragen wurde.

Im Burgtheater allerdings herrschten nicht nur die Ausstatter, die Frauen reicher Männer und die geadelten Darsteller, es herrschte zudem eine Tradition. Augenzeuge Speidel 1884 in einem Nachruf auf Amalie Haizinger, von der wir den Namen kaum noch kennen: »Es wäre ein untröstlicher Gedanke, wenn man annehmen müßte, daß ein so reiches Können, wie es in Frau Haizinger wohnte, spurlos von der Erde verschwunden sei. Talent kann man freilich nicht

vererben, aber glücklicherweise ist es möglich, verwandte Talente zu wecken und anzuregen. Vermöge dieses Vorganges findet am Burgtheater eine fortwährende Übertragung der Kräfte, wenn man will eine Seelenwanderung von Generation zu Generation statt. Das künstlerische Erbe von Fichtner haben Sonnenthal und Hartmann angetreten; Lewinsky hat von Anschütz die Gabe der schönen Rede übernommen, Baumeister an demselben Künstler seine tragische Kraft entfacht; Gabillon hat etwas von der Mähne Ludwig Löwes, Schöne etwas von der erquicklichen Heiterkeit Beckmanns; Krastel und Robert haben sich in Joseph Wagners Nachlaß geteilt. Jeder

Rechts: Marie Geistinger und Alexander Girardi – zwei der populärsten Darsteller, die Wien je gekannt, geliebt, vergöttert hat. Allein ihre Mitwirkung war in der »goldenen« Ära der Operette Garantie für den Erfolg eines Werkes.

Die junge Adele Sandrock als Fedora in Sardous gleichnamigem Schauspiel, aufgenommen 1896. Zu dieser Zeit lieferte die lebenslustige Dame Arthur Schnitzler Stoff und wörtliche Zitate für einige seiner besten Szenen.

und jede hängt mit der Vergangenheit des Burgtheaters zusammen.«

Und, nur der besonderen Pointe wegen, hier direkt angefügt ein ganz anderes Zitat, das einige der eben genannten Namen wiederholt: »Im Gegensatz zu diesen Durchschnitt-Burgtheaterlingen standen die noch verbliebenen Großen des einstigen Ensembles. In Sonnenthals, wenn auch zu tränenreicher, Stimme lag der Klang des Schmerzes der nie sich beruhigenden, nie sich völlig ausweinenden Menschen. Sonnenthal war ein Budapester Judenjunge gewesen, wurde deutscher Schauspieler, erklomm die Höhen des Ruhms, wurde geadelt und für den Adel tonangebend in Kleidung und Gehaben. Burgtheaterschauspieler werden im Laufe der Jahre einander ähnlich. Uniforme Ausdrucksmittel formen ein Einheitsgesicht. Nur verbissener Widerstand schützt davor. Einigen gelang er. Bernhard Baumeister war der um den Burgtheaterton Unbekümmertste. Er war norddeutsch, karg, leise, unbeirrbar, störrisch und starrköpfig. Eine un-

sichtbare Wand, an der sich die andern die Köpfe wundstießen.« Fritz Kortner, der große, unvergessene Menschendarsteller und Regisseur, hat beinahe drei Generationen nach Speidel sich dessen Urteil teilweise angeschlossen.

Weitere Namen, die man nicht vergessen darf? Adele Sandrock wird 1895 als die legitime Nachfolgerin der Wolter genannt. Die Wirkung des jungen Kainz wird zwei Jahre später so charakterisiert: ». . . eine zerstörende und eine aufbauende. Eine so lebensvolle Persönlichkeit, die mit Entschiedenheit auf den Grundsätzen der modernen Darstellungsweise fußt, kann es im Burgtheater nicht beim alten lassen. Seine bloße Gegenwart ist ein Protest gegen das Alte. Er wird das Veraltete – nicht etwa gewaltsam, aber durch sein Beispiel in seinem Bestand erschüttern. Und dann wird er das Lebensfähige zu sich bekehren und verwandte Kräfte an das Burgtheater ziehen.« Stella Hohenfels, die Partnerin von Kainz, provozierte eine der schönsten Aufforderungen, die je angesichts einer großen darstellerischen Leistung nach einem »Iphigenien«-Abend ausgesprochen wurde: »Steigen wir von den Stelzen herab und gehen wir zu Fuß!«

Auf dem Hofoperntheater waren zwar die Direktoren Trumpf, doch die Sängerinnen und Sänger von derartigem Ansehen, daß sie Richard Wagners Bayreuth zu retten vermochten und von Giuseppe Verdi bei dessen Besuchen in Wien die freundlichsten Worte erwarten durften. Amalie Materna war die Wiener Brünhild, die tatsächlich die ersten Bayreuther Festspiele rettete – zusammen mit dem Dirigenten Hans Richter, ohne den Wagner verloren gewesen wäre. Und Wien, das von Eduard Hanslick angeblich dominierte und zu Wagnerhaß erzogene Wien, wurde durch Franz von Jauner zu »Rheingold« und »Walküre« verführt, »Siegfried« wurde im Premierenjahr achtmal gegeben, und trotz der ungezählten Stiche, die Daniel Spitzer einzig durch pointierte Nacherzählung der Handlung gegen den Judenhasser Wagner führte, war bis 1879 mit »Götterdämmerung« der »Ring« komplett. In diesem Jahr aber wünschte man ausdrücklich bei Hof,

Rechts: »Die drei Grazien der Wiener Volksmuse« heißt diese Zeichnung, auf der die populären Schauspielerinnen Kronau, Geistinger und Gallmeyer in einer Eintracht zu sehen sind, die es natürlich in Wahrheit nicht gegeben hat: Die Damen waren harte Konkurrentinnen.

BARON LERCHENAV

2. KOST.
2. AKT

Das Hofoperntheater zu Wien war – im Gegensatz zum neuen Burgtheater – von Anbeginn unbestrittener glänzender Hort der Musikpflege. Die bekannte Xylographie aus dem Jahre 1869, die den 1945 ausgebombten und in dieser Form nicht wiederhergestellten Zuschauerraum zeigt, stammt von Bruno Straßberger.

daß zum Festakt anläßlich der Silberhochzeit des Kaiserpaares die Schlußszene aus den »Meistersingern von Nürnberg« gegeben werde. Das geschah bereits unter Jauners Nachfolger Wilhelm Jahn, der als Sänger in Ungarn und als Dirigent in Deutschland tätig gewesen war, ehe er für siebzehn Jahre Direktor in Wien wurde.

Jahns Stars hießen Maria Renard (eigentlich Pöltzl) – eine Sopranistin, die aus Graz kam und in Wien bis zur Jahrhundertwende Manon und Carmen sang. Ihr Partner war Ernest van Dyck, ein Belgier, der eher fettleibig gewesen sein soll. Doch wegen dieses idealen Paars gab Jules Massenet seinen »Werther« zur Uraufführung an

Links: Hofmannsthal erfand für Strauss ein Wien, das es nie gegeben hatte, und provozierte damit einen Welterfolg. Für den »Rosenkavalier« zeichnete Gustav Mahlers Mitarbeiter Alfred Roller die Figurinen – also auch den Ochs auf Lerchenau.

Wien, und die Oper erlebte hier dann ungezählte Aufführungen.

Der Nachfolger Jahns hieß Gustav Mahler und war mit siebenunddreißig Jahren Dirigent, mit achtunddreißig Direktor der Wiener Hofoper – ein unerhörter Vorgang in einer Zeit, die angeblich nur gesetzte oder doch wenigstens gesetzt erscheinende Männer in wichtige Positionen ließ, in Wahrheit jedoch nicht so jugendfeindlich gewesen sein kann. Gustav Mahler engagierte Anna Mildenburg, die spätere Frau von Hermann Bahr, als Tragödin und holte Maria Gutheil-Schoder nach Wien. Ebenfalls in seiner Direktionszeit kam Selma Kurz an die Oper, dann Leo Slezak und Richard Mayr. Alle diese jugendlichen Helden der Wiener Hofoper waren Künstlerpersönlichkeiten, von denen man bis in unsere Tage spricht.

Und wenn bei der Wolter Hans Makart in Erscheinung trat, ihr die Kostüme schuf und sie als

217

Eine der Wiener Institutionen, die sich ebenso erhalten hat wie die Theaterleidenschaft und die Freude am Klatsch – und die bei Hofschauspielern ebenso geschätzt war wie beim besten Publikum der Wiener Bühnen: Theo Zasche nannte seine Zeichnung nur »Beim Zuckerbäcker«; daß es sich um »den Demel« handelte, wußte jedermann.

Messalina verewigte, so waren es für Gustav Mahler die Künstler der Secession, die auf den Plan traten. Alfred Roller übernahm die szenische Gestaltung von Mozart-Opern und von »Tristan und Isolde«, schuf einen neuen Stil, der sich lange nicht überlebte.

Wenn vom heutigen Standpunkt aus die Faszination einer Burgtheaterheroine in der Zeit der Katharina Schratt kaum mehr vorstellbar ist, jedoch der Zauber eines Leo Slezak immer noch verfängt, wenn man die Stücke von Sardou kaum mehr dem Namen nach kennt, jedoch mit Staunen nachrechnet, daß 1905 die »Salome« von Richard Strauss bereits an der Hofoper gegeben worden wäre, hätte sich nicht die »Censurbehörde« dagegen ausgesprochen, so gibt es für diese unterschiedliche Bewertung von Künstlern und Werken eine einleuchtende Erklärung. Auf dem Theater hat sich seit der Zeit der Ringstraße mehr und Aufregenderes ereignet als in den Opern-

häusern, die mit »Salome« schon ihrem Kulminationspunkt nahe waren. Die zu Mahlers Zeiten bekannt gewordenen Opernprotagonisten hielten Jahrzehnte durch und konnten sich gerade noch auf Schallplatte verewigen, bevor ihre Stimmen vergingen. Es ist also gar nicht so unverständlich, daß wir verwehter Geschichten aus dem Hofburgtheater gedenken, dagegen lebendig noch die Aufführungen des Hofoperntheaters zu hören vermeinen. »Die Zeit, die ist ein sonderbar Ding«, läßt Hofmannsthal seine Marschallin im »Rosenkavalier« sagen, und uns bleibt als Antwort darauf nur das letzte Gesätzlein, das er ihr in der Oper gibt: »Ja, ja.«

Gehört die Schauspielerin Katharina Schratt mit in dieses Kapitel, das vom sogenannten leichtlebigen Völkchen berichten soll? Sie hat gute Kritiken bekommen und ist nachträglich ihres Liebreizes wegen auch bei Theaterschriftstellern gut weggekommen. Doch ihre Position im damaligen Wien weist sie ganz eindeutig den Hofkreisen zu, ihr ganz besonderes Verhältnis zum Kaiser bestand keineswegs als ein Sympathiebekenntnis des Monarchen zu den Schaustellern, zum Theater. Katharina Schratt, der selbst die Kritiker der Monarchie nichts Abträgliches nachzusagen hatten, war dennoch keine Schauspielerin mehr von dem Augenblick an, da die Kaiserin selbst sie dem Kaiser gleichsam zur täglichen Menschwerdung verordnet hatte. Es gibt Geschichten von ihr, die sie noch in ihrer früheren Eigenschaft bei Wohltätigkeitsfesten und bei Fürsprachen zugunsten einstiger Kollegen zeigen. Doch man muß sich erst immer wieder »mit Gewalt« in Erinnerung rufen, daß Katharina Schratt Schauspielerin war. Ein Kollege von ihr, Fred Hennings, dem man nicht nur Belesenheit, sondern auch Eleganz im Ausdruck nachrühmen kann, zitiert in einem seiner vielen Bücher über Wien den schönsten Brief des Kaisers an sie und schreibt, es hätte um die »gnädige Frau« niemals Tratsch gegeben.

Immerhin ist ein Ereignis zu verzeichnen, das doch auch die Schauspielerin Schratt charakterisiert. Als Paul Schlenther aus Berlin der neue Burgtheaterdirektor wird und für Frau Schratt nicht die gewünschten Rollen hat, auch nicht bereit ist, ihre Urlaubswünsche zu erfüllen, als zudem zur gleichen Zeit auch das Verhältnis der Schratt zum Kaiser eher gespannt ist, kommt es zu einer Katastrophe, die eigentlich nach Verfilmung schreit, von den Librettisten dieses Genres aber aus unverständlichen Gründen bis heute nicht ausgewalzt wurde. »Die Schratt äußerte sich in dem Sinn, daß sie ernstlich gesonnen sei, die bestehenden Beziehungen zum Kaiser zu lockern; sie sei der ewigen Habt-acht-Stellung müde. Nun handelt es sich darum, wer siegt: das Theater, respektive Schlenther, oder die Schratt. Ist die Macht Kathis auf unseren alten Kaiser so stark, daß er diese Lockerung des gewohnten lieben Verkehrs nicht ertragen kann, so steht das arme Burgtheater vor einem schweren Schlag, der es ganz darniederwerfen kann; siegt die korrekte und in solchen Auflehnungsfragen sehr empfindliche Anschauung des Monarchen, so fällt die Schratt, was der schönste und reinste Segen für unser Theater wäre« – notiert zu dieser Verstimmung Hugo Thimig 1900, und im Oktober verließ Katharina Schratt für ein Jahr das Burgtheater und Wien; sie war ein Jahr eine beleidigte Frau

Die »gnädige Frau«, Katharina Schratt, war Gesprächspartnerin des Kaisers. Sie blieb aber trotzdem auch Hofschauspielerin und als solche von Intrigen – an denen sie selbst mitspann – nicht verschont.

und Schauspielerin, bevor sie in ihre Stellung bei Hof zurückkehrte und wiederum die »gnädige Frau« wurde. Dieser Geschichte wegen gehört sie in dieses Kapitel.

Das Burgtheater als Traum jedes Schauspielers – auch daran hat sich nichts geändert, wenngleich es nie die gleichen Beweggründe waren, warum jemand an dieses Haus gehen wollte, und immer die erstaunlichsten Ausreden erfunden wurden, wenn ein Künstler die Berufung nicht erhielt und erklären mußte, er passe ja gar nicht in dieses uralte Haus. Selbst eine Josephine Gallmeyer versuchte auf dem Höhepunkt ihres Ruhms, die Nachfolge der schon erwähnten Amalie Haizinger anzutreten, und präsentierte sich ihrem Publikum 1882 als eine Tragödin. Das Gastspiel am Wiener Stadttheater war allerdings gänzlich erfolglos und nur durch eine große Auslandsreise vergessen zu machen: Es war offenbar das persönliche, wenn auch nicht seltene Schicksal dieser

Vergötterte Schauspielerinnen: Amalie Haizinger (gest. 1884), der Ludwig Speidel 1884 einen ergreifenden Nachruf widmete...

...und Marie Geistinger (gest. 1903), die mit Offenbach-Operetten **Triumphe** *feierte, jedoch auch eine Tragödin werden wollte.*

faszinierenden Frau, daß sie aus ihren Parade-rollen nicht ins alte Fach fand. Die Gallmeyer war, um es einigermaßen zu präzisieren, eine Soubrette, die durch geniale Parodien auf die Wolter wie auf Sarah Bernhardt berühmt ge-worden war und in Stücken, die man ihr auf den Leib schrieb, Couplets von einiger Gewagtheit sang. Sie stammte aus einer Familie, die bis auf den heutigen Tag gute Traditionen aufzuweisen hat. Ihr Großvater mütterlicherseits hieß Giuseppe Tomaselli, war Hofkapellmeister zu Salzburg, und dessen Nachfahren wurden bis in die Gegenwart entweder Cafetiers oder Schauspieler. Die Gall-meyer, zuerst im Theater an der Wien erfolg-reich, war eine vazierende Schauspielerin, 1873 kurz auch Direktorin des Strampfer-Theaters, dann wieder unterwegs und nur auf Gastspielen wieder im Haus an der Wien tätig. Anzengruber war vom Haus verpflichtet worden, seine Stücke

für Marie Geistinger zu schreiben, doch bei einem Gastspiel 1878 war die Gallmeyer die Liesel Hübner in der »Trutzigen« und errang einen Erfolg, der ihrer Rivalin beinahe gefährlich ge-worden wäre.

Und Wien? Es nahm an ihren Triumphen teil, es vergötterte sie wegen ihrer jugendlichen Un-bekümmertheit, es war über jedes Extempore der ewigen Soubrette glücklich und feierte sie, als sie 1884 starb, als die »Inkarnation des Lebens, des vollpulsierenden, nach jeder Betätigung drängen-den Lebens«.

Aber Wien lag auch der Geistinger zu Füßen, die ihrer Vorgängerin am Theater an der Wien etwas voraus hatte: sie konnte singen.

Der in Mode kommende Offenbach, der vor Strauß die Wiener Spielpläne regiert und von Strauß nie ganz verdrängt werden kann, ist bereit, ihr zu bestätigen, daß sie in vielen Rollen

Und nochmals ein Sprung von einer Generation zur anderen: Josephine Gallmeyer, die Offenbach und Anzengruber erfolgreich spielte...

...und Maria Jeritza, die als junge Sängerin nach Wien kam und der Komponisten vom Range eines Richard Strauss Partien schrieben.

besser ist als ihre jeweilige Pariser Kollegin. Wie etwas später Alexander Girardi garantiert auch sie allein durch ihr Auftreten Serienerfolge. Sie wird eine berühmte Direktorin, das Theater an der Wien ist ihr Reich, in dem Anzengruber zu dichten hat und die Operetten von Johann Strauß aufgeführt werden. Sie hat die nun wahrlich oft genug verfilmten Kontroversen mit Jauner, sie ist zuletzt ganz ähnlich unglücklich wie ihre Rivalin Gallmeyer – auch sie wirft sich aufs schwere Fach, feiert anderswo als Schauspielerin Triumphe, hat aber in Wien nicht mehr den erhofften Erfolg, weil die Stadt die Geistinger nicht in ernsten Partien, sondern als ewige Großherzogin von Geroldstein sehen möchte. Eduard Hanslick, keineswegs nur ein Widersacher Richard Wagners oder ein Tyrann des Wiener Geschmacks, schrieb auch über sie (und die Gallmeyer), die es zuwege brachten, das Theaterleben Wiens nicht

lediglich am Burgtheater stattfinden zu lassen: »Ihre prächtige Figur, durch feine, vornehme Haltung gehoben, ihr im Sprechen wie im Singen stets melodiöses Organ, ihr munteres, dabei stets maßvolles elegantes Spiel errangen ihr sofort den ersten Platz unter den Künstlerinnen des Fachs. Die Rolle bleibt beinahe typisch für die gesamte spätere Tätigkeit der Geistinger (Hanslick meint die ›Schöne Helena‹), in welcher wir durchgreifende Wandlungen ihres Talents oder Stils nicht wahrnehmen. Immer tritt Marie Geistinger als brillante Persönlichkeit auf, als vorwiegend gewandte, geschmackvolle, formell unfehlbare Darstellerin von mehr feinem und schmiegsamem als ursprünglichem, schöpferischem Talent. Individualisierende Kraft besitzt sie nur bis zu einem gewissen Grade, die Naturgewalt des Humors und der Komik in noch geringerem. Als geniale Natur ist ihr die Gallmeyer überlegen.«

Vergötterte Schauspieler: Josef Lewinsky, dessen »Gabe der schönen Rede« am Burgtheater gefeiert wurde...

...und Alexander Girardi, den halb Wien zu kopieren versuchte und den Johann Strauß und Karl Kraus gleichermaßen liebten.

Es wäre durchaus reizvoll, zu versuchen, die Kritik Hanslicks zwischen den Zeilen auf feine Einwände zu untersuchen. Wie die meisten Schriftsteller seiner Zeit war auch Hanslick dazu angehalten, nur in den seltensten Fällen dort laut zu tadeln, wo das Publikum besonders liebte: Auch Johann Strauß Sohn gehörte zuerst nicht zu den besonderen Lieblingen Hanslicks. Doch auch gegen diesen konnte der Mann, der gelesen werden wollte, nicht an; und war zudem der Überzeugung, daß er seine schweren Geschütze nur gegen Persönlichkeiten vom Format Wagners aufzufahren habe.

Und damit dürfte er nicht unrecht gehabt haben. War doch der Sinn des Lebens in den Salons, in den Logen der Vorstadttheater, der Operettenbühnen, der großen Unterhaltungszentren keineswegs darauf ausgerichtet, sich ernsthaft mit Kunst auseinanderzusetzen: Man ging für einen Akt in

ein Theater, um seine Freunde zu sehen, sich das Ballett anzusehen, eine neue Melodie zu hören. Man absolvierte das Burgtheater als obligates Bildungserlebnis. Man war ein fanatischer Opernbesucher – aber schon damit zählte man nicht unbedingt in der Gesellschaft, sondern war dann eben ein musikbegeisterter Wiener, der anderen Göttern huldigte als die Gesellschaft.

Wieder muß man sich in Erinnerung rufen, welche Gesellschaft wohl gemeint ist. In den Kreisen des Adels war die Schauspielerin entweder ein Abenteuer wert oder wurde, so sie auf andere Weise unerreichbar war, geheiratet. Für die eben erst zu Geld gekommene erste oder zweite Generation der Ringstraßenherren war die Welt des Theaters ein unsicheres und ganz und gar unwesentliches Gebilde; für die Söhne dieser Generation dann allerdings schon eine verlockende Welt, die man entweder genoß oder an der man seine Erfahrun-

Die »Internationale Ausstellung für Musik- und Theaterwesen« 1892 im Prater förderte die damalige »Nostalgie« und gleichzeitig auch die Theaterleidenschaft der Wiener, für die ein eigenes Ausstellungstheater gebaut worden war. Wilhelm Gause: Kaiser Franz Joseph am Eröffnungstag auf dem »Hohen Markt«, einer Nachbildung der damals bereits der Stadterweiterung zum Opfer gefallenen Häuser auf dem Hohen Markt.

gen machte: etwa für einen Arthur Schnitzler, der viele der Szenen, mit denen er dann auf der Bühne reüssierte, erst einmal selbst Wort für Wort aus dem Mund einer Schauspielerin zu hören bekam. Vor einigen Jahren erst ist die Korrespondenz Schnitzlers mit der jungen, ehrgeizigen und später auch unerhört erfolgreichen Adele Sandrock publiziert worden, und in den Randbemerkungen Schnitzlers findet sich, was man bis dahin nur ahnte, kühl festgehalten. Die Schauspielerin, die Schnitzler in seine Stücke bannte, ist einfach das Konterfei einer Schauspielerin. Und die Personen seines »Reigens«, zu denen nebst einem Dichter und einer Schauspielerin auch ein Graf gehören, haben alle existiert. Erinnert man sich noch?
Graf: Ja. Schauen Sie, Fräulein, es ist so schwer mit dem Theater. Ich bin gewohnt, spät zu dinieren..., also wenn man dann hinkommt, ist's Beste vorbei. Ist's nicht wahr?

Schauspielerin: So werden Sie eben von jetzt an früher essen.
Graf: Ja, ich hab auch schon daran gedacht. Oder gar nicht. Es ist ja wirklich kein Vergnügen, das Dinieren.
So oder ähnlich hat wohl ein Graf mit einer Schauspielerin Konversation betrieben. Und im Milieu der Vorstadttheater lief der Dialog zwischen den Soubretten und ihren Kavalieren kaum wesentlich anders. Denn diese Zeit, von der wir heute meinen, sie sei so reich und phantasievoll gewesen, war dank der allgemein anerkannten Konventionen um gar nichts weniger schablonenhaft als die Gegenwart.
Wie geliebt, gefeiert, ernst genommen die Wiener Schauspieler waren, läßt sich sogar noch durch das Zitat eines Mannes belegen, der ausdrücklich behauptet, es ginge ihm gar nicht um das Theaterleben. Karl Kraus nimmt Alexander Girardis

Abgang aus Wien zum Anlaß, zu erklären, dies sei ein Signal.

»Das ist keine Theaternachricht. Aber die Bedeutung der Neuigkeit reicht auch über den Leitartikel hinaus. Denn der Leitartikel dient bloß dazu, uns über die kulturellen Sorgen mit politischem Kinderspiel zu betrügen, wie einst das Theater dazu gedient hat, uns über die politischen Sorgen zu beruhigen ... Unsere Theatromanie ist eine kulturelle Angelegenheit; aber eine viel wichtigere ist unsere Teilnahmslosigkeit vor einem kulturellen Skandal, der zufällig in der Theatersphäre spielt. Wenn der Wiener Kultur das Herz herausgeschnitten wurde und sie weiterleben kann, so muß sie tot sein.« Kraus, der so tut, als sei ihm nicht vor allem an Girardi gelegen, sondern an der Wiener Trägheit angesichts dessen Abwanderung nach Berlin, versteigt sich aber doch sehr rasch zu Lobeshymnen auf den Schauspieler, der ihm offenbar doch sehr wichtig ist. Und obgleich es sehr viele Schilderungen dieses einen Darstellers gibt, an dem sich Generationen von Wienern bildeten, ist die von Kraus wahrscheinlich die kompetenteste: »Girardi wiegt mehr als die Literatur, die er vernachlässigt. Er läßt sich von einem beliebigen Sudler ein notdürftiges Szenarium liefern, und in dieses legt er eine Geniefülle, deren Offenbarung erhebender ist als die Bühnenwirkung eines literarischen Kunstwerkes, dessen Weihen doch nur der Leser empfängt. Es ist gleichgültig, ob Girardi ein Buch oder eine Buchbinder-Arbeit für seine künstlerischen Zwecke benützt. Spielt er einmal Literatur, so kann sie ihm auch nichts anhaben. Sein Valentin ist das größte Ereignis des Wienerischen Theaters ... Wenn jetzt auch Girardi hinübergeht, so ist es die schmerzlichste Theatersache, nicht weniger fühlbar im Wiener Kunstleben als der Hingang der letzten Burgtheatergrößen.«

So emphatisch schrieb Karl Kraus, bedenkt man es recht, nur, wenn es um die ihm wesentlichsten Dinge ging. Und zu denen zählte für den Schauspieler Karl Kraus immer noch die Schauspielerei.

Der Wiener

»Ein lustiges Volk ist auch ein gutes Volk,
und das wissen wir am Donaustrande recht wohl,
und es freut uns, daß es gerade bei uns so ist,
und Arbeit und Lust, und Lust und Arbeit,
das mischt sich so bei dem Wiener...«

Adalbert Stifter

Der echte Wiener zerfällt erst einmal in eine echte Wienerin und einen echten Wiener. Dann aber kann man weitere Unterteilungen und diffizile Unterscheidungen gleich einmal seinlassen und einige Beispiele für die Wienerin und den Wiener der Zeit zwischen 1873 und 1914 geben und wird immer wieder finden, daß die gewählten Modelle für sehr, sehr viele ihrer Zeitgenossen stellvertretend stehen können.

Ludwig Speidel hat die Wienerin verbindlich beschrieben: »Die Wiener Frauen tragen die Fülle ihres Geschlechtes mit einer Unbefangenheit, die sich vor dem öffentlichen Bekenntnis nicht scheut: Ich bin ein Weib! Sie sind keine verschämten Mannsbilder, die ihre natürliche Artung vor der Welt verbergen möchten; nein, sie sind wie die Blumen, die nicht anders können, als sich in ihren Reizen zu offenbaren. Diese Pflanzenhaftigkeit hat aber ihre bestimmten Grenzen, die, bei empfindlicher Strafe des Frevlers, geachtet sein wollen. Die Wienerin ist nicht bloß empfänglich und duldend, sie ist nicht an die Stelle gewachsen, sondern sie besitzt willenskräftige Organe, die sie bei rechter Gelegenheit energisch zu gebrauchen versteht. Mit der ganzen Lebhaftigkeit ihrer Natur weiß sie von sich abzuwehren, was ihr nicht gemäß ist, was sie in ihrem Wesen bedroht. Sie hat bei der anmutigsten, zugänglichsten Sitte ein starkes Selbstgefühl, ein Gefühl nicht nur ihrer bevorzugten Natur, sondern auch ihres sittlichen Wertes. Und wie sie begabt ist, das Leben durch alle Poren zu genießen, so ist ihr auch die Gabe der Aufopferung in höchstem Grade verliehen. Diese schwebende Grazie ist auch ein guter Genius.«

An einzelnen Wienerinnen, die entweder aus den allerbesten Kreisen stammten und dann etwa »die Fürstin Pauline« genannt wurden oder aus dem Volk waren und Luise Montag hießen, kann man nachweisen, daß Ludwig Speidels Feuilleton treffend ist. Und man wird bei einiger Entdeckerlust in vielen Wienerinnen der Gegenwart immer noch die legitimen Töchter, Enkelkinder, Großenkelinnen der Wienerin von Anno dazumal

finden. Resch und fesch und harb und aufdrahrerisch und wie die ungezählten Eigenschaftswörter alle heißen, die für sie ebenso anwendbar sind wie das in die Umgangssprache eingegangene »liab«.

Und der Wiener? Auch für diesen gibt es Beschreibungen, die hier zu zitieren wären, doch es genügt wohl, ihn sich als eine Mischung aus dem legendären »Hausherrn und Seidenfabrikanten« und dem genießerischen, mitunter etwas verraunzten, gemütlich-nörglerischen Nachfahren Nestroys vorzustellen: In der Jugend war er ein Strizzi, also ein Tunichtgut, der seiner Standeszugehörigkeit gemäß entweder in den besten Kreisen etwas zu leichtsinnig lebte oder im Prater durch die billigeren Lokale streunte. Mit zunehmendem Alter legte er sich zumeist einen Bart zu, den er vor allem brauchte, wenn er nach einer angesehenen Position gierte. (Der Bart als Zeichen der Männlichkeit und des Alters, in dem man bereits im Kreise der Erwachsenen ernst genommen wird, war in Wien so notwendig, daß der Kaiser den Herren im Chor seiner Oper sogar eine Entschädigung zahlen mußte, weil diese wie alle anderen »Kasperln« sich einen permanenten eigenen Bart nicht leisten konnten – zu oft mußten sie in Stücken bartlos oder mit Haarersatz um das Kinn auftreten, und stets hatten sie also bartlos zu sein und veränderbar.) Und im allgemeinen war er dann, wie man ihn sich nach den gängigen Wiener Liedern heute noch vorzustellen liebt – und wie er in vereinzelten Exemplaren auch in der Gegenwart noch anzutreffen ist: ein meist behäbiger, einfachen Freuden aufgeschlossener Typ, der von seinem goldenen Herzen sang, dabei in Wahrheit jedoch Schale und Kern verwechselte.

Für den Wiener »vom alten Schlag« gibt es eine ganze Reihe von Bezeichnungen und Typennamen, die allesamt in die Volksliteratur eingegangen sind und in ungezählten Skizzen auftauchen. Selten aber findet man den Hinweis, daß zum legendären Wiener selbstverständlich auch der erst vor knapp einer Generation eingewanderte Jude aus dem Osten der Monarchie, der Schneider aus Böhmen, der Wachmann aus Niederösterreich, der rasch assimilierte Norddeutsche à la Johannes Brahms zählten. Gegen jede Verallgemeinerung wäre somit sehr viel einzuwenden.

Vorhergehende Seite: »Beim Heurigen« hat sich außer der Barttracht und den veränderten Rauchgewohnheiten – die Virginier ist beinahe ausgestorben – wenig verändert. Die Zeichnung von Hans Larwin hat noch immer »Stimmung«.

Alexander Wilke nannte seine Illustration »Strohwitwen« – und es handelt sich dabei um junge Wienerinnen, die alle bei Arthur Schnitzler vorkommen könnten.

Nur der Typus der erwähnten Pauline Metternich war selten: Der Wiener Aristokrat war zumeist Mitglied eines Adelsgeschlechts, das sein Stammhaus und seine Besitzungen irgendwo in der Monarchie hatte, der also in Wien nicht ganz heimisch war, daher auch nur zu bestimmten Jahreszeiten in der Stadt auftauchte und den Großteil seines Lebens auf den Gütern, auf der Jagd, auf Reisen verbrachte. Wenn er in Wien gesichtet wurde, war er allerdings der leutselige und gleichzeitig exklusive, eher schmale Herr, der »Schönbrunnerisch« sprach und wenigstens den Anschein zu erwecken suchte, daß er seine Nase wohl über die Grenzen der Monarchie hinausgesteckt hatte. Davon ausgenommen sind die Volkshelden unter den Aristokraten, die die Zierde jedes Festes, jedes Blumenkorsos, jeder geselligen Zusammenkunft auch der Fiaker waren und sich außerdem bereit hielten, in den eben noch goutierbaren Wiener Bürgerhäusern zu erscheinen, wenn Sitzungen für ein neues Denkmal oder einen wohltätigen Zweck abgehalten wurden.

Der Kaiser war selbstverständlich alles andere als ein Wiener. Er war einfach der Kaiser und ein Symbol, das nicht allein dieser Stadt zugehörig war. Wenngleich gerade er nicht zu den reiselustigen Monarchen gehörte und aus den unterschiedlichsten Gründen zumeist in seiner Hofburg blieb, war er doch keineswegs ein Wiener. Wenn er von »seinen« Wienern sprach, dann war

das kaum herzlicher gemeint, als wenn er seine Völker aufrief.

Was für die Wienerin ebenso wie für den Wiener galt, ja beinahe für die Mitglieder aller Stände zutraf, das war erstaunlicherweise das Gefühl für Ruhe und Ordnungsliebe, das ihnen allen eigen war und das die wenigen unruhigen Menschen gleich zu Revolutionären, zu großen Geistern oder zu Sonderlingen machte.

Nimmt man die Bilder der Herren der Ringstraßenpalais, der Gründer, der Bankiers wie Schoeller und Schey, dann sehen diese Herren ebenso aus wie etwa ein Volkstribun vom Schlage des Bürgermeisters Karl Lueger. Und dessen Karriere hatte doch eher den Umweg über Gasthausversammlungen, über die Rechtsanwaltskanzlei, in der er kleine Leute vertrat, über die intime Kenntnis der Wesensart des Volkes gemacht. Auch der »schöne Karl« war der Inbegriff des Bürgertums und darin Vorbild für einen Menschenschlag, der selbst in der Gegenwart noch Erfolg hat. Man darf ruhig sagen, daß die Protagonisten der Sozialdemokratie heute so aussehen, daß man sie als typische Abonnenten der einstigen »Neuen Freien Presse« einstufen würde, und jedenfalls jenem Bürgertum von damals zugehörig.

Ein Freund Egon Friedells, Hans Sassmann, schrieb ähnliches in einer amüsant und anregend zu lesenden Studie über »Das Reich der Träumer«,

Oben: *Als das Rathaus vollendet war und damit auch die Ringstraße, feierte man als bürgerliches Gegenstück zum Hofball den »Ball der Stadt Wien«, bei dem es kaum weniger zeremoniell zuging als in der Hofburg. Gauses berühmtes Bild zeigt folgerichtig dort, wo bei seinem Hofballbild der Kaiser steht, den Volkskaiser Bürgermeister Karl Lueger.*

Links: *Rudolf von Alt hielt getreulich fest, wo die Repräsentanten der Kaiserstadt vorher amtiert hatten und wo es ihnen zu eng geworden war: den Hof des alten Rathauses mit dem Andromeda-Brunnen. Beide Wiener »Rathäuser« sind in nahezu unverändertem Zustand erhalten, und beide erfüllen immer noch ihre Funktionen. Nur die Pferde auf dem Aquarell Rudolf von Alts sind in der Stadt heute beinahe ausgestorben.*

also über Österreich: »Die offizielle Revolutionspartei Österreichs ist gegenwärtig – echt barock – ebenso konservativ wie radikal, ihre ältesten Führer sehen aus wie altösterreichische Aristokraten, der marxistische Bürgermeister Wiens, Seitz, macht bei Empfängen ganz so tadellose Figur wie eine im Hofdienst ergraute Erlaucht.« Und daran hat sich eben nie etwas geändert.

Ein einziges kurzes Zitat, einen Wiener Bürger betreffend, wie ihn ein Maler der Wiener, Josef Engelhart, sah? Der Wiener Ludwig Bösendorfer legte großen Wert darauf, nicht Fabrikant oder Meister, sondern einfach »Klaviermacher« genannt zu werden. »Groß, schlank, etwas vorgebeugt, im gelben Überzieher, mit dem Stößer auf dem von weißen Drahtbürstenhaaren bedeckten Kopf und mit kurz geschnittenem borstigem Vollbart, verkörperte er den Typus des Kavaliers aus den siebziger und achtziger Jahren des vorigen Jahrhunderts. Manchmal wie ein Brummbär, manchmal weich, stets aufrichtig und stolz. Er war ein Feind jedes Aufwandes und

Protzentums und hatte doch eine noble Leidenschaft: er liebte schöne Pferde. Vierspännig fuhr er am frühen Morgen in den Prater, dann wurde in der Krieau gefrühstückt . . . Die Frühstücke waren durch viele Jahre hindurch der Sammelpunkt von Leuten, die in den Monaten Mai und Juni den herrlichen Frühlingsmorgen in dem blütenprangenden Prater genießen wollten.«

Bösendorfer, der allein für die Gesellschaft der Musikfreunde eine Stiftung von 800 000 Goldkronen hinterließ, sorgte sich in seinem Testament wie jeder echte Wiener darum, wie sein Leichenbegängnis vonstatten gehen sollte: Die immer wieder zitierte »schöne Leich'« mußte nicht unbedingt die teuerste oder prunkvollste sein, doch hatte jedermann seine Vorstellungen darüber, wie er zu Grabe getragen werden wollte, und bis zum heutigen Tag existiert in Wien ein Verein, der mehrere Vorwände als Vereinszweck angibt, in Wahrheit aber vor allem dafür sorgt, daß den Mitgliedern am Grabe genau das Wiener Lied gesungen werde, das sie sich gewünscht haben.

Bösendorfer verfügte: »Wenn ich verschieden bin, soll meine Leiche in einfacher Hauskleidung, im einfachsten Holzsarge, wenn möglich durch meinen Kutscher auf einem Klavierwagen und mit meinen eigenen Pferden in der Nacht auf den Zentralfriedhof gebracht werden. Ich will also keine Waschung, keine Aufbahrung, keine Hauseinsegnung, keine Blumen, keine Kränze haben, auch keine Grabrede. Meine Leiche soll in der einfachsten Form, wie solche für mittellose Leute üblich ist, bestattet und in der Gruft beigesetzt werden, wo sich bereits die irdischen Reste meiner beiden Frauen befinden. Ich wünsche keine Grabinschrift, es ist lediglich auf dem vorhandenen Grabsteine zu den Namen Celeste und Henriette der Name Ludwig hinzuzufügen.« Auch aus der Aufzählung all der Bräuche, die sich Bösendorfer verbat, ersieht man, was man normalerweise für eine Grablegung erwartete und was Bösendorfer verhindern wollte. Der eigene Klavierwagen und die eigenen Pferde waren immerhin ein kleiner Tribut dieses Wieners an die Eitelkeit angesichts des unvermeidlichen, dem Wiener stets recht vertrauten Todes.

Dem Wien-Kenner ist es keine Neuigkeit, und Ausländern wird es oft erzählt: Das gute Verhältnis, das der Wiener zum Tod hatte, zeigte sich in seinen Liedern, in seiner Freude am eigenen Begräbnis, aber auch in der allgemeinen Anteilnahme am Sterben. Die Erschütterung, die die Monarchie beim tragischen Tod des Thronfolgers heimsuchte, ließ die Wiener keineswegs darauf vergessen, sich Fensterplätze für den Leichenzug zu mieten. Die beinahe offen zur Schau getragene Mißachtung, die der Hof dem Leichenbegängnis von Franz Ferdinand zuteil werden ließ, erregte Unmut bei dessen Getreuen, beseitigte anderseits die Kriegsangst bei den Wienern – sie konnten sich nicht vorstellen, daß der Kaiser einen Krieg erklären würde, wenn er nicht einmal die Ermordung seines Thronfolgers mit einer prunkvollen Leichenfeier beging.

Der Sinn für Ordnung – an deren Ende eben der Tod steht – war ein Merkmal des Wieners von Anno dazumal: eine Ordnung, die sich selbst dort zeigte, wo die Grenzen der Stände sich verwischten, etwa wenn Wienerinnen aus dem Volk zu gefeierten Künstlerinnen wurden und damit einer höheren Schicht angehörten oder wenn Erzherzöge ihren Leibfiakern die Ehre gaben und beim berühmten Fiakerball erschienen. Das Wissen um diese Ordnung, das Gefühl der Sicherheit unter einem gerechten Monarchen: sie beherrschten das Leben in den Ämtern, im Kaffeehaus, im Tschecherl um die Ecke.

Ein Beispiel für eine prominente Wienerin, das für viele stehen kann: Luise Montag, Tochter einer Wäscherin und eines Burggendarmen, erlernte die Schneiderei, wollte aber höher hinaus und wurde das, was im Fachjargon »Salonjodlerin« hieß – eine Volkssängerin also, die es auf dem Umweg über die Sängertruppen bis zu Gastspielen in den feinsten Wiener Kreisen brachte. Ein Kenner der Zeit schreibt von ihr: »Von ihrem Triller sprach ganz Wien. Ihre Stimme soll wie die der Adelina Patti vier Oktaven umspannt haben. Wenn sie auf der Pawlatschen als schmucker Tirolerbua stand und ihre Stimme wohlig und warm aus den Tiefen des Altregisters mit blendender Koloratur in die Höhe aufstieg, da wurde es im Saale mäuschenstille. Die Kellner stellten das Servieren ein und lauschten dem

Die »Illustrierte Zeitung« ließ für ihre Leser zeichnen, was kein Photograph festhalten durfte: den Kaiser in der Hofburgkapelle vor dem Sarg Franz Ferdinands und dem – deutlich tiefer gestellten – Sarg der Gemahlin des Thronfolgers. Man schrieb Juli 1914.

Das »alte« Wien, das für sie ein Wien der Gegenwart war, hielten die besten Maler jener Zeit fest: Carl Moll zum Beispiel mit Akribie die Singerstraße.

Sange der Diva. Man stand im Banne einer besonderen Leistung. Später, als sich die Formen der Montag verüppigten, wurde aus dem Bub ein lustiges Dirndl, das eine seidene Schürze trug.«

Aus diesen Sätzen geht hervor, daß die Volkssängerlokale selbstverständlich »Konsumation« hatten, sich immer direkt in Zusammenhang mit einem Wirt etablierten und nicht nur von den Einnahmen des Publikums, sondern auch vom Ertrag der Küche lebten. Eine Zeitlang gab es in Wien auch Diskussionen, ob fixes Eintrittsgeld oder das Absammeln der Künstler im Publikum die bessere Lösung wäre. Es gab populäre Künstler, die das Absammeln vorzogen, weil sie dabei, wie sie sagten, mit dem Publikum in noch engeren Kontakt kämen, was für beide Teile gleich wichtig sei.

Die Montag war mit einem Volkssänger namens Plechaczek, im Volksmund »Plecherl« genannt, verheiratet. Sie wurde allerdings nach nur einem Ehejahr geschieden und lebte dann mit dem Logenmeister der Hofoper, Janeczek, zusammen, dem sie zwei Söhne schenkte. »Ihr ansehnliches Vermögen versetzte sie in die Lage, ein beinahe fürstliches Leben zu führen«, liest man in ihrer Biographie, was hieß, daß sie unter anderem zwei Villen in Dornbach besaß und sich jeglichen Luxus im Alltag zu leisten in der Lage war.

Das Ende der Luise Montag war dann wieder tragisch und dramatisch, hatte also den typisch wienerischen Akzent. Im Ersten Weltkrieg verlor sie ihre beiden Söhne, und ihr Lebensgefährte heiratete ein Ballettmädel – als Siebzigjähriger verließ er die einst gefeierte Sängerin und nahm ihr damit die Stütze einer sicheren »Pension«, die nach seinem Tod nun das Ballettmädel und nicht die rasch verarmte Luise Montag erhielt. Die Inflationszeit nahm ihr das Geld, ein Nervenzusammenbruch kündigte ihr Ende an, sie mußte unter Kuratel gestellt werden, und der Bürgermeister der Stadt Wien hatte schließlich die Aufgabe, ihr ein Ehrengrab zu schenken. Er ehrte sie als eine Frau, »die mit echtem Volkstum aufs innigste verwachsen war und deren Kunst das wienerische Idiom am sinnfälligsten zum Ausdruck brachte«.

Nicht nur der Klaviermacher Bösendorfer, auch die Salonjodlerin Luise Montag wurde also im Tode noch einmal geehrt: Beide gehörten zu Wien und waren, was man hierzulande populär

Eine der Wiener Volkskünstlerinnen, deren Beliebtheit durchaus mit der von Schlagersängerinnen der Gegenwart vergleichbar ist: Luise Montag.

nennt. Und populär sein hieß auf der Straße erkannt und gegrüßt werden, mit seinen Lieblingsgewohnheiten in aller Munde sein.

Nicht nur der Tod, sondern vorher sehr oft die Verarmung steht am Ende der typischen Karriere eines Wiener Volkslieblings. Nur sehr wenige, sehr zielstrebige Volkssänger brachten es zu permanentem Wohlstand – das Unterhaltungsgewerbe war in der einstigen Weltstadt Wien so hart und bitter, wie man das vom professionellen Showbusineß in Amerika heute kennt. Nur wer Zulauf hatte und dem Publikum immer neue Lieder brachte, konnte sich halten. Nur wer Protektoren fand, konnte es sich leisten, für eine Weile ins Ausland zu gehen, ohne inzwischen aus dem Gedächtnis der Wiener zu kommen. Nur

Das Wiener Kaffeehaus, in jeder Preislage gleichermaßen wesentlich und florierend, war dem Wiener der ganztägig geöffnete Salon.
»Genreszene« aus einem Volkscafé.

wer sich der Mode beugte, die gegen Ende des Jahrhunderts immer deftigere, immer derbere Kost verlangte, konnte steinreicher Nachfahr der einstigen Gasthausharfenisten werden.

Aus diesem ständigen Kampf um den Erfolg ist auch die recht enge Bindung aller populär sein wollenden Wiener zu den Journalisten zu erklären: Johann Strauß schrieb selbstverständlich Walzer für die Bälle der Vereinigung »Concordia«; aber auch die Schauspieler, Volkssänger, Musiker hofierten die Herren Redakteure, von welchen sie ständige Erwähnung in den Tageszeitungen erhofften. Nur nicht aus dem Blick der Öffentlichkeit verschwinden! war ein Rezept, das unter allen Umständen eingehalten werden mußte. Hier gab es die abenteuerlichsten Beispiele auf der Skala

vom Interview über den übertriebenen Bericht bis zur reinen Stimmungsmache – sie sind in allen ihren Extremen in der »Fackel« zitiert und müssen nicht neuerlich angeführt werden.

Die Grenzen, die die Ordnung repräsentierten, wurden stets eingehalten: Ein Fiaker wie der legendäre Bratfisch, der nicht nur als Lenker seines feschen Zeugls, sondern auch als Natursänger und Kunstpfeifer stadtbekannt war, kam zwar in den besten Kreisen herum, war aber lebendes Beispiel für die Existenz dieser Grenzen dadurch, daß er sie manchmal überschritt und daß man darüber redete. Das gleiche galt für den Kronprinzen, wenn dieser beim Heurigen die gleiche Rührseligkeit zeigte wie die anderen Besucher. Es gab Gemeinsamkeiten, doch man

Sie wurde allgemein als häßlichste und zugleich charmanteste Frau von Wien bezeichnet und ging als Schöpferin des Blumenkorsos, ungezählter Wohltätigkeitsveranstaltungen und als Schirmherrin vieler Künstler und Genies in die Geschichte ein: Pauline Metternich.

wußte immer, selbst dort, wo sich Mitglieder des Erzhauses und Wiener Bürger mischten, daß es die Grenzen gab. Sie waren ebenso unüberwindlich auch für die Angehörigen des Adels, also auch für die Fürstin Pauline Metternich, die zu wohltätigem Zweck erst in Adelspalais, dann – weil die Einnahmen hinter den Erwartungen zurückblieben – im Prater Feste feiern ließ und dadurch zu einem Idol der Wiener wurde. Die Verwandte des Staatskanzlers, die durch ihre Ehe mit einem Fürsten Metternich ihren Namen behielt, versuchte zuerst, aus der Hochachtung des reichen Bürgertums vor dem Adel Kapital zu schlagen, und holte in die unvermeidlichen vorbereitenden Komitees immer auch bürgerliche Bankiers, die dann dafür bezahlten, daß sie im

Palais der Metternich erscheinen durften. Sie ging dann noch weiter und erfand Volksbelustigungen, bei denen der Adel, das reiche Bürgertum und auch die »Menge« mitzuwirken hatten. Beim Blumenkorso mußte man sowohl als Wagenlenker wie auch als Zuseher Entree bezahlen, und auch die Besitzer der Blumenstände, die am Rande der Praterhauptallee die Büscherln verkauften, mit denen man dann beliebte Persönlichkeiten bewarf, zahlten ihren Obolus in die Kasse des veranstaltenden Komitees.

Zu Füßen der so eindrucksvollen und typisch wienerischen Fürstin Pauline saßen, wenn man den Berichten glauben darf, die Dichter des »Jungen Wien«, dann auch noch die Journalisten der Stadt, die alle fasziniert waren von dem

Charme und der Vitalität dieser hochgeborenen, sehr häßlichen Frau, die es darauf angelegt hatte, ein Original zu werden, und der niemand ihren Anspruch auf Originalität in Abrede gestellt hätte.

Ihr Gegenstück war die »Frau Sacher«, in deren Hotel man als einfacher Bürger gar nicht zu gehen hatte – ebenfalls eine vitale Person, die den Adel betreute und die Position ihres Hauses nächst der Burg und direkt bei der Hofoper richtig zu nützen verstand. Was man ihrem Hotel allerdings nachsagte, das soll es nur mit Maßen gewesen sein: Die berühmten Séparées bei Sacher waren nicht nur dazu da, um Erzherzöge mit Ballettmädchen zu Abend essen zu lassen, sondern sie dienten dem gleichen Zweck, den intime Räumlichkeiten heute noch haben – einer Tischgesellschaft etwas stimmungsvolleren und doch geschlosseneren Rahmen zu geben als der große Speisesaal. Bis zum heutigen Tag wollen ernsthafte Historiker es leugnen, daß

Vorhergehende Doppelseite: Das ausgehende Jahrhundert war die Zeit eines langen Friedens, in dem sich allerdings die Katastrophe bereits ankündigte. Gegen Verordnungen Badenis wurde auf dem Ring demonstriert. »Husaren des 15. Regiments zerstreuen Demonstranten« heißt die Skizze von Franz Schlegel.

einmal ein Erzherzog aus einem Séparée kam und nur mit einem Säbel bekleidet war. Legende nennen sie es, geben aber gerne zu, daß der betreffende hohe Herr extravagant war und, wie viele Mitglieder des Erzhauses, stets dazu neigte, den Zwängen zu entfliehen, die ihm seine Geburt auferlegte.

Gegenstücke zu Wienern und Wienerinnen wie Luise Montag, Pauline Metternich, Anna Sacher, Ludwig Bösendorfer oder auch Johannes Brahms waren die ungezählten Originale in den äußeren Bezirken: Die »Hausherren«, die es sich leisten konnten, vom Zins einiger Häuser zu leben und nebstbei die Tageseinteilung einzuhalten, die der Wiener als seine »ganz normale« bezeichnete. Die also mehrmals am Tag reichlich aßen, in guter Laune mit dem Geld verschwenderisch umgingen und bei jeder »Hetz« dabei waren. Ihr Revier war nicht die Innere Stadt, sondern ihr jeweiliger Bezirk, in dem sie geboren und aufgewachsen waren. Der leichtlebige Wiener war jeder Ortsveränderung abhold. Die Leute vom Grund waren nicht zum Umzug zu bewegen, sondern blieben in ihren eigenen Bezirken, die daher auch nach der Eingemeindung ihren besonderen Charakter behielten und übrigens

Links: die Wahrzeichen von Wien in Konkurrenz: Fiaker-Wettfahren auf dem Rennplatz im Prater. Gemälde von R. Rosenbaum.

Unten: Von Josef Engelhart, der in vielen Gemälden Wiener Volksszenen dargestellt hat, stammt »Die Banda«, was soviel wie »Die Militärkapelle« bedeutet. Engelhart war der Maler, dessen Ablehnung durch die bereits etablierten Künstler die Gründung der Secession provozierte – was angesichts seiner liebevollen Darstellung der Wiener Typen kaum mehr zu begreifen ist.

auch verschiedene von der Obrigkeit geduldete Eigenarten. So war zum Beispiel die Zensur, der sich Volkssänger unterwerfen mußten, der jeweiligen Bezirksbehörde überlassen und das eine oder andere kritische Lied nur in einzelnen Wiener Bezirken zugelassen. Noch heute spricht man von einem gediegenen Menschen als von einem »Mann vom Grund«. Um die Jahrhundertwende bedeutete das: er war angesehen, war möglichst in einem Haus geboren, aufgewachsen und zuletzt auch alt geworden. Dazu hatte er seinen Stammplatz in einem Kaffeehaus in der

Umgebung, seine bevorzugten Beisel und seine permanenten Kartenpartner aus dem Bezirk.

Der Wiener hielt also auf Ordnung in seinem Leben. Dazu gehörten das Stammbeisel, das Stammkaffee – Institutionen, die in ihrer spezifischen Wiener Eigenart ihren Benützer, den Wiener, gut charakterisieren.

Auch nach der Schleifung der Basteien und der Erbauung ganzer Straßenzüge im vereinfachten Ringstraßenstil in den äußeren Bezirken hatte der Wiener wenig »Wohnkultur«, auch viel zuwenig Platz in den vier eigenen Wänden, um ein großzügiges geselliges Leben zu führen, wie er es liebte. Daher trieb es ihn in die Öffentlichkeit, in Lokale, die dann wieder seinem Sinn für Häuslichkeit entgegenkommen mußten und im Grunde nichts anderes waren als der gemeinsame Salon mehrerer Wiener – und manchmal auch deren Arbeitsstätte.

Die vielen dichterischen Beschreibungen vom Wiener Kaffeehaus, vom Beisel um die Ecke sind wahrscheinlich allesamt bekannt. Die vielen Bezeichnungen für die verschiedenen Arten des Kaffees, die Tatsache, daß man stets frisches Wasser nachserviert bekam, die Anekdoten rings um das Personal, das den Gast zu erkennen und seinen Eigenarten entsprechend zu bedienen hatte – wer kennt sie nicht? Etwas seltener jedoch ist zu lesen, warum der Wiener im Kaffeehaus seine Lektüre absolvierte, seine Post empfing, seine Freunde traf, seine Korrespondenz erledigte, seine geschäftlichen Besprechungen hatte und nicht zu selten auch seinen Nachmittagsschlaf hielt. Er war dann stets in angemessener Umgebung und mußte doch nicht zeigen, wie es bei ihm daheim aussah. Er brauchte die Möbelbezüge bei sich zu Hause nicht zu entfernen, sondern konnte die Polsterbänke im Café durchwetzen. Er hatte sich nicht um die tägliche Zeitung zu sorgen, sondern er konnte darauf bestehen, daß sie ihm sofort

Die große bürgerliche Selbstdarstellung Wiens: Auf der Weltausstellung 1873 präsentierte man in ungezählten Pavillons, aber vor allem in der Rotunde, was gut, solide und teuer war. Xylographie nach einer Zeichnung von L. v. Elliot.

beim Eintreten ins Lokal an den Tisch gebracht wurde. Er war, da er ja sein Stammkaffeehaus mit Bedacht ausgesucht hatte, zudem ganz in der Umgebung, die er sich für sein Leben wünschte – also in einer selbstgewählten Ordnung.

Daß es genügend Variationen des Wiener Kaffeehauses gab, für jeden Geschmack und jede Geldbörse, versteht sich. Die angesehensten Cafés waren die in der Inneren Stadt, in der sich die Regierung, die Journalistik, die Dichtkunst, allerdings auch die nach 1900 in Wien einlangenden Exilpolitiker trafen. Es waren heilige, besondere Kaffeehäuser, deren Atmosphäre von ihren Insassen, den wortgewaltigsten Wienern jener Zeit, beschrieben worden ist.

An der Ringstraße und am Kai fanden die Geschäftsleute, die Damen oder die zufällig in der Nähe arbeitenden Menschen ihre etwas protzigeren Cafés. Auch in diesen mußte es selbstverständlich ein Conversationslexikon geben, weil der diskutierende Gast eben auch Informationen haben wollte. Und auch am Ring mußte der Kellner wissen, wen er wie zu bedienen hatte.

Des weiteren gab es selbstverständlich Kaffeehäuser für bestimmte Berufsgruppen, deren Klientel sich einfach aus den Leuten zusammensetzte, die ganz in der Nähe arbeiteten: eines für Mediziner also nächst dem Allgemeinen Krankenhaus, eines für Operettenlibrettisten in der Nähe des Theaters an der Wien, viele für geschäftliche Abschlüsse im zweiten Wiener Gemeindebezirk, wo die noch nicht arrivierte, also auch noch nicht assimilierte Judenschaft Wiens lebte.

Auch heute noch gibt es einige besonders sehenswerte Exemplare der Kaffeehauskultur – in allernächster Nähe des Burgtheaters ein schon unter Denkmalschutz gestelltes Café, das dem Ringstraßenstil verpflichtet ist; in einigen Wiener Bezirken gut erhaltene Cafés, die heute noch als ideale Stammcafés funktionieren. Ihnen allen ist

Das bürgerliche Wien setzte sich aber auch als Träger der musikalischen Tradition ein Monument: 1870 kam Kaiser Franz Joseph zur feierlichen Einweihung des neuen Gebäudes der Gesellschaft der Musikfreunde. Zeichnung von Vinzenz Katzler.

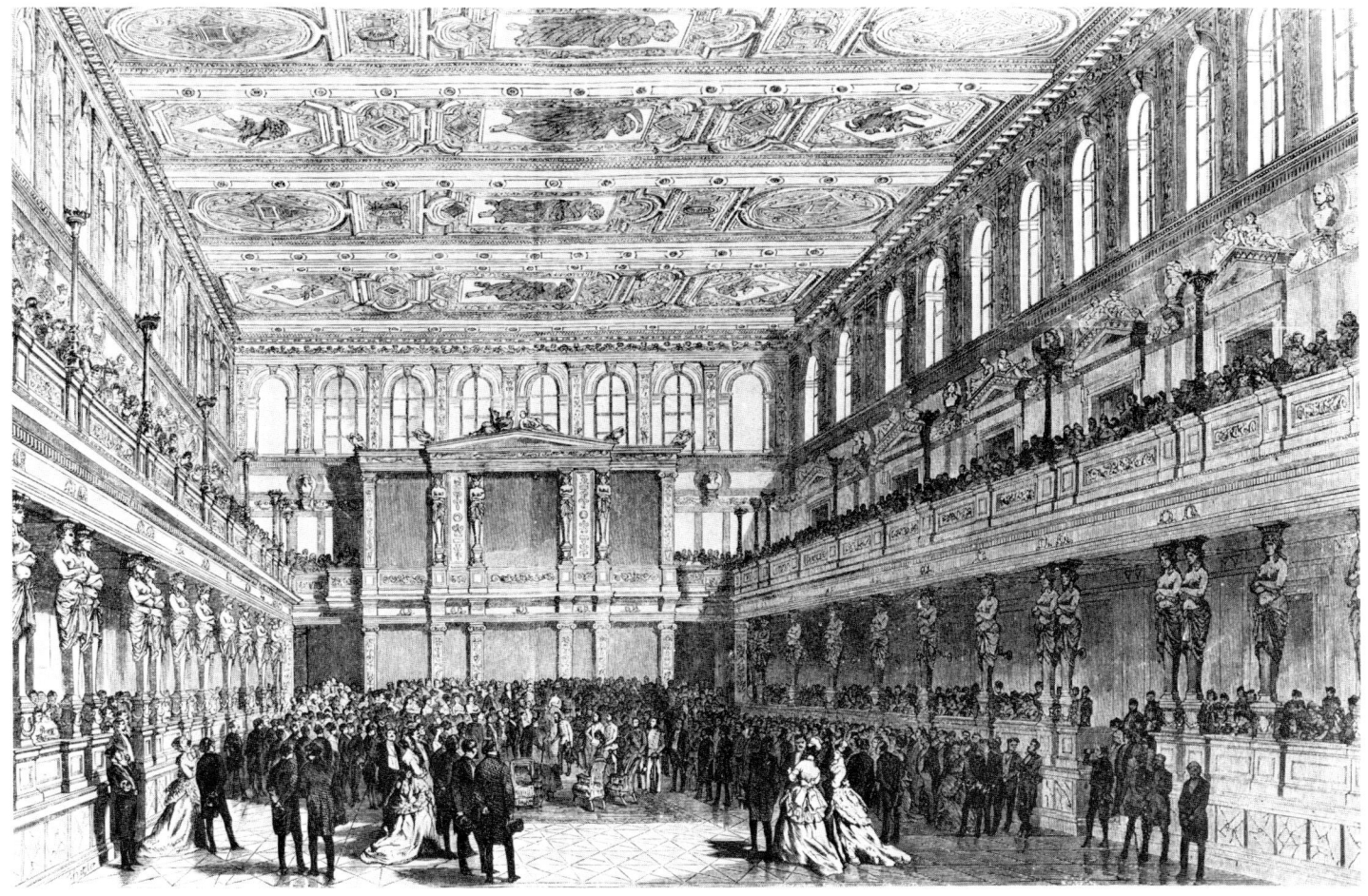

nicht nur die Einrichtung und Atmosphäre, sondern auch das Personal geblieben, ohne das man sich ein Kaffeehaus nicht vorstellen kann. Dort ist Streit um die Einträglichkeit der verschiedenen Bedienungssysteme noch immer ein Thema – heftig wogt da der Kampf zwischen den beiden Parteien, die entweder das Zahlkellnersystem oder aber das Reviersystem befürworten. In dem einen darf nur ein einziger Ober im Lokal kassieren, im anderen hat jeder Kellner von einem bestimmten Zeitpunkt an sein eigenes Revier, das er nicht nur betreut, sondern wo er auch abkassiert.

Der Wiener Ober ist, das gehört zur Kaffeehauskultur, natürlich ein typischer Wiener: an-

passungsfähig, dennoch würdevoll, lebenserfahren, trotzdem im rechten Moment von großer Herzenskälte. Wenn man die von Dichtern geschriebene und selbst heute noch bereicherbare Galerie der Wiener Ober durchgeht, dann wird man sie gleichfalls eine Versammlung von Originalen nennen und die Überzeugung gewinnen, daß es ohne Original gar nicht geht in Wien. Sie wurden Beichtväter ihrer Gäste genannt, sie waren deren Gläubiger, sie hatten in der »guten alten Zeit« kaum vorstellbar lange Arbeitszeiten und lebten somit intensiv im Kaffeehaus wie ihre Gäste – und daß sie allesamt Gefühl für die einzuhaltenden Grenzen hatten, ist ihnen vielfach bestätigt worden. Kaffeehäuser gab es in allen Bezirken; das bereits erwähnte »Beisel« gleichfalls – man hat sich darunter eine Gastwirtschaft vorzustellen, die für ihre zumeist bürgerliche Kundschaft gute

Oben: Fritz Schönpflug zeichnete die fünf »Kaffeehaustypen«, und darunter standen dann Verse, deren Pointe war, daß man an der Lektüre die Berufe der Dargestellten nie erraten könnte. Rechts unten allerdings sitzt, unverkennbar, Peter Altenberg, ohne den ein Kaffeehaus undenkbar wäre.

Links: Der verhärmte Herr, der sich aufgeigen läßt, ist Gast in Wien – ein Ungar, der sich ob des »Ausgleichs« Sorgen macht. Sorgen aber wurden in Wien um die Jahrhundertwende – und auch heute – oft in Wein und Weinseligkeit ertränkt.

Wiener Küche, sogenannte »Hausmannskost«, und gepflegte Weine hatte und ganz rasch ihr Publikum verloren hätte, wäre sie von dem einmal erreichten Standard abgegangen. Auch die Beisel gab es selbstverständlich in allen Schattierungen und Preiskategorien, und wer meint, daß man in ihnen das »Volk« gefunden hätte, der irrt. Die Beamtenschaft, die nun wahrlich einen nicht geringen Anteil an der Wiener Bevölkerung ausmachte, kehrte dort ein und war, wie im Kaffeehaus, das hofierte Publikum. Denn die Beamten – Wien als Hauptstadt eines großen Reiches

Eine der wertvollsten Sammlungen Altwiener Tänze und Lieder, die drei Bände umfaßt – enthält auch authentische Darstellungen der Stätten, an denen diese Tänze und Lieder aufgeführt wurden: von Heurigenmusikern, Natursängern, Volkssängern – und von den grundmusikalischen Wienern ringsum.

hatte genügend Ministerien und Büros – waren schon damals keine Minderheit, sondern ein angesehener Stand, der den Kaiser als obersten Beamten seines Reiches für sich reklamieren konnte.

Als eine eigene Kaste waren die Beamten zwar sehr schlecht bezahlt, jedoch Diener des Kaisers, der ihnen einen sicheren Lebensabend versprochen hatte. Sie waren in der Regel »treu« und redlich und sorgten dafür, daß eine Aura der Obrigkeit sie umgab, wenn sie es sich auch kaum leisten konnten, groß aufzutreten – und also mit Kaffeehaus und Beisel als Lebensraum auskommen mußten. Die stillen, unauffälligen, jedoch von ihrer Würde überzeugten österreichischen Beamten haben ebenfalls ihre literarischen Denkmäler – auch von ihnen ist viel geschrieben worden. Daß man auf ihren Gehorsam und ihren Sinn für eine Ordnung – die nun einmal sein mußte –

das Reich ebenso bauen konnte wie auf die Armee, wußte der Kaiser, der sie alle mit einem letzten Geschenk in Pension schickte: einer Titelverleihung, einer allerletzten, nur mehr ideellen Aufwertung.

Diese Beamten – wie auch alle anderen Wiener – waren selbstverständlich keineswegs stets Alteingesessene, in Wien Geborene: Von allen denen, die man heute ihrer künstlerischen oder wissenschaftlichen Bedeutung wegen noch nennt, sind Eltern oder Großeltern auf dem Land um Wien oder auch irgendwo in der Monarchie nachgewiesen. Es scheint beinahe, es sei nicht schicklich gewesen, in Wien geboren zu werden, sondern man hatte erst als Kind nach Wien zu kommen – bei den begabten Juden war das verständlich, sie kamen aus dem Osten und somit aus Gegenden und Ländern, in denen es noch Unterdrückung

»Mir san ja net von Podébrad – Gar ka Spur« heißt dieses Genrebild, das die typischen Wiener Wäschermädel zeigt. Sie waren eine arbeitsame, keineswegs nur unterhaltungssüchtige, jedoch ihres Standesbewußtseins wegen berühmte Schar – und nach der Arbeit auf Bällen und im Prater bei oft deftigen Vergnügen stets vornean.

gab, in die Kaiserstadt, wo ein weiser Herrscher residierte und viele ihrer Vorfahren ihr Glück gemacht hatten. Doch auch die Tschechen, Polen, Italiener gaben immer wieder Menschen an Wien ab und sorgten dafür, daß der Wiener, auch wenn er sich im Lied als einen »echten« Wiener bezeichnete, in Wahrheit ein Gemisch aus unendlich vielen Ingredienzien war.

Im Gegensatz zu den Ideen, die Kuranda anläßlich der Öffnung Wiens vorgetragen hatte, wurden die einzelnen Bezirke nicht auch als offizielle Heimstätten einzelner Völkerschaften konzipiert – es wäre jede völkische Einteilung falsch und unnatürlich gewesen. Doch ergaben sich ganz von selbst gewisse Schwerpunkte, mit denen man einverstanden sein konnte, weil sie gleichsam »gewachsen« waren. Das jüdische Viertel in der Leopoldstadt, aus der die Erfolgreichen

der nächsten Generation in die Innere Stadt zogen; die Gegend um den »Böhmischen Prater« in Favoriten, wo um die Jahrhundertwende in ganzen Vierteln überhaupt nicht deutsch, sondern tschechisch gesprochen wurde, sollen als Beispiele genügen.

Die einzelnen Bezirke hatten, allen Zentralisierungsversuchen zum Trotz, ihre eigenen Zentren, ihre besonderen Kaffeehäuser, ihre populärsten Lokale, ihren eigenen Stolz. Wenn man vom Wien der Jahrhundertwende spricht und immer nur die Innere Stadt und den Prater als die beiden gegensätzlichen und miteinander doch auch eng verbundenen Gegenden meint, dann vergißt man leicht, daß etwa die Dichter des »Jungen Wien« in allen Himmelsrichtungen verstreut wohnten und sogar ihre Zusammenkünfte in Kaffeehäusern durch Billette und die Rohrpost arrangierten; dann denkt man nicht daran, daß bereits die Gegend um das »Auge Gottes« im neunten Wiener Bezirk als »weit draußen« galt und man zu den Volkssängern auf der Mariahilfer Straße aus den anderen Bezirken pilgerte, als gälte es, in einen anderen Weltteil zu fahren; dann weiß man nicht, daß Nußdorf bereits eine Art Sommerfrische war, jedenfalls ein Ort außerhalb der großen Stadt und nicht so erreichbar wie heutzutage, wo man noch immer keine amerikanischen Entfernungen gewohnt ist, jedoch Fahrtzeiten von einer halben Stunde nicht mehr ernst nimmt.

Der »einfache« Wiener ist noch nicht erwähnt. Josef Engelhart, der wohl die hübschesten Bilder des Wiener Volkslebens malte, war in seinen Tagebucheintragungen auch begeistert von seinen Modellen: »Ich male jetzt ein Naschmarktbild . . . Jetzt, sag' ich Dir, ist meine glücklichste Zeit, ich male, was und wie ich will und die Unterhaltung mit dieser Menschengattung ist so interessant und lehrreich, die Hetz mit den feschen Kräutlerinnen vom Hof und Naschmarkt, von Grinzing und Dornbach ist mir solch eine Erquickung, daß ich Dir's gar nicht beschreiben kann. Lauter ferme, laute Godln sind darunter. Mit Glacéhandschuhen, mit Seidenleiberln und Tücheln stehen sie an ihrem Stand, eine Witzentwicklung, ein Maulwerk – mit einem Wort: ein Hochgenuß! Ich lebe mit meinen Modellen.« So notiert er 1887 und erzählt später, daß er mit den Naschmarktweibern bei einer Kartenaufschlägerin, aber auch beim Heurigen war – und gleich darauf, daß er in seiner Uniform bei den Damen noch mehr Erfolg hatte denn als Maler.

Die »fermen Godln«, wie er sie in damals noch allgemein verständlicher Sprache nannte, waren hart arbeitende, keineswegs gut versorgte, jedoch stets schlagfertige Standlerinnen, die mit zum Bild eines langsam schwindenden Wien gehörten. Sie versorgten in aller Früh die Stadt mit frischem Gemüse, und sie gehörten zum sehr viel bekannteren Typ der reschen, feschen, in Worten und Taten schlagkräftigen Wienerin. In diese Kategorie gehörten auch die Hausschneiderin, die ausgebeutete Heimarbeiterin, das von Schnitzler porträtierte »süße Mädel«, das in den Vorstädten daheim war und sich und seine Familie keineswegs in die Schande brachte, wenn es einen jungen Kavalier hatte, der es aushielt. Erinnern wir uns

noch einmal der seltsamen Moral, die von einem jungen Mann Draufgängertum erwartete, die seinem Stand angemessenen jungen Mädchen jedoch unter Verschluß hielt. Begreifen wir, daß die jungen Mädchen aus dem Volk für eine Wohnung, für ein Trinkgeld sogar bereit waren, einige Zeit die Geliebte eines solchen jungen Mannes aus gutem Haus zu sein. Sie fanden keineswegs alle ein tragisches Ende, sondern gingen oft mit einer guten Abfindung in ihr eigenes Milieu zurück und verheirateten sich. Es gab das Fremdwort Mätresse in Wien nicht, doch es gab Familien, in denen man beinahe stolz war auf die Eroberung, die eine Tochter des Hauses gemacht hatte – auch wenn dies keine Eroberung fürs Leben, sondern nur eine auf Zeit war.

Die süßen Mädel waren allerdings noch längst nicht die Vertreterinnen der ärmsten Schicht. Die Fabriksarbeiterin muß um sehr vieles unterdrückter und ausgebeuteter gewesen sein – und sah doch wiederum auf das vom Land gekommene Stubenmädel hinab und holte sich im Prater den fescheren Soldaten als Kavalier, war bei Drahrereien dabei, die weniger sensationell verliefen als gewisse Abende in Wiens berühmter Halbwelt, die aber dennoch in der Erinnerung als große Hetz und Gaudi festgehalten wurden.

Die immer wieder von Chronisten strapazierte Lebenslust gehört durchaus zu den Eigenschaften der Wiener. Diese hatten zu den Zeiten von Johann Strauß Vater die großen Tanzlokale so gestürmt, daß nach der Statistik an manchen Abenden beinahe ganz Wien beim Amüsement gewesen sein muß, und wenn man die Besucherzahlen der großen Praterfeste im ausgehenden neunzehnten Jahrhundert registriert, muß man zu dem Schluß kommen, daß wenigstens ein Viertel der Einwohnerschaft von Wien – die Kinder und die Greise inbegriffen – sich an besonderen Tagen irgendwo im Prater aufgehalten haben muß.

Auch die sehr armen, laut Untersuchungen gewissenhafter Komitees unter menschenunwürdigen Bedingungen arbeitenden Mädchen fanden noch die Zeit und die Mittel zu einer billigen Unterhaltung, und von ihren etwas bessergestellten

Die Mode der Jahrhundertwende, der Zeit vor Freud also, ist in zahllosen hübschen Karikaturen festgehalten. Die Damen hatten eine »Wespentaille«, die Herren trugen den »Vatermörder« – den steifen Kragen. Damen aber und Herren waren drauf und dran, sich der Tyrannis dieser Mode zu entziehen.

Schwestern, den Wäscherinnen, weiß man aus der Literatur, daß sie für eine »Remasuri« berühmt waren: Zu ihren Abenden in den Vorstädten drängte sich die große Gesellschaft und glaubte, dort endlich einmal Mensch sein und sich austoben zu können. Daß es hoch herging bei diesen armen, aber vom Lebensgefühl der Zeit angesteckten Mädchen, weiß man aus ungezählten Berichten und nicht nur aus den abenteuerlichen Hinterhofromanen, die die Liebesromanze des Grafen und des Wäschermädels kolportierten.

Daß ihnen allen ihre unwürdige Stellung zu Bewußtsein kam, ist nicht anzunehmen. Denn das Zeitalter war zwar allem Fortschritt zugetan, doch die Emanzipation noch nicht ausgebrochen, die Frau also insgesamt noch ein Mensch zweiter Klasse. Die quicken, lebendigen, frechen, armen Mädchen begriffen wahrscheinlich oft, daß ihre Armut ihnen wenigstens teilweise eine Freiheit verschaffte, die ein Mädchen aus gutem Haus nicht hatte und eine verheiratete Frau des Bürgertums sich nur erträumen oder auf verbotenen Wegen erschleichen konnte.

Deshalb auch die Legenden, aus denen später beinahe »dokumentarische« Geschichten über die Lebenslust selbst der Kaiserin wurden: sie besuchte angeblich Faschingsredouten verkleidet und korrespondierte mit einem Tanzpartner, den ihr der Zufall zugeführt hatte, wenn man Flesch-Brunningen glauben darf, noch Monate nachher unter angenommenem Namen und doch »durchsichtiger Maske«. Deshalb die zahllosen Operettengeschichten vom armen, aber reschen Wiener Mädel, das es zuwege bringt, nach einer kleinen Verfehlung auch einen vermeintlichen Leutnant, der sich dann als Kronprinz irgendeines Phantasielandes entpuppt, in sein ihm gemäßes Milieu zu entlassen und doch nicht an gebrochenem Herzen zu sterben. Deshalb die bis auf den heutigen Tag gesungenen Wiener Lieder, in denen es so gar nicht sentimental zugeht, wenn die Liebe zum Thema einer Strophe wird – Hans Weigel verdanken wir die schönste Interpretation von »Erst, wenn's aus wird sein« und die Erkenntnis, daß der Wiener da zuerst die Musik vermissen

Im »Tschecherl«, dem Volkscafé in den Außenbezirken, ging es ungenierter zu. Man beachte nicht nur den sicheren Griff des gut zahlenden Gastes, sondern rechts oben das Orchestrion, das damals den Platz der »Wurlitzer« einnahm.

wird, dann den Wein und erst ganz zuletzt auch noch das gut gebaute Wiener Mädchen, das nicht Herzensqualitäten, sondern eine gute Figur, also die Eignung zu unkomplizierter Liebe, mitbringt.

Der Wienerinnen, wie man sie verklärt in Geschichten und Feuilletons schildert, sind viele; der Bogen sich von der Fürstin Metternich zur Frau Sopherl spannt vom Naschmarkt, vom Komtesserl des Hofballs zum Wiener Mädel Arthur Schnitzlers, von der populären Salonjodlerin zur Fabriksarbeiterin, die sich selbst mit einem Soldaten als Kavalier kaum das Vergnügen leisten kann, das ihre Mitbürgerin am Sonntag in einer Volkssängerhalle erwartet.

Und die Darstellung des Wieners, der nach einem ebenfalls noch immer gesungenen Lied nicht untergeht, macht erst recht die ganze Bandbreite, um ein modisches Wort der Gegenwart zu benutzen, sichtbar. Zum Wiener gehört der »schöne Karl«, Volkskaiser und dem Kaiser angeblich treu ergebener Bürgermeister von Wien, der einerseits die Wogen des aufkommenden Antisemitismus nutzt, um an die Macht zu kommen, andererseits die klugen Wiener Juden unterstützt, wo sie für seine Stadt arbeiten wollen. Zum Wiener gehört der reiche Mäzen, der sein Ringstraßenpalais den Künstlern öffnet und seine Freizeit mit Komiteesitzungen zugunsten der Gesellschaft der Musikfreunde oder des Rudolfinums zubringt; aber auch der Hausherr aus den Vorstädten, den Bezirken jenseits des Rings, der sein Geld in »fesche« Lebensart investiert und auf seine »gut wienerische« Art gleichzeitig der Ausbeuter seiner Mieter und der Unterstützer zahlloser karitativer Einrichtungen ist.

Der Wiener aber ist auch der erst vor kurzem eingewanderte Schuster aus Böhmen, der strebsame, in die Stadt seines kaiserlichen Herrn gekommene Jude in der Leopoldstadt, dessen Kinder sich bereits der Sozialdemokratie verschreiben. Und auch der altersweise Kellner in einem Kaffeehaus in der Inneren Stadt, am noch eleganten Ring, in der Josefstadt, wo ihm die jungen Herren Schriftsteller Mühe machen oder Verständnis abbetteln. Er ist aber auch der flotte Fiaker, der nebstbei als Kunstpfeifer aufzutreten pflegt. Oder eben jener berühmte Edmund Guschlbauer, von dem man schreibt, er sei das Urbild »jener aussterbenden, vielleicht schon ausgestorbenen Rasse

Die historisch gewordene Szene Edmund Guschlbauers, in der er behauptete, »a alter Drahrer« zu sein, ist auch in einer Zeichnung festgehalten. Damit für immer auch zu sehen ist, wie sich die Wiener einmal sahen, wie sie gesehen werden wollten: übermütig und gemütlich zugleich.

der Urwiener, voll behäbiger Liebenswürdigkeit, die noch mit grauen Haaren und kahlem Kopf der Leichtlebigkeit, dem Leichtsinn frönte und in der sogenannten Verkauft's-mei-G'wand-Stimmung sich am wohlsten fühlte«.

Gerade dieser Edmund Guschlbauer darf nicht vergessen werden, war er doch der erste Interpret eines Liedes, das bis heute als eine wahrhafte Darstellung des Wieners gilt: Er sang den »Alten Drahrer«, der er angeblich war. Wahrscheinlich weiß heute nur noch ein Kreis von Kennern, daß mit dem Drahrer ursprünglich keineswegs ein »Aufdrahrer«, ein leichtsinniger Mensch gemeint war. 1879 schrieb Ernst Pohlhammer vom Stramp-fer-Theater eine Soloszene »Der Werkelmann«, an die sich das Lied anschloß. Die Szene, von Edmund Guschlbauer gespielt und gesungen, erwies sich als schwach, und der Interpret hatte die Idee, sie ganz zu streichen und nur das Lied zu singen, von dessen Wirkung er überzeugt war. Nach kurzer Zeit wußte niemand mehr, daß der »Alte Drahrer« ein Werkelmann war, und nahm ihn als den Inbegriff des Wieners selbst. Aus einem schwachen und einem guten Einfall, aus einer verunglückten Soloszene und einem genialen Wiener Liedersänger, der auch im halben Erfolg erkannte, was ein ganzer werden könnte, entstand ein neuer Ausdruck, ein neuer Typ. Wir zehren heute noch davon, obgleich wir wiederum einen Schritt weiter sind und kaum mehr den Namen des Interpreten und ganz gewiß auch nicht die Worte seines Liedes wissen. Was von alledem geblieben ist, ist ein sentimental-fröhliches Bild des Wieners einer versunkenen Zeit – der »ein alter Drahrer« war.

Namenregister

Bildnachweis

Schwarzweißbilder

Österreichische Nationalbibliothek, Wien: 19, 25, 26,
   27, 39, 41, 43, 44, 45, 47, 48, 50–51, 54, 55, 61, 67, 70,
   71, 74, 77, 78–79, 87, 94–95, 99, 105, 107, 109, 112,
   121, 123, 131, 134, 138, 139, 141, 142, 145, 147, 148,
   155, 158, 162, 163, 167, 170–171, 172, 175, 183, 186,
   187, 188, 190–191, 194, 195, 198, 199, 206, 207, 210,
   211, 214, 215, 217, 219, 220, 221, 223, 231, 234, 236–
   237, 238, 240, 241, 242–243.
Historisches Museum der Stadt Wien: 38, 41, 44, 59,
   75, 76, 86, 89, 90–91, 102, 103, 106, 108, 110, 111,
   114–115, 119, 122, 124–125, 135, 137, 140, 143, 159,
   166, 179, 203, 218, 233, 252.
Buch- und Kunstantiquariat Gilhofer, Wien: 30, 31.
Bildarchiv des Instituts für Geschichte und Medizin,
   Wien: 179, 192, 193, 197.
Fiegl, Johanna, Wien: 93.
Archiv des Autors: 11, 14, 18, 22, 29, 32, 35, 42, 46, 58,
   60, 63, 82, 127, 130, 138, 149, 169, 173, 189, 222, 227,
   235, 239, 244, 245, 246, 247, 249, 250.

Farbbilder

Österreichische Nationalbibliothek, Wien: 156–157 (mit
   freundlicher Genehmigung: Prof. Walter und Lore
   Taussig), 209.
Historisches Museum der Stadt Wien: 16–17, 20, 21, 33,
   40, 52–53, 56, 65, 72, 88, 97, 116, 120, 129, 132–133,
   153, 160–161, 164, 165, 168, 201, 204–205, 208, 212,
   213, 228, 229, 232.
Fiegl, Johanna, Wien: 84, 85, 104, 113, 117.
Kunsthistorisches Museum, Wien: 9.
Gesellschaft der Musikfreunde, Wien: 49.
Österreichische Galerie, Wien: 68–69.
Bildarchiv des Instituts für Geschichte und Medizin,
   Wien: 181.
Österreichische Theatersammlung, Wien: 216.
Galerie Welz, Salzburg: 81, 177, 180.
Foto Meyer, Wien: 13.
Piatnik, Wien: 24.
Archiv des Autors:
   12, 36–37, 100–101, 136, 184, 225.

CIP-Kurztitelaufnahme der Deutschen Bibliothek
Endler, Franz
Das k. u. k. Wien. – Wien, Heidelberg: Ueberreuter, 1977.
   ISBN 3-8000-3143-4